国际原油价格系统演化的
时变及突变特征分析

The time-varying and mutation feature analysis of
international crude oil prices system evolution

柴 建 卢全莹 郭菊娥 汪寿阳／著

中国财经出版传媒集团

经济科学出版社
Economic Science Press

图书在版编目（CIP）数据

国际原油价格系统演化的时变及突变特征分析/柴建等著.
—北京：经济科学出版社，2016.12
ISBN 978 – 7 – 5141 – 7578 – 3

Ⅰ.①国…　Ⅱ.①柴…　Ⅲ.①国际市场 – 石油价格 – 物价波动 – 研究
Ⅳ.①F416.22

中国版本图书馆 CIP 数据核字（2016）第 304291 号

责任编辑：范　莹　侯加恒
责任校对：刘　昕
责任印制：李　鹏

国际原油价格系统演化的时变及突变特征分析
柴　建　卢全莹　郭菊娥　汪寿阳　著
经济科学出版社出版、发行　新华书店经销
社址：北京市海淀区阜成路甲 28 号　邮编：100142
总编部电话：010 – 88191217　发行部电话：010 – 88191522
网址：www. esp. com. cn
电子邮箱：esp@ esp. com. cn
天猫网店：经济科学出版社旗舰店
网址：http://jjkxcbs. tmall. com
北京季蜂印刷有限公司印装
710 × 1000　16 开　14 印张　28 万字
2016 年 12 月第 1 版　2016 年 12 月第 1 次印刷
ISBN 978 – 7 – 5141 – 7578 – 3　定价：45.00 元
（图书出现印装问题，本社负责调换。电话：010 – 88191502）
（版权所有　侵权必究　举报电话：010 – 88191586
电子邮箱：dbts@ esp. com. cn）

前　言

石油作为一种战略储备资源，涉及国家的政治、军事利益，以及经济、社会的安全与稳定，乃至全球经济的波动；随着原油期货市场、原油场外衍生品市场的迅猛发展，原油经济日趋金融化，使得石油具有战略和金融双重属性。近年来，油价对各种事件的反应越来越灵敏，突变频发，对经济稳定发展产生了巨大的冲击。首先，原油价格波动分析成为全球的研究热点，特别是油价大幅波动的拐点牵动着各方的神经。其次，众多因素对油价的影响效应及影响主体随时在发生变化，导致油价的形成机制及其所处状态也不可能固定不变。油价对影响因素变化的反应越灵敏，价格波动的风险越大。因此，以动态分析的视角研究油价运行的风险及状态变化，通过对油价系统形成机制变化及波动演化特征（时变特征，突变特征）的分析，考察原油及替代能源价格的节能效应，对原油安全及能源政策的合理制定具有重要的理论和现实意义。

本书主要从原油价格运行特征、原油价格形成机理、能源价格对宏观经济的影响三个方面来考察国际原油现货市场。其中，在原油价格的运行方面，侧重于原油价格的风险分析、波动状况及趋势分析；在油价的形成机理方面，注重多因素同时综合筛选的合理性、油价系统模型建立的合理及稳定性、模型的动态演化及其分析三个方面；在对宏观经济的影响效应方面，以当前的热点问题"节能降耗"为研究的突破口，注重中国能源价格结构的合理性及单品种能源价格动态变化的影响效应。全书具体的研究内容如下。

第1章绪论。从保障中国能源安全的战略角度来阐明本书的现实意义，提炼出研究主题；从研究问题的角度选择及技术路线选择方面说明了本书的理论意义，并提出拟研究的关键问题及解决方法，给出论文研究的结构及技术路线。

第2章文献综述。从油价的形成及其未来预测、油价波动及风险分析、油价变动的宏观经济的影响、突变理论四个方面对原油价格的研究文献及论文研究的理论基础文献进行了综述分析，梳理相关领域的理论发展分支及研究进展，明确国内外研究前沿动态及该领域研究存在的主要缺陷与不足。

第3章原油价格运行特征分析。通过对原油日度价格、月度价格及季度价格三个频度上的分析，分别针对三个频度的油价特点建立分析模型。首先，基于 Bayes-SV-SGT 模型对原油日度价格的波动特征进行了全面描述，在同一系列 GARCH 类模型对比分析的基础上给出了油价的 VaR 风险分析；其次，建立 Bayes-SV-MTVP 模型对日度原油价格的波动结构拐点进行识别；再次，分别建立 MS-AR（3）模型及 Bayes-SV-MTVP 模型对原油月度价格的运行趋势及波动结构的拐点进行了识别和分析；最后，将拐点理论及技术的发展与智能技术相结合，将 PPM（Product Partition Model）智能技术借鉴到油价拐点理论中，给出了商品价格变动容忍阈值及商品价格突变的定义，利用 PPM 模型对原油季度价格及相关影响变量的突变进行识别和分析，以期找寻主导油价突变的变量或事件。

第 4 章原油价格拐点时刻 Bayes 统计概率推断。将幂律分布引入到原油价格拐点的分析中，基于 Bayes 统计思想，以比较符合描述突变规律的泊松分布、幂律分布、对数—正态分布三种分布为先验分布，构建国际原油价格拐点推断模型。首先，基于基本统计认知和 PPM 模型两种思想，分别对原油价格的历史突变进行定义、识别和分析。其中，在利用 PPM 模型思想对突变点进行分析及识别的过程中，构建了 PPM-KM 集成模型对国际原油价格拐点后验概率进行了测算、聚类及识别。其次，在两种突变点定义及三种分布模型下，分别对国际原油价格突变规律进行概率模拟及比较分析，并对原油价格拐点出现时间进行了单次递推概率预测。

第 5 章原油价格形成机理分析。首先，在文献综述的基础上选取了公认的影响油价变动的多个主要因素，利用通径分析技术对选取的多个因素进行筛选，建立了油价系统理论联立方程模型，在此基础上建立了多个可能的 VAR 模型，并筛选确定了包含需求、供给、价格、库存为内生变量，中国净进口、美元指数为外生变量的 VAR 油价系统分析模型。其次，基于 Bayes 思想建立 BVAR 模型来解决一般 VAR 模型的自由度问题及概率解释的问题，最后，建立了 TV-BVAR 模型分析各影响因素对油价的时变弹性及时变边际效应。

第 6 章基于 MS-BVAR 模型的油价系统结构拐点分析。通过构建状态转换的 VAR 模型，研究历史突发事件对整个油价系统的冲击，识别出能够使油价系统结构发生转换的时间点和突发事件。

第 7 章能源价格的国内外比较及其变动对中国节能降耗的影响。在合理分析中国能源比价扭曲对能耗强度影响效应的基础上，建立了 Bayes 时变动态回归模型，并利用 MCMC 方法解决了方程的估计问题，分析了能源价格变动对能耗的影响效果及变动趋势。

第 8 章结论和研究展望。总结本书的主要研究内容、研究结论、主要创新、研究成果的政策含义、存在的不足，并指出进一步研究的方向。

本书的研究工作得到了国家自然科学基金、中国博士后科学基金、陕西省科技新星计划项目、西安电子科技大学基本科研业务费的支持。同时，感谢经济科学出版社的责任编辑候加恒和范莹副编审对本书的出版所给予的支持和帮助！

书中难免存在不足甚至谬误，欢迎广大读者批评指正。

柴建

2016 年 12 月

目 录

1

绪 论

能源是人类社会赖以生存和发展的重要物质基础，是经济发展的命脉。能源战略与安全问题始终是各经济体关注的焦点，而且在国际产业分工的新格局下，它又有了新的内涵。至今为止，欧美等发达国家已先后完成了工业化，步入了能源消耗的低增长阶段。但像中国这样的发展中国家正处于工业化发展阶段，经济、社会的迅速发展必然导致能源消费的快速增长。中国是当今世界上最大的发展中国家，已成为目前世界上第二位能源消费国，中国已经成为世界能源市场不可或缺的重要组成部分，能源消费尤其是石油消费的持续增长已引起国内外的广泛关注，维护中国的石油安全，深入分析国际原油市场，将对中国经济社会稳定发展有着重要的积极作用。

1.1 选题背景

1.1.1 原油安全在中国能源安全中的核心地位

第二次世界大战以来，以美国为首的西方发达国家，对能源资源产地及能源产品定价权的控制愈发重视。中国作为一个拥有 13 亿人口的发展中大国，在能源战略与安全问题上，正面临着来自内部发展和外部因素的挑战，来不得半点疏忽。中国目前正处在工业化中后期，城市化进程也快速推进。为了保证城市化和工业化的顺利进行，能源安全不容忽视。

能源安全的定义在各国有不同认识，1973 年中东原油危机给欧洲国家经济造成严重危害。此后能源供应的安全性和进口能源连续不断的可获得性，一直是西欧国家政府在制定能源战略时绝对优先考虑的问题。为此，欧盟提出了能源可持续发展战略，即在供应安全、社会需要的满足、有竞争力的能源服务及环境保护等各要素之间建立合理的平衡，以可接受的成本、安全的和对环境有利的方式提供充足的能源服务。剑桥能源研究协会主席尤金认为"能源安全"对能源进口国和输出国有不同定义，而就进口国而言，其能源安全就是"充足而可靠的能源供应和合理的价格，使国家的核心价值和目标不受损害"。

中国目前的基本国情是人口基数大，人均资源相对短缺。在能源方面尤其是原油资源方面表现为消费总量大，但战略资源储备不足。原油是中国目前唯一需要大量净进口的能源，近一半原油消费需要进口，2008 年中国原油对外依存度高达 51%；由于原油是运输、工业和国防的无可替代的燃料和原料，油价的波动和国际能源运输线的安全是影响中国能源安全的重要因素。同时中国正处于工业化、城市化、汽车化加速发展的关键阶段，原油在近几十年中仍是不可替代的能源和化工原料，原油消费需求还会持续增长一个相当长的时期。另外，近年中国增加原油国际采购和投资所引发的中国能源威胁论，显示出获取原油资源问题的敏感性和复杂性。原油资源主要集中于中东地区，这些地区的不稳定格局是全球能源安全的重要威胁，国际油价 2008 年 7 月达到每桶 147 美元，2009 年 1 月又跌至每桶不到 40 美元，油价的大幅波动跌宕，对中国这种原油进口国家的经济发展极为不利。因此，在可以预见的将来，原油安全是中国能源安全中的主要方面，也就是说国内原油供应不足是中国能源安全的核心问题。故吴吟认为，中国能源安全领域最突出问题是原油对外依存度不断提高。

1.1.2　中国原油安全现状及分析油价的重要性

目前中国的原油安全面临内外双重问题，内部问题主要指国民经济的高速增长促使原油生产和消费的缺口不断扩大。20 世纪 90 年代以来，中国国民经济飞速增长，原油消费每年都在不断增加，而同期国内原油供应增长速度却难以满足经济的快速发展。另外，中国的原油战略体系起步较晚且尚不完备，应对突发事件的能力还不完全。外部问题是全球的原油储量呈现下降趋势、国际强国对原油资源的争夺越发激烈、原油的金融属性不断加强，使得油价对各种突发事件的反应越来越灵敏，价格波动风险加大。而中国至今尚未形成应付国际油价风险的机制，为国民经济安全和国家安全埋下种种隐患。

就内部问题来说，中国的原油储量相当有限，中国是一个人均能源资源不足、煤多油气少、优质能源短缺的发展中国家。2003 年中国人均原油可采储量只有 2.6 吨，全球人均为 23.5 吨，是世界平均值的 11.1%；中国的陆地原油探明储量仅占世界全部储量的 2.3%，但是按照国际能源署的预测，中国 2010 年的原油需求量将占到全球的 7.5%。这种储量与需求量相差悬殊的情况，迫使我们不得不将获取原油的努力向海洋拓展。在中国南海，从 20 世纪 60 年代，科学家发现南沙地区拥有丰富的原油资源，其中曾母盆地、沙巴盆地、万安盆地的原油总储量将近 200 亿吨，是世界上尚待开发的大型油藏之一，其中有一半以上的储量分布在中国海域。但目前南沙有数十个岛礁被周边国家占据。中国南海传统海疆线内的海域有 80 多万平方公里被周边国家非法划入其势力范围。据报道，到 20 世纪 90 年代末期，周边国家已经在南沙海域钻井 1000 多口，发现含油气构造 200 多个和油气田 180 个，1999 年年产原油 4043 万吨、天然气 310 亿立方米，分别是中国 1999 年整个近海原油年产量和天然气产量的 2.5 倍和 7 倍。到 1991 年底，除中国控制的 6 个岛礁和台湾控制的太平岛外，其他 44 个岛礁分别被越南、菲律宾、马来西亚占据。这些事实的存在，无疑会制约中国在周边领海的原油勘探开发工作。尽管世界原油勘探技术在不断进步，但中国近几年的探明原油储量是在逐年下降，而原油又是一种不可再生的资源，所以中国的原油资源是相当紧缺的。

中国是东亚地区最大、发展最快的经济体，是原油消费及净进口大国，即使在 2008 年底和 2009 年全球经济放缓过程中，中国仍在继续进口更多的原油，2009 年 1~7 月中国累计进口原油 1.1 亿吨，比 2008 年同期增长 5.8%。国民经济的快速发展使得中国的原油消费日益增长。从 1993 年开始，中国已由原油净出口国变为净进口国，这主要是因为中国经济高速发展及能源结构不断调整的结果。伴随着经济（特别是耗能较多的第二产业）、社会生活的发展（如家庭轿车的增加）和全面建设小康社会步伐的加快，中国国内对原油能源的需求有增无减（见图 1-1、图 1-2），供求缺口越来越大，对外原油依存度不断提高，使得原油供应安全成为不容回避的问题。1996~2006 年，中国原油消费量增加了 1 倍。2002 年中国原油需求增长占全球原油需求增长的 80%，而其他国家仅占全球原油需求增长的 20%，这在历史上尚属首次。2004~2008 年，在世界原油消费增长的总量中，中国占了 40%，超过日本，在全球成为仅次于美国的第二大原油消费国。

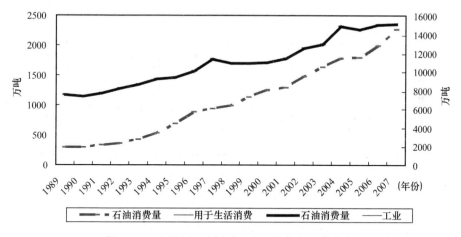

图 1-1　中国用于生活及工业生产的原油消费量

数据来源：中国统计年鉴。

同时，中国的原油产量较低，目前中国原油产量约为 400 万桶/日，其中 96% 是原油。中国的净原油进口量在 2008 年大约为 390 万桶/日，使中国成为仅次于美国和日本的世界第三大原油净进口国。中国目前大约一半的原油需求要依靠进口，而国内原油生产的增长速度不足以弥补和抑制这个比例（见图 1-3），从而越来越依赖进口。据中国海关统计，2007 年进口原油 1.59 亿吨，产油 1.87 亿吨，原油进口依存度首次达到 51%。国家发改委 2009 年 2 月 25 日发布的《2008 年原油行业运行情况及 2009 年趋势预测》称，2008 年原油产品进口大幅增长，消费对外依存度继续提高（见图 1-4）。据行业统计，原油消费对外依存度 47.9%，比上年提高 1.3%。全年原油消费对外依存度达到 49.8%，比上年提高 1.4%。

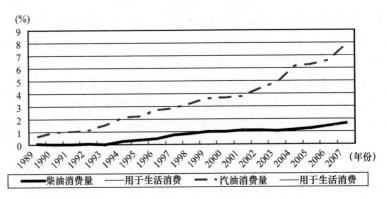

图 1-2　中国用于生活消费的成品油比例

数据来源：中国统计年鉴。

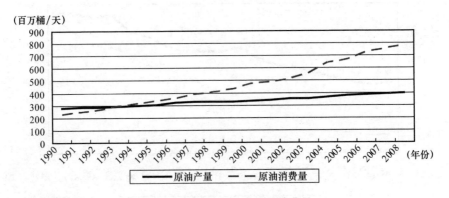

图 1-3　中国的原油产量及消费量

数据来源：EIA（Energy Information Administration）。

　　另外，中国的原油战略储备也尚需完善。充足的战略储备库可应对突发事件造成的油价大幅度波动的冲击，对保持中国的政治、社会及经济稳定将起到重要的作用，而目前中国的国家原油战略储备刚刚起步。中国石化企业由于受到现行的原油采购、储备政策框架的制约，无法根据国际油价的涨跌变化灵活地采购、储备原油。因此造成中国进口时的"亚洲溢价"现象。

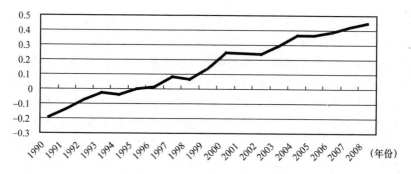

图 1-4　中国原油消费对外依存度

数据来源: EIA (Energy Information Administration)。

就外部问题来说，首先，全球的原油储量呈现下降趋势，曾在壳牌原油公司工作过的美国地质学家 M. King. Hubbert[1]，早在 1956 年的论文中就提出了符合休伯特生产曲线规律"原油峰值"理论，对原油危机的发生给出了警告。世界能源研究所的高级助理詹姆士·J. 麦肯齐和一些原油专家预计全球最终可采储量在 18000 亿~22000 亿桶，全世界已经消耗了 8750 亿桶。美国地质调查所后来在预测的基础上，调高了全球原油的最终可采储量，达到了 30000 亿桶。他们的预计之所以乐观，部分原因在于他们认为苏联、中东、非洲的尼日尔和刚果三角洲、格陵兰岛东北部的大陆架都蕴藏着大量未发现的原油。

科罗拉多大学的约翰·爱德华也持同样观点，他的预测建立在这样的基础上：把非常规原油也算进最终可采储量，包括委内瑞拉的重油、加拿大的沥青砂油。还有 20% 的天然气经液化成为最终可采储量。所以他预测全球原油生产顶点在 2030~2040 年。如果只考虑常规原油，他预计全球原油生产顶点的到达在 2020~2030 年。然而世界上更多的地质学家则持谨慎和保守的观点，他们预测全球最终可采储量在 18000 亿桶左右。伦敦原油枯竭研究中心科林·坎贝尔和让·拉埃尔就持这种观点，即把总的最终可采储量定为 18000 亿桶。他们坚持认为，产油国，特别 OPEC 和俄罗斯，为了自己的政治目的大大夸大了原油储量的数字。持这一观点的并不仅仅只有他们两人。所有这些新的研究认为全球原油产量将在 2010~2020 年某个时间到达顶点。英国原油公司 (BP) 2009 年 6 月 10 日发布的 2009 世界能源统计评论指出，由于俄罗斯、挪威和中国原油储量的下降，2008 年全球探明原油储量出现了 1998 年以来的首次下降。一方面是已探明的原油储量越来越少；另一方面，全世界对原油的需求越来越大，呈现出急剧增长的态势。供需缺口加大，经济发展过程中的工业化与城市化进程都会对世界上剩余原油储量带来空前的压力。

其次，目前世界各经济体对原油产地的争夺最为激烈。原油安全问题不只是一个国家的问题，而是一个全球性的问题，几乎所有原油净进口国，不论是如美国、日本、中国等强国大国，还是如以色列、韩国等中小国家，都面临着能否以合理的价格获得足够原油的问题。因此，原油资源的获取竞争将更为激烈。

从资源分布看，世界原油资源主要集中在中东—北非、中亚—俄罗斯和北美三个地区，其剩余原油可采储量占世界的 82.3%。2010 年以后，欧佩克在世界原油产量中所占的份额，将由目前的 37% 增加到 50% 以上，世界原油的供应将更加依赖于中东地区。从消费情况看，当前及今后十几年世界原油消费近 80% 集中在北美、亚太和欧洲。这种资源分布与消费格局，使供需不平衡的问题非常突出。今后围绕原油资源的竞争将主要集中在以上三个地区。据国际能源组织预测，到 2015 年后，世界原油供需矛盾将会趋于紧张，世界原油资源分布和消费不均的矛盾将会加剧。

亚太地区是当前世界上对原油需求增长最旺盛而资源量又严重不足的地区。目前，该地区剩余探明的原油可采储量仅占世界总量的 4.2%。其中，东北亚是能源与安全结合得最紧密的地区。中国和日本的原油消费量加起来占到亚洲总消费量的一半以上，这个数目实际上相当于亚太地区原油产量的 3 倍，日本所用原油 99% 以上靠进口。中国目前的进口原油占中国原油消费量的 50%，已经超过日本成为本地区第一大原油消费国。因此中国迫切需要建立起全球范围内的能源供应体系，以获得长期、稳定、充足和价格合理的原油供应，支持国民经济的持续稳定发展。然而，当前国际能源命脉仍然掌握在西方发达国家手中，在日趋激烈的国际能源竞争中，中国长期以来处于劣势，对国际原油市场及能源供应产地缺乏足够的影响力和控制力，因此被动性很大。现已探明的常规原油资源，基本上已被世界上少数跨国原油公司瓜分，资料表明，全球前 20 家原油公司拥有原油剩余可采储量及年产量分别占全球的近 80% 和 60%，跨国原油公司控制着世界 1/3 的原油和化工总值、2/3 的全球原油化工贸易、70% 以上的投资、80% 以上的技术开发与转让。

近年来，中国日益增长的原油进口量（见图 1-5）和海外油气资源的拓展行为受到很多国家的"高度关注"和"忧虑"。"中国威胁论"在逐渐抬头，近年来，美国、俄罗斯、日本等国在国际原油市场上有意无意地干扰、排挤中国原油企业的海外原油开发权。2002 年 12 月中国原油集团收购俄罗斯斯拉夫原油公司部分股权搁浅；2003 年中俄原油管道"安大线"因日本的多次介入而至今未能定夺。此外，2003 年 5 月中海油和中石化欲购买英国天然气集团在哈萨克斯坦里海北部油田的股份，由于现有股东"行使"优先收购权而先后"惜败"。所有这些事件表明，今后中国要与世界主要原油消费国分享世界原油资源，必然面临更激烈的竞争。"9·11"事件之后，美英打着"反恐"的旗号，出兵伊拉克，利用国家力量来推动其垄断资本对中东、中亚地区原油资源市场的争夺和控制，并极力排斥其他国家进入，使世界原油格局进一步向有利于美国等西方发达国家的方向倾斜。在美国逐步控制中东、中亚的情况下，中国要获取更多的原油资源，形势将变得更加严峻，风险和成本也都会大大提高。

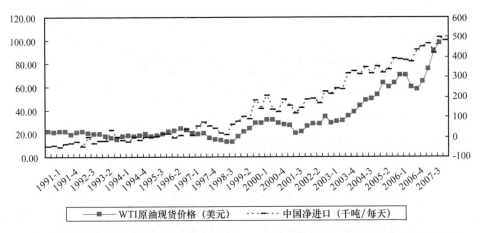

注：WTI 即 West Texas Intermediate（Crude Oil），美国西得克萨斯轻质原油，由于美国在全球的军事以及经济能力，目前 WTI 原油已经成为全球原油定价的基准。

图 1 - 5　WTI 原油现货价格与中国净进口变动趋势

数据来源：EIA（Energy Information Administration）。

最后，随着大量的原油交易通过金融市场来完成，原油市场与金融市场的联系空前紧密且高度一体化。原油的金融属性不断加强，原油价格也不仅是供需平衡的反映点，也不再是反映原油生产边际成本的一个经济学概念，而是包含这一切而又无法准确衡量和预测的经济金融学概念。当今的原油价格已经远不是传统意义上以边际成本来确定的、真正的原油供求均衡价格了。从国际上看，原油与金融已经交织在了一起。随着原油期货市场、原油场外衍生品市场的迅猛发展，已经使原油成为高度复杂的"复合市场"。另外，从当今国际原油市场上的操作情况看，原油经济更是日趋金融化。使得油价对各种事件的反应越来越灵敏，价格波动风险加大。

以这次金融危机为例，受金融危机影响，国际油价从 2008 年 7 月每桶逾 147 美元的历史高位滑落至 2008 年 12 月每桶 32 美元水平，至 2009 年底油价又上涨至每桶 73 美元左右。其中，投机因素和美元因素（见图 1 - 6、图 1 - 7）对本次油价过山车似地波动起到巨大的推动作用。原油的金融产品属性使得目前实体经济的需求已不能对油价走势起完全决定的作用，虚拟经济的复苏促使银行和金融市场流动性上升，美元避险功能的弱化，推动市场投资偏好向大宗商品市场转移，油价成为投机资金迫切寻找的炒作题材。在金融危机爆发后，国际原油产品的金融属性并未减弱，而是大大增强。原油供需基本面也没有重新控制原油价格，相反投资者对全球经济恢复前景的预判，越来越成为影响油价波动的重要因素。

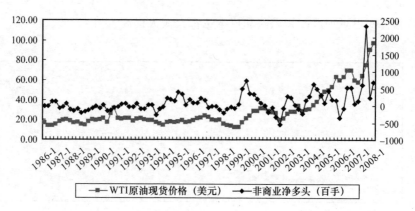

图 1-6　原油价格与投机因素（非商业净多头）的历史数据变动

数据来源：EIA（Energy Information Administration）及 CFCT。

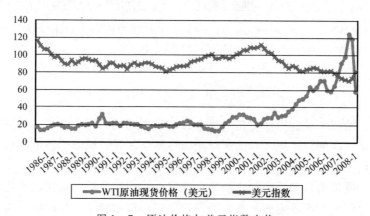

图 1-7　原油价格与美元指数走势

数据来源：EIA（Energy Information Administration）及 WIND 数据库。

　　国内外有关专家研究认为，从目前情况看，国际原油供求态势大体平衡，除非受到国际政治、地缘战略等非商业性的剧烈争夺而偏离正常运行轨道，在未来二三十年内，全球原油供应链应该不会出现大的问题。然而，全球原油供求总量能否平衡与是否能在合理的价格波幅内实现充分的供给不能等价。虽然发生原油危机的几率很小，但是因政治因素、战争因素尤其是投机因素会使世界原油市场价格出现波动，增大人们预测油价走势的难度，动摇原油投资者和消费者的信心，进而扭曲世界原油市场格局，阻碍世界原油市场一体化的发展进程。世界原油价格的波动和上涨，不仅将对诸如航空和运输等对原油依赖程度较大的行业产生严重冲击，而且将使整个世界经济的稳定和发展受到重大影响。然而，值得注意的是，同样遭受油价影响，作为原油消费大户的发达国家，却在原油涨价过程受到的影响相对较小，原因在于其单位 GDP 消耗的原油少于发展中国家。中国万元 GDP 的能耗是世界平均水平的 3.4 倍，是日本的 9.7 倍。所以，中国受油价的影响比发达国家要更大，比一般发展中国家也大。

油价的剧烈变动对中国的经济发展究竟会产生怎样的影响呢？首先是在外汇上蒙受巨大的损失。自从 1993 年来中国成为原油进口国之后，对国外原油的依赖越来越大，2008~2010 年来，每年进口量都在 1.5 亿吨以上。如果国际原油价格每桶上升 1 美元，中国每年用于购买原油（包括成品油）的支出将增加近千亿元人民币左右（见图 1-8、图 1-9）。另外，原油和成品油价格的上涨，带动了其他可替代性能源产品（如煤炭、天然气、电力等）的价格上涨，对国内消费者价格将会造成明显的冲击。最后，中国的原油进口具有明显的"亚洲溢价"现象，即当国际油价上涨时，往往中国的进口量也跟着上涨，从而进入一种"买涨不买落"的怪圈。来自海关的统计数据表明，2003 年 1 月，当国际油价一路攀升、接近每桶 30 美元高点的时候，中国进口原油 836 万吨，同比增长 77.7%，

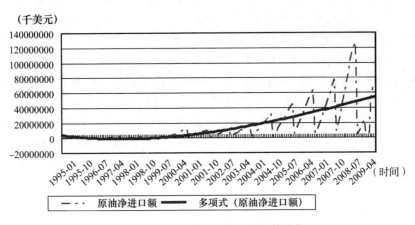

图 1-8 原油月度净进口额及其趋势

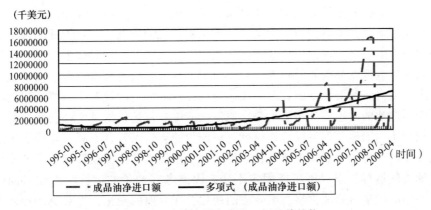

图 1-9 成品油月度净进口额及其趋势

平均进口价格上升了51%，净增11.1亿美元。而1999年1~2月，在国际油价处于最低谷的时期，中国进口原油反而比上年同期减少了40%。

1.2　研究问题的提出

以上分析表明，中国能源安全、经济安全正面临严峻挑战，特别是高价油对中国经济的负面影响从2004年起已经显现。2008年美国金融危机，使国际油价从一度接近150美元的历史高位滑落至年底每桶32美元水平。对原油净进口规模较大的中国来说，原油价格的剧烈波动将对经济增长的稳定和持续性带来相当大的冲击，如果处理不当，甚至可能引发通货膨胀。分析原油价格运行特征及波动风险、研究原油价格形成机理及其对宏观经济的影响具有十分重要的理论及现实意义。

在工业社会，原油被称为经济乃至整个社会的"血液"。自20世纪50年代以来，世界上发生过10多次原油供应中断。其中，1973年（阿拉伯的原油禁运使油价从每桶2.90美元飙升到11.65美元）和1979年（两伊战争使油价从每桶13美元涨到34美元）两次中断构成世界性原油危机。1973年原油危机导致美、日、英的GDP平均负增长率为1.23%；1979年的原油危机则使美、英的GDP负增长率分别为0.2%和2.4%。中国在这几次原油危机中皆影响有限，因为那时中国经济尚未发展到现今的规模，原油产量尚可自足。而此前结束的美伊战争及次贷危机引发的金融危机，尽管并未引起原油供需危机，但却使得油价大起大落，随着中国的原油净进口数量的迅速增长，油价的大幅波动引出的中国原油安全问题，应该引起我们足够的重视。

近年来，国际原油市场的控制权已经从埃克森美孚、英国原油等私营的跨国巨头向产油国的国有原油公司方转变。这些产油国的国有原油公司试图自己掌控原油销售，并希望能够从原油销售中获得分成。包括伊朗国家原油公司、委内瑞拉原油公司、巴西原油公司和马来西亚国家原油公司等国有原油公司迅速崛起。这使传统行业巨头的影响力大为削弱。但金融危机的爆发，使得国际原油产品的金融属性大大增强。原油供需基本面在很大程度上并不能控制原油价格，相反投资者对全球经济恢复前景的预判、美元走势，越来越成为影响油价波动的重要因素。不管是对原油资源地的控制，还是对原油运输渠道的控制，最终的目的都是为了控制原油的定价权。历史上每次原油供应中断或危机的发生都会使原油的定价权控制主体产生些许的变化，也就是说油价的影响因素在不断变化或者说这些影响因素的作用效果在发生着变化。那么由于这种影响主体或影响效果的变化就会使油价的运行状态也不可能固定不变，因此考察油价的运行状态随时间的变化、各影响因素对原油价格影响效应的变化及滞后期的变化，将对更加深入地了解原油市场的动态变化及中国能源政策的制订都会具有重大的理论及现实意义。

为此，本书从原油价格运行特征、原油价格形成机理、能源价格对宏观经济的影响三个方面来考察国际原油现货市场。其中，在原油价格的运行方面，本书侧重于原油价格的风险分析、波动状况及趋势分析；在油价的形成机理方面，本书注重多因素同时综合筛选的合理性、油价系统模型建立的合理及稳定性、模型的动态演化及其分析三个方面；在对宏观经济的影响效应方面，本书以当前的热点问题"节能降耗"为研究的突破口，注重中国能源价格结构的合理性及单品种能源价格动态变化的影响效应。

本书具体的研究内容如下：

第 1 章从保障中国能源安全的战略角度来阐明本书选题的现实意义，提炼出本书的研究主题；从研究问题的角度选择及技术路线选择方面说明了本书选题的理论意义，并提出拟研究的关键问题及解决方法，给出论文研究的结构及技术路线。

第 2 章从油价的形成及其未来预测、油价波动及风险分析、油价变动的宏观经济的影响、突变理论等四个方面对原油价格的研究文献及论文研究的理论基础文献进行了综述分析，梳理相关领域的理论发展分支及研究进展，明确国内外研究前沿的动态及其当前该领域研究存在的主要缺陷与不足。

第 3 章对原油价格的运行特征进行了分析和研究。通过对原油日度价格、月度价格及季度价格等三个频度上的分析，分别针对三个频度的油价特点建立分析模型。首先，基于 Bayes-SV-SGT 模型对原油日度价格的波动特征进行了全面描述，在同一系列 GARCH 类模型对比分析的基础上给出了油价的 VaR 风险分析；同时，建立 Bayes-SV-MTVP 模型对日度原油价格的波动结构拐点进行识别；然后，分别建立 MS-AR（3）模型及 Bayes-SV-MTVP 模型对原油月度价格的运行趋势及波动结构的拐点进行了识别和分析；最后，将拐点理论及技术的发展与智能技术相结合，将 PPM 智能技术借鉴到油价拐点理论中，给出了商品价格变动容忍阈值及商品价格突变的定义，利用 PPM 模型对原油季度价格及相关影响变量的突变进行识别和分析，以期找寻主导油价突变的变量或事件。

第 4 章将幂律分布引入到原油价格拐点的分析中，基于 Bayes 统计思想，以比较符合描述突变规律的泊松分布，幂律分布，对数—正态分布三种分布为先验分布，构建国际原油价格拐点推断模型。首先，基于基本统计认知和 PPM 模型两种思想，分别对原油价格的历史突变进行定义、识别和分析。其中，在利用 PPM 模型思想对突变点进行分析及识别的过程中，构建了 PPM-KM 集成模型对国际原油价格拐点后验概率进行了测算、聚类及识别。其次，在两种突变点定义及三种分布模型下，分别对国际原油价格突变规律进行概率模拟及比较分析，并对原油价格拐点出现时间进行了单次递推概率预测。

第 5 章原油价格的因素提取及油价系统模型的建立分析。首先在文献综述的基础上选取了公认的影响油价变动的多个主要因素，利用通径分析技术对选取的多个因素进行筛选，建立了油价系统理论联立方程模型，在此基础上建立了多个可能的 VAR 模型，并筛选确定了包含需求、供给、价格、库存为内生变量，中国净进口、美元指数为外生变量的 VAR 油价系统分析模型。然后，基于 Bayes 思想建立 BVAR 模型来解决一般 VAR 模型的自由度问题及概率解释的问题，最后建立了 TV-BVAR 模型分析各影响因素对油价的时变弹性及时变边际效应。

第 6 章原油价格系统模型结构变点分析。通过构建状态转换的 VAR 模型，研究历史突发事件对整个油价系统的冲击，识别出能够使油价系统结构发生转换的时间点和突发事件。

第 7 章能源价格调整对节能降耗影响效应研究。在合理分析中国能源比价扭曲对能耗强度影响效应的基础上，建立了 Bayes 时变动态回归模型，并利用 MC-MC 方法解决了方程的估计问题，分析了能源价格变动对能耗的影响效果及变动趋势。

第 8 章为研究结论及其未来研究展望。总结本书的主要工作、研究结论、主要创新、研究结果的政策含义、存在的不足，并指出进一步研究的方向。

2

文献综述

　　原油作为一种重要的战略物资，其生产与供应直接关系到国民经济的正常运行和人民群众的生活质量。同时，原油在国防安全和国家经济安全等领域有着特殊的重大意义。目前，世界上绝大多数发达国家和发展中国家的经济发展在很大程度上都依赖着原油的消费，随着对原油依存度的增加，原油价格变动将直接影响到全球经济的发展，并像股市一样成为国际经济风云变幻的"晴雨表"。事实上，国际市场的油价波动直接影响到一个国家的经济增长速度和质量，对一个国家的社会持续发展有着十分重大的影响。因此，对原油价格各方面的研究（包括油价的确定及其未来预测、油价波动及风险分析、油价变动的宏观经济影响等）成为国内外专家的研究热点。

2.1　油价的确定及其未来预测

　　国际油价的频繁剧烈波动给国际经济、国家政府、能源行业带来了巨大的冲击。因此，如何确定原油的真实价格具有十分重要的作用与意义。总的来说，大致有六种比较流行的方法。

　　第一种是研究原油定价的开山之作当推 Hotelling（1931）[2]著名的可耗竭资源模型，是利用可耗竭性资源理论来计算原油价格的最优路径。这种模型得出的最优价结论是资源价格增长率与贴现值相等。但是资源尤其是能源的定价不仅受到供需因素的影响，更受到交易成本及其他很多因素的影响，故这种模型的缺陷是很明显的。

　　第二种是成本定价法。原油的最优价格等于边际开采成本和边际使用者成本之和。模型的决策变量是选择使得利润的净现值最大的开采率（Solow，R. M. and Wan，1976[3]；Livernois，J. and Uhler，R.，1987[4]）。

　　第三种是基于供需均衡理论来确定原油价格，如 Watkins，G. C. 和 Plourde，A.（1994）[5]；Alvarez-Ramirez，J.，Soriano，A.，Cisneros，M. 和 Suarez，R.（2003）[6]；Hagen，R.（1994）[7]；Stevens，P.（1995）[8]。但随着世界格局的复杂化，原油的金融属性大大增强，油价在很大程度上并不是由供需决定的，所以这种预测方法现在也很难得到满意的结果。

　　从油价的预测方面来说，原油价格是政府部门、原油生产部门和用油单位以及投资者关注的焦点。但鉴于未来的不确定性太大，对原油价格的预测始终饱受争议。由于油价自身波动的复杂性，其变动呈现出高度的非线性甚至是混沌的特性（Bahram，A.，Arjun，C.，Kanwalroop，K. D.，Kambiz，R.，2001[9]；Epaminondas，P.，Vassilia，N.，2000[10]），给预测问题研究带来了很大的困难。沿着 Hotelling 的研究思路，Salant（1976）[11]等从市场结构出发，基于博弈的思想，根据各个市场参与者之间的动态博弈结构，来分析原油市场价格的未来大致走向。

第四种是从原油价格的计量预测模型，例如 Michael 等（2005）[12]提供了一个基于库存的短期预测方法对 WTI 的月度数据进行样本内和样本外预测，并利用该模型对海湾战争期间的原油价格数据进行了实证检验；Claudio Morana（2001）[13]基于 Brent 原油价格序列，利用油价的 GARCH 特性，通过基于 Bootstrap 的半参数技术来对样本外数据进行预测，能得到油价预测结果的区间估计；其他还有如 Barone-Adesi，G.，Bourgoin，F. 和 Giannopoulos，K.（1998）[14]；Morana，C.（2001）[15]；Abramson，B. 和 Finizza，A.，（1995）[16]；Huntington，H. G.（1994）[17]等。这类方法对于原油价格的短期预测具有一定的优势，但是由于影响原油市场的因素众多，使得原油价格经常受到各种外生变量的冲击，故在原油价格的中长期预测方面该方法不具优势。

第五种是利用原油期货对未来油价短期预测的指示作用来预测未来的油价波动（Abosedra S.，Baghestani H.，2004[18]；Dominguez K. M.，1989[19]；Green S. L.，Mork K. A.，1991[20]；Crowder W. J. and Hamed A.，1994[21]；Moosa I. A. and Al-Loughani N. E.，1994[22]；Gulen S. G.，1998[23]）。这类方法的优点在于其预测的准确度起码不会低于其他期货市场提供的工具的预测结果，而且可以从期货交易所更方便地得到预测资料。然而，以期货价格作为预测未来现货价格往往造成很大的误差，换句话说，今日的期货价格不足以准确地预测未来现货价格。

第六种就是利用一些最新的网络技术构建的基于知识的预测方法，Abramson，B. 等利用信任网络（Abramson B. and Finizza A.，1991[24]；Abramson，B.，1994）[25]法来预测油价，该法利用基于信念的网络来预测油价，将几乎所有与油价有关的变量放入系统中，利用变量间的关系建立网络并用 MC 方法来分析模型，这种模型具有很好动态性，能够根据信息的变化迅速更新模型及结果；随后 Abramson，B. 等在信念网络的基础上发展了概率网络——现今的 Bayes 网络技术（Abramson，B. and Finizza A.，1995[16]）来预测油价，该技术将基于知识的信念网络模型发展为概率网络模型，通过变量间的公式、条件概率即经济关系建立预测与分析模型，可以利用此模型给出任一情景下的有价变动趋势及其他相关变量的变动概率及方向，对决策能起到很好的借鉴作用。另外，还有目标区域理论

(Tang, L. H. and Hammoudeh, S., 2002[26]), 小波分析方法（Bao, Y. J., Zhang, X., Yu, L. and Wang, S. Y., 2007[27]), 神经网络方法及混合智能方法（Yu, L., Lai, K. K., Wang, S. Y., and He, K. J., 2007[28]; Wang, S. Y., Yu, L. and Lai, K. K., 2005[29]; Lean Yu, Shouyang Wang, Kin Keung Lai, 2008[30]）等。除此之外，包括 Delphi 专家调查法（Nelson, Y., Stoner, S., Gemis, G. et al., 1994[31]）等也被应用到油价的预测方面。这些模型采用最新的技术，因而对油价的预测能力有较好的改进作用，但是仅仅依靠一个技术，要想取得良好的油价预测结果也是不现实的。

上述分析表明，由于产油国及各消费国之间的动态博弈、投机作用、市场预期、美元、库存、战争等多种因素影响油价，各因素在不同时期对油价走势的影响大小交互更迭，使得不同时期的油价处于不同的运行状态。不管采用如何先进的技术或考虑更多的影响因素，如果不能很好地识别油价和各因素之间关系的变化或油价自身运行状态的变化，是很难获得满意的预测结果的。

2.2 油价波动及风险分析

由于油价波动问题是对原油市场进行风险分析的基础，因此在油价波动方面的研究成果颇丰，并且越来越成为近几十年来各国政府和原油产业界倍加关注的重点。国内外已有大量文献对原油价格波动的机理及风险特征、油价波动的宏观经济影响等问题进行了广泛的研究。主要分为两种类型，一种是单纯利用油价数据基于计量经济技术来分析油价的波动性，Eva Regnier (2007)[32] 利用 SV 模型比较研究了多种日用品与能源、原油等产品的价格波动性，研究表明，原油及能源价格要比将近 95% 的其他产品更具有波动性及不稳定性。Hossein Askari 等（2008）[33] 在对原油价格的历史数据序列进行基本统计分析的基础上，利用金融分析工具，假定油价服从 JD 和 LP 过程，说明油价在刚性需求及供给严峻的情形下有不断向上漂移的趋势，并且对外界的反应很灵敏，波动剧烈，而这正是市场预期所希望的结果。Namit Sharma (1998)[34] 利用原油期货价格数据比较了不同模型对原油价格波动的预测效果，研究结果表明相对于正态分布，基于 GED 分布的 GARCH 模型能够更好地描述原油市场价格波动的"尖峰厚尾"特征。Bradly T. Ewing (2002)[35] 等运用非参数和半参数非线性时间序列模型，分析了原油市场和天然气市场间波动的持续性和溢出效应问题。中国学者也对此问题进行了大量的研究，潘慧峰等（2005）[36] 采用 1992 ~ 2003 年两个原油市场（纽约、新加坡）的日度价格数据，运用 GARCH 模型和基于 CCF 的 Granger 因果检验方法分析了两个原油市场的波动溢出效应，实证结果表明原油市场的信息传递方向是：纽约市场——新加坡市场——中国市场。冯春山等（2003）[37] 利用 ARCH 模型对国际原油价格的波动性进行分析，结果表明原油相关企业应通过建立以期货交易为主要手段的风险对冲策略来抵御价格波动的风险。已有的价格分析模型中，波动率模型是研究资产价格的波动特征及波动性规律的良好工具，经过多年的发展，出现了大量针对波动率的估计模型，其中包括 ARMA 模型、ARCH 族模型、随机波动率模型（SV）等。

除波动率模型外，从经济学理论出发进行对油价的波动性进行定性分析，也是我们认识原油价格波动本质特征一种重要方法。Kilian（2008）[38] 把对原油价格的影响因素分解为三个部分，并对原油的供应及需求的影响效应进行了对比，结果表明原油需求的影响效应更为显著。Franz Wirl（2008）[39] 在假定需求符合动态且凸性的前提下，利用均值回复及价格反应函数得到：需求的变化是最适合解释原油价格呈"Z"字形波动的原因。Jim'enez-Rodr'·guez（2008）[40] 以 6 个 OECD 国家为例，利用 VAR 方法对比研究了原油价格波动对这些具有不同工业结构的国家的宏观经济指标的影响；研究结果表明，不同的工业结构对原油价格波动的反应有很大不同。J. Cunado（2005）[41] 以 6 个亚洲国家为研究对象，研究原油价格的变化对这些国家的经济行为、价格指数的影响。结果表明：油价对这些国家的经济及价格指数影响显著，尤其是以本国货币计算的油价的波动影响效应更为显著，但这种影响具有不对称性。Renuka Mahadevan（2007）[42] 等利用 Panel-VECM 模型重新考察了能源消费、经济增长及能源价格之间的关系，通过对 20 多个不同国家的对比分析表明：对以能源出口为主的发达国家来说，能源消费和经济增长间具有长期和短期均显著的双向因果关系，对于以能源出口为主的发展中国家来说，能源消费在短期内会激励经济的增长；对以能源进口为主的发达和发展中国家来说，能源消费在刺激经济增长方面具有长期和短期均显著的单向因果关系，但能源价格的波动对发展中国家的影响更大。Lynch（2002）[43] 研究了国际世界原油价格的波动特征及产生的原因，分析了 OPEC 在世界原油市场中所起的作用。Yange. W.（2002）[44] 等采用 GARCH 模型，通过分析供需结构以及相关弹性研究了美国原油市场价格的波动性。结果表明，当 OPEC 减产 4% 时，原油价格必然上涨。但是在经济处于严重的低迷时期，OPEC 减产不会必然带来原油价格的上涨。

近些年国内外学者对原油市场价格波动进行了各方面的研究，为国际原油市场建立有效的价格形成机制、风险管理以及能源政策的制定提供了大量的资料。作为全球最大的原油需求大国之一，国际原油价格的波动直接影响到中国的经济安全及可持续发展，但是就目前的研究文献来看，对于油价波动状态变动的识别及在不同状态下油价波动对经济影响的对比分析却未见诸文端。

2.3　　油价变动对宏观经济影响

原油是一种重要的能源投入要素。当原油价格变动时，意味着生产投入要素的价格发生了变动，当原油与其他投入要素的替代弹性非零时，首先改变的是要素市场的价格水平和均衡值，其次要传导到生产过程和消费过程，进而最终影响商品市场均衡时的均衡产量和均衡价格水平。原油价格的波动对经济来说是一个外生的冲击。这种原油价格波动的外生冲击对经济产生了各种影响，包括导致工人真实工资下降、投资下降、产出下降和通货膨胀上升等。研究原油价格的预测与波动的目的就是要为企业或国家规避风险、为发展规划提供决策的依据。因此原油价格对经济冲击的影响成为国内外的一个研究的热点。纵观学术界迄今为止关于原油价格冲击经济影响的研究成果，我们不难发现：有关原油价格冲击经济影响理论分析的进展不仅仅是统计、计量实证结果的更新和提炼，更重要的是源于对于原油价格冲击性质认识的不断深入。

原油价格冲击具体涵盖以下几个方面，原油价格对通胀影响、国民收入、投资与消费、财政或货币政策、对经济的非对称性影响问题等。就原油价格对通货膨胀的影响来说，Hooker（2002）[45]研究了1962～2002年期间油价与通货膨胀之间的关系，发现在1962～1980年这段时期原油价格波动与通货膨胀之间存在重要的联系，而其后这种关系不再显著。也有学者引入CGE模型考察原油价格冲击是否引起了通货膨胀。Boyd和Doroodian（2003）[46]用一个动态CGE模型来模拟2000年原油价格如果和1973～1974年价格冲击一致时经济所受到的冲击。他们设定了三种情景：（1）没有技术变革；（2）只有制造业和原油加工业出现技术进步；（3）制造业、原油加工业、化工和服务业都出现了技术进步。结果表明原油价格的冲击显著地影响了汽油和原油加工价格，而总价格水平的变化在一段时间内会被分散以至于长期来看并没有很大的改变。而在两个有技术进步的情景下，随着技术进步总价格水平（CPI和PPI）将会下降。

就油价变动对投资和消费支出的影响来说，Hamilton（2005）[47]通过文献综述研究表明原油价格波动与宏观经济之间的关系具有明确的理论基础和显著的实证证据，同时指出原油价格波动主要是通过对消费者和企业支出的影响进而影响经济运行。Bernanke（2006）[48]的研究结果也表明原油价格上涨将会通过对消费支出的影响来减缓经济增长速度。Kilian（2008）[38]的研究指出，油价高企使得美国人在汽油上的支出逐年增多，因而在其他商品上的消费就被迫降低，另外不断上涨的原油价格也是社会失业率增加的主要原因之一。Edelstein和Kilian（2007）[49]借助脉冲响应函数研究了油价波动对各消费项目支出的影响，结果表明：原油价格的冲击使得人们对各种耐用品（家电、电脑、家具、视频音频设备等）的消费支出受到影响，如原油价格上涨1%，会导致对汽车和汽车零部件的消费显著下降0.76%；游艇消费18个月后下降1.25%。Gramlich（2004）[50]利用结构性计量经济模型分析了原油价格冲击对消费及投资的影响，以解释能源价格上升对实际可支配收入和家庭消费需求的影响，并估算出对于投资支出的影响。

就原油价格冲击与经济增长的关联性问题来说，有不少的学者证明了油价的变动和经济增长之间的显著关系并不是统计上的巧合，包括 Rasche 和 Tatom（1977，1981）[51,52,53]、Hamilton（1983）[54]、Burbidge 和 Harrison（1984）[55]、Santini（1985，1992）[56,57]、Gisser 和 Goodwin（1986）[58]、Rotemberg 和 Woodford（1996）[59]、Daniel（1997）[60]、Raymond 和 Rich（1997）[61]、Carruth，Hooker 和 Oswald（1998）[62]，还有 Hamilton（2003）[63]。Sandrine Lardic 和 Valérie Mignon（2008）[64]以美国和 G7 国家为例，研究油价与 GDP 之间的关系，结果表明两者之间有显著的非对称协整性。Barsky 和 Kilian（2004）[65]分别对 CPI 和 GDP 缩减指数与油价波动之间的关系进行了分析，研究结果表明油价冲击对 CPI 的影响显著，但对 GDP 缩减指数的影响却小得多。Hooker（2002）[45]的研究表明自 Hamilton（1983）[54]的研究以来，主流研究都是将 GDP 增长率作为被解释变量进行回归分析，解释变量中包括经过对数变换以后的国际原油价格的变动。油价冲击的非对称性特征必然导致在将油价上升和油价下跌作统一处理的回归模型中回归方程的显著性降低。以美国为例，原油消费占 GDP 的比重大约为 5%，发达国家的有关比例大致在 4%～7%。首先，Hamilton（2003）[63]分析了几次主要原油危机发生前后美国经济的变动状况，结果表明油价冲击对经济的影响呈日渐减弱之势。其次，Hamilton（2005）[47]通过对美国 GDP 增长数据与原油价格变动间的计量分析，表明油价与经济增长间存在显著的（负向）相关关系。

另外，有学者的研究也表明，原油价格与经济具有非常明显的非对称性（Mork，1989[66]），即能源价格上升时对经济影响较大，下降时影响较小。J. Cunado（2005）[67]以 6 个亚洲国家为研究对象，研究原油价格的变化对这些国家的经济行为、价格指数的影响。结果表明：油价对这些国家的经济及价格指数影响显著，尤其是以本国货币计算的油价波动影响效应更为显著，但这种影响具有不对称性。Mory（1993）[68]把油价波动的冲击分为正负两个方面，研究发现油价的正向冲击是美国宏观经济主要变量的 Granger 原因，但这种效果却没在油价负向的冲击中体现出来，反映了油价的非对称性影响效应。Mork、Olsen 和 Mysen（1994）[69]通过对油价及 G7 国家宏观经济变量的实证研究也得到了类似的结论。Ferderer（1996）[70]发现油价对美国工业生产指数增长率波动的非对称性影响效应。Juncal Cunado 和 Fernando Perezde（2003）[71]通过对欧洲国家的实证研究，也证实了油价对宏观经济的非对称性影响的结论。此后大量的文献也证实了油价这种对宏观经济的非对称性影响效应的存在，并就这种现象进行了广泛而深入的研究。

国内方面大多是应用国外的模型和研究思路，实证分析原油价格对中国的经济影响。赵元兵、黄健（2004）[72]定性地分析了原油价格上涨对中国通货膨胀、经济发展、国际收支平衡和国内原油与非原油行业之间的利润再分配影响；孙稳存（2007）[73]在 C‐D 生产函数的分析框架下，结合货币政策的操作模式，分析了原油价格对中国菲利浦斯曲线的影响，并运用模拟分析指出，能源总体价格上升 10%，将导致当年的通货膨胀率上升 0.29%，而产出缺口上升 0.34%。史丹（2003）[74]分析了中国当前油价机制的效果、缺陷及完善措施，从理论和数量两方面分析了国际油价波动对中国石化企业及国民经济增长的影响，指出中国当前的油价虽然采用国际油价，但接轨过程中价格的决定权仍然掌握在政府手中，这是中国目前油价机制的一个重大缺陷。

由于原油是一种重要的国家战略物资和工业的"血液"，从国家层面来分析，对于经济安全与国防安全有着重大的影响。众所周知，世界各国的原油安全战略均建立在对油价的科学论证分析的基础之上。对国际市场油价进行准确合理的分析，可以为国家的原油安全战略提供具有重大价值的信息，为政府管理部门正确决策提供科学的依据。其次，从企业层面来看，如果能准确地分析和预测原油的价格波动，就能为企业的生产与投资决策提供科学的依据。总之，国际原油价格波动分析不仅对企业的生产与投资决策起到十分重要的作用，而且对国家安全和经济发展也有着特别重要的意义。但原油不仅是一种不可再生的自然资源产品，还是一种重要的金融产品和政治斗争的工具。作为一种资源产品，原油价格显然取决于供求的基本关系。但它同时又是一种非常重要的金融产品，投机因素越来越显著地影响着国际原油市场的价格。所以，当前国际油价已经出现了结构性变化，油价各影响因素交互作用机理更加复杂，国际油价的准确分析和预测更是困难重重。

正是由于原油的重要性，对油价的研究才会得到前所未有的关注，笔者在这里只是回顾了一些代表性的研究成果。而所有这些研究都有自己特定的方法和目的，但在回顾的过程中作者发现了一个很有意义的问题——虽然不同的模型会得到不同的研究结论，但研究结果相异的很大一部分原因是研究的时段选择不同，而所有这些研究时段的选择具有很大的主观性（要么是以特殊的历史事件为间隔点，要么按照自己的研究目的来选择时间点，甚至很多研究对研究时间段的选择根本就没有交代原因）。可实际上，由于影响主体的变迁，原油价格的影响因素及其作用强度在不断地变化，油价在不同的时间段将会处在不同的状态。比如随着投机因素的作用不断加强，需在油价的分析、预测及其影响效应中应加以考虑，但是投机对油价的作用强度的变化如何表述，从什么时候开始应该在油价的分析研究中加入此因素，这种变化对油价的分析预测及其经济影响分析的正确性将起到重要作用。因此搞清楚油价的运行状态及各影响因素对油价的影响力的变化，对油价的分析及其形成机理的研究具有很大的实际意义及理论意义。油价运行状态间的转化和变化就会涉及另外一个问题，即状态之间的转换点在哪里，油价到达一个状态后是否具有一定的持续性，能持续多长时间，其实这也是一个经济时间序列的周期问题。而宏观经济分析中经济周期波动理论经过了长时间的验证和应用，经济周期波动是一些主要宏观经济变量围绕其长期均衡关系产生的随机偏离。同理，同宏观经济指标关系愈发紧密的原油价格序列是否也存在一定的周期性，如何识别和判断周期之间的转换点。经济周期理论中的状态转换理论及拐点突变理论将为我们提供一种解决思路。

2.4　突变理论研究综述

系统科学对突变的发生机制进行了大量研究。不论是自然界还是人类社会，系统演化存在两种基本形式，渐变和突变。突变是非线性系统的普遍行为，它有两种含义：一是相对于渐变的骤变，强调变化发生的瞬时性，指的是在可以忽略的时间内完成的变化；二是突变论讲的突变，指的是非常剧烈的变化。在自然界、社会、经济、生物等各种领域内，突变现象是很常见的。例如，在流行病学中，人们最关心的问题之一是传染病在其传染过程中其传染率变化大小和变化时刻，这对确定合理的治疗和控制手段很重要。在心电图中的心律检测也是变点问题的应用。计算机学中的模式识别、图像识别、存储中的图形边界的判断等都是变点问题的表现形式。人们希望准确预报而又难以精确做到的如地震、金融风暴和经济金融中的突发事件皆是突变问题的体现。

原油价格持续上升或下降的显著变化可视为价格时间序列的内在生成机制从一种机制向另外一种机制的转换，也就是说上升/下降状态转移到下降/上升，其实也是一种状态的突变。突变论虽然在自然科学领域得到了广泛验证，但在各种因素相互作用的社会领域中，更多的是提供一种理解，因为社会领域中系统的方程是未知的，再加上系统结构的时变性，至多只能利用统计方法检验某些特性是否存在。由于突变现象的发生往往会带来很大的经济损失，所以要对突变点（简称变点）进行识别和分析在理论及实际中均是非常重要的。

变点问题自 20 世纪 70 年代以来一直是一个热门课题，从统计学的观点来看，观察序列在变点前后所服从的分布不同，故变点指的是统计模型中某些变量的分布或数字特征发生了突然的时刻变点问题是统计推断的热点问题之一（Canova，1994[75]）。它把统计控制理论、估计和假设检验理论、非贝叶斯和贝叶斯方法、固定样本抽样和连续抽样方法结合起来，连续地观察一随机过程，当检测到变点时才停止抽样，我们称之为事中变点问题。若是从已经完全获得的样本观察值序列中检测是否存在变点，称之为事后变点检验。由变点处变化的形式主要分为突变和渐变问题。由变点的个数可考虑单变点和多变点问题。从分布的主要数字特征均值和方差的变化，常考虑参数变点问题。关于变点问题，根据其实际情况，还可以有种种其他提法以及附加条件。从历史上说，现在一般认为变点问题的研究始自 Page（1954）[76]在 Biometrka（《生物统计学》）上发表的一篇关于连续抽样检验的文章。关于变点问题的统计研究，在国际上进行得有声有色，自 20 世纪 50 年代以来，特别是近 20 年来，关于变点问题的研究无论在理论还是在应用方面皆有了快速的发展。

近几十年来，国内外统计学家研究出了很多识别和处理变点问题的方法，如Byaes 方法、极大似然比方法、Schwarz 信息准则法、PPM 法等，在特定的假设条件下，这些方法均能有效地判断及识别出均值变点、概率变点及模型变点等。Dipak（1997）[77]基于 Byaes 方法，对已知变点个数的单参数指数分布族中的变点问题进行了处理，而且该方法能够很容易获得变点的边际后验分布。Inclan（1993）[78]运用贝叶斯方法研究了股价收益率的多变点分析问题。Inclan 和 Tiao（1994）[79]用累加平方和的方法来研究方差多变点问题，并给出了 IT 检验，该方法计算量小，但探测多变点时必须将整个时间序列样本分割，难以保证得到的变点是在全局意义上具有显著性。Ferreira（1975）[80]在已知变点个数的假定下，对简单线性回归模型中方程系数的变点问题进行了分析；Choy（1980）[81]在同样的假定下，对变广义线性模型回归系数的变点问题进行了处理。由于应用的广泛性，在数理统计学中，变点问题的统计推断成为一个非常有理论意义的研究分支。

在宏观经济学的研究中。由于 Markov 机制转换模型能够捕捉到时间序列变量在不同状态下的变化及转换过程，故 Hamilton（1989）[82]提出的 Markov 机制转换模型是当前学术界中较为流行的一类研究周期运动及突变点识别的非线性时间序列模型。Markov 机制转换模型与 Quandt（1972）[83]的随机转换模型不同的是后者的状态转换是完全随机的，而前者则是有规律的。早期的 Markov 机制转换模型主要考虑变量均值变化过程，这一类模型在宏观经济和金融时间序列的分析中被广泛的应用，主要有 Hamilton（1989）[82]、Engel 和 Hamilton（1990）[84]、Lam（1990）[85]、Garcia 和 Perron（1996）[86]、Goodwin（1993）[87]、Diebold、Lee 和 Weinbaeh（1994）[88]、Engel（1994）[89]、Filardo（1994）[90]、Ghysels（1994）[91]、Sola 和 Driffill（1994）[92]、Kim 和 Yoo（1995）[93]、Kim 和 Nelson（1998）[94]等。另外，由于 Markov 机制转换模型的结构变化是内生的，在时间上是具有随机性和连续性，故 Markov 机制转换模型能够更好地拟合具有持续结构变化的时间序列变量数据。随着 Markov 机制转换模型在实际应用中取得了很大的成功，Markov 转换机制逐渐被引入到更多复杂的模型中，在 Engel（1982）[95]和 Bollerslev（1986）[96]提出的 GARCH 模型之后，Cai（1994）[97]、Hamilton 和Susmel（1994）[98]，以及 Gray（1996）[99]等将 Markov 转换机制引入到 GARCH 模型之中。随后 Melino 和 Turnbull（1990）[100]、Harvey（1994）[101]、Jaequier（1994）[102]等将 Markov 转换机制引入到随机波动率模型 SV 之中。其他相关研究还有 Hamilton 和 Lin（1996）[103]、Dueker（1997）[104]、Ramehand 和 Susmel（1998）[105]、Chen 和 Lin（2000）[106,107]、Hung 和 Kuan（2002）[108]等。

近些年国内外学者对原油市场价格波动进行了各方面的研究，为国际原油市场建立有效的价格形成机制、风险管理及能源政策的制定提供了大量的资料。但是就目前的研究文献来看，对于油价波动状态变动的识别及在不同状态下油价波动对经济影响的对比分析却很少，特别是对油价拐点的分析及预测文章更是寥寥无几。张殉等（2009）[109]基于结构性断点检验和常收益事件分析模型，分析了伊朗革命、海湾战争和伊拉克战争三次重大突发事件对原油价格的影响。结果表明：三次事件均对原油价格走势产生了显著影响，其中伊朗革命和伊拉克战争导致了油价结构性断点的产生，三次战争对油价的影响模式均满足危机模型。柴建等（2014）利用 PPM 模型对国际历史油价及相关影响变量的突变进行识别和分析。同时，在模型构建中，无论是研究系统动力学还是预测模型，关键问题是要模拟事件的概率分布，特别是分布的尾部。学者们常常把人类行为简化为可以使用泊松过程描述的稳态随机过程（D'Agostino，et al，1986[111]）。根据已有的研究，大部分学者也一直假设油价的拐点时刻点服从泊松分布。但是，随着科技的不断发展，大量的数据可以统计和分析。2006 年 Nature（《自然》）上发表了一篇开创性的文章，清晰揭示了人类行为活动对泊松分布的偏离[112]。科学家进一步研究了与人类活动相关的城市人口分布、互联网信息、市场交易、金融、通信、自然灾害等一系列问题，发现人类的很多活动并不是简单的泊松分布，而是具有厚尾特征的幂律分布。幂律分布允许短时间内事情频繁发生，接着很长的一段时间里沉寂下来。相邻两个事件的时间间隔分布存在满足反比幂函数的厚尾特性（Vázquez，et al.，2006[113]）。特别是，大量研究证明国际原油价格的走势和股票交易市场存在很大的相关性（Cunado，et al.，2014[114]；Masih，et al.，2007[115]；Chang，et al.，2013[116]；Kilian，et al.；2009[117]），同时也有研究表明股票交易时间间隔分布特征服从幂律分布（Xavier et al.，2003[118]；Zhou，2007[119]；Mayya，et al.；2007[120]；Haash and Pigorsch，2009[121]）。因此，作者猜想原油价格拐点的时间间隔是否也服从幂律分布？在第四章将幂律分布引入原油价格拐点推断模型中，进行了相关研究。

3

原油价格运行特征分析

目前国际原油市场流通的原油价格并非由原油的供求双方直接决定的，不同的机构与组织为了各自的利益群体，提出了不同的原油价格，这些价格组成了我们所说的国际原油价格体系。目前主要的国际原油价格有七种：原油输出国组织（OPEC）的官方价格、非 OPEC 的官方价格、现货市场价格、期货市场价格、以货易货价格、净回值价格及价格指数。1973 年原油危机后，现货价格逐渐成为原油公司、原油消费国政府制定原油政策的重要依据。世界上较大的原油现货市场有美国纽约、英国伦敦、荷兰鹿特丹和亚洲的新加坡。

根据目前国际原油价格体系，OPEC 的官价、现货价格和期货价格越来越占有重要的作用。就原油现货市场定价机制来说，目前国际原油市场上的现货价格并非由原油供求双方直接决定的。以三大期货市场与五大现货市场为主的国际石油市场的格局决定了其定价机制，供求双方在签订供货合同时，以基准油在交货或提单前后某一段时间内，现货市场或期货市场价格加上升贴水作为原油贸易的最终结算价格。作为原油基准价的油种叫做基准油，不同贸易地区所算基准油不同。在三大期货市场中，纽约商品交易所能源期货和期权交易量占到三大能源交易所总量的 50% 以上。其西得克萨斯中质原油（WTI）是全球交易量最大的商品期货，也是全球石油市场最重要的定价基准之一。伦敦国际石油交易所交易的北海布伦特原油也是全球最重要的定价基准之一，全球原油贸易的 50% 左右都参照布伦特原油定价，出口到欧洲或从欧洲出口，基本上选择布伦特（Brent）油。海湾地区出产的石油常常使用迪拜原油作为参考标准，由于迪拜原油与欧美成熟市场价格差异很大，使得中东对亚洲的原油出口造成了特色的"亚洲溢价"。

3.1 原油现货价格日度数据统计分析

我们将对国际原油现货交易市场影响力最大的 WTI 现货价格作为研究的对象，来探究国际原油市场的变动内涵。首先我们来分析 WTI 原油现货价格的日度数据，图 3 - 1 反映了 1986 年 1 月 2 日 ~ 2009 年 12 月 22 日以来的 WTI 现货价格走势状况（日度）。

（美元／桶）

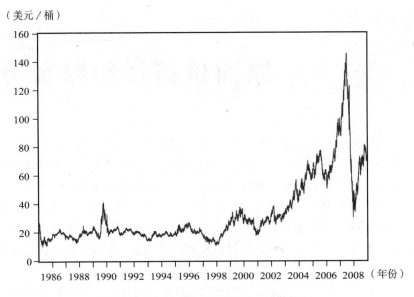

图 3 - 1　WTI 原油现货价格日度数据

数据来源：EIA（Energy Information Administration）。

由图 3 - 1 可见，WTI 原油现货价格在 1999 年以前走势平稳，但 1999 年以后一路走高且波动幅度越来越大。尤其是这次金融危机前后，油价的波动更是像过山车一样让人看起来惊心动魄。原油作为一种特殊的商品，除了符合一般商品价格受基本供求关系决定的规律外，由于其在国民经济、国际政治中的战略作用以及作为一种不可再生的自然资源的特殊性，使得影响油价波动的因素日益增多，已从主要为供求关系的单一因素向多种因素互相影响、共同作用的方向转变，包括全球经济增长、技术进步、汇率、地缘政治、投机、季节性气候、库存等，其金融属性也在逐渐被加强。所有这些因素的共同作用均反映在油价的历史变动中。通过对油价的历史状况的基本统计分析将为后面更加深入地研究提供很好地铺垫。一般情况下，由于投机或短线交易者才会关注日度频率下的油价走势，对于他们来说交易风险的分析与评价更为重要。因此对于日度数据，我们主要关注其价格波动的风险的度量与控制。

为分析油价的波动，我们采用集合对数百分收益率。令 p_t 表示在时间 t 的原油出售价格的观测值，$y_t = 100\ln(p_t/p_{t-1})$ 表示资产的对数百分收益率，图 3 - 2 反映了 WTI 原油现货市场的日价格对数收益率走势，仅由图便可看到原油现货市场存在极大的波动聚集效应。

图 3 - 3 反映了 WTI 原油现货市场的日价格对数收益率直方图及基本描述性统计量。图的右边依次显示了序列的均值、中位数、最大最小值、标准差、偏度、峰度、JB 统计量及其相应的概率。由直方图可以看出，WTI 原油现货市场

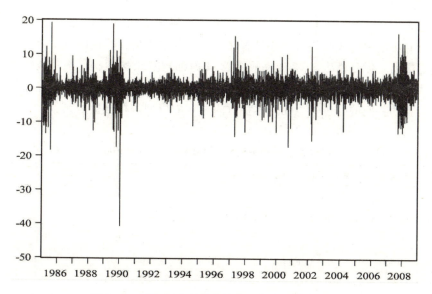

图 3 - 2 WTI 原油现货市场的日价格对数收益率

数据来源：EIA（Energy Information Administration）。

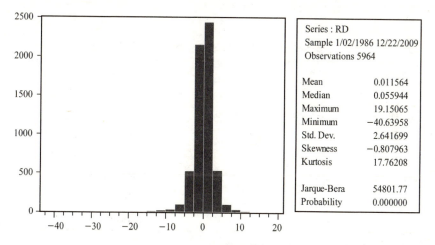

图 3 - 3 WTI 原油现货市场的日价格对数收益率直方图及描述性统计量

数据来源：EIA（Energy Information Administration）。

的日价格对数收益率很是集中，虽然其最大最小值差别很大，但由标准差（2.64）可见，序列的集中度很高。另外，目标序列的偏度为 - 0.808，而对称分布的偏度为 0，正的偏度意味着右拖尾（右偏）；反之成立。故目标序列的分布是左偏的。正态分布的峰度是 3，如果峰度超过 3，将有比正态分布更厚的尾部。用来检验序列值是否服从正态分布的 JB 统计量也表明目标序列显著不服从正态分布，故在研究油价波动率的时候应该多考虑非正态形势的分布。

表 3 - 1 给出了 WTI 原油现货市场的日价格数据的 ADF 检验，检验的 ADF 统计量 t 值为 - 0.3358 均大于各显著性水平下的临界值，故说明价格序列原值为非稳定序列。但是由表 3 - 2（反映了 WTI 原油现货市场的日价格对数收益率的稳定状况）可见百分对数收益率的序列是稳定的。故在以收益率为研究目标来反映油价波动状况的时候可以使用平稳时间序列的模型进行分析研究。

表 3 - 1　　　　　　　　**WTI 原油现货市场的日价格数据的 ADF 检验**

Null Hypothesis：Daily WTI spot price has a unit root		
Exogenous：None		
Lag Length：5（Automatic based on SIC，MAXLAG = 33）		
	t-Statistic	Prob.
Augmented Dickey-Fuller test statistic	- 0.335845	0.5645
Test critical values：1% level	- 2.565380	
5% level	- 1.940881	
10% level	- 1.616661	

数据来源：EIA（Energy Information Administration）。

表 3 - 2　　　　　　**WTI 原油现货市场的日价格对数收益率的 ADF 检验**

Null Hypothesis：RD has a unit root		
Exogenous：None		
Lag Length：4（Automatic based on SIC，MAXLAG = 33）		
	t-Statistic	Prob.
Augmented Dickey-Fuller test statistic	- 36.22643	0.0000
Test critical values：1% level	- 2.565380	
5% level	- 1.940881	
10% level	- 1.616661	

数据来源：EIA（Energy Information Administration）。

3.1.1　基于 Bayes-SV-SGT 模型的原油价格 VaR 估计

近些年来，国际原油价格波动频繁，持续走高，给全球尤其是像中国这样的原油消费大国的经济可持续发展带来了很大冲击，油价波动似乎正在成为一种常态，日益影响着我们的社会、经济、生产和交通的各个方面。由原油价格的波动给原油生产者或消费者等各方带来的收益上的不确定性，即原油价格风险，也成了研究的热点（Giot P.，Laurent S.，2003[122]；Fan Ying，Zhang Yue-Jun，Tsai， et al.，2008[123]；Alexandra Costello，Ebenezer Asem，Eldon Gardner，2008[124]）。

原油市场的价格风险来自于国际原油市场内在的不确定性、主要产油国的政策、未预期到的市场冲击和投机因素等（Franz Wirl，2008）[125]。这种风险可以通过采取合适的建模方法发现其特征，并为监控和规避油价风险提供依据。在世界原油价格风险管理方面，已有众多学者开展了有意义的研究。Pierre Giot 和 Sébastien Laurent（2003）[122]利用 Risk Metrics、Skewed Student APARCH，以及 Skewed Student ARCH 等 VaR 方法研究了 Brent 和 WTI 现货日价格风险。Cabedo 和 Ismael Moya（2003）[126]将 VaR 的历史模拟法与 ARMA 模型相结合（HSAF 方法）对 Brent 原油现货价格的日对数收益率进行 VaR 估计。潘慧峰和张金水（2006）[127]采用国内原油价格的调度数据，运用基于 GED 分布的 GARCH 模型度量了国内油市的极端上涨和极端下跌时的 VaR，说明了原油生产者可以利用市场势力和上下游一体化的组织形式，将部分下跌风险转嫁给原油需求者，而原油需求者则缺少有效的措施来应对油价上涨。余炜彬，范英，魏一鸣（2007）[128]引入 VaR 利用极值理论对世界原油现货市场的价格风险 VaR 进行研究，并在此基础上讨论了两市场价格风险的不同特征以及同一市场中厂商风险和采购风险的不同特征。张跃军，范英，魏一鸣（2007）[129]采用中国大庆原油价格日平均交易数据，建立了基于 GED 分布的 GARCH（1，1）、GARCH-M（1，1）和 TGARCH（1，1）三个模型，描述了中国原油价格与国际接轨以来的波动特征。Sadeghi（2006）[130]利用历史模拟法与 ARMA 预测法相结合（HSAF）来计算原油价格市场的 VaR 风险，并与基于正态分布的 GARCH 相对比，表明了 HSAF 方法更为有效。Fan 等（2008）[123]基于国际原油市场，利用 GED-GARCH 模型研究了能源价格风险 VaR 及风险溢出效应问题，检验表明该方法相对于 HSAF 更为精确有效。Alexandra Costello（2008）[124]发展了 Cabedo and Moya 对原油价格风险 VaR 的研究方法，证明了基于非正态分布的半参数 GARCH 模型要优于 HSAF 方法。

在原油价格风险的分析方法当中，VaR 成为一种公认的有效度量风险的方法，并且在 VaR 的估计技术上不断取得进步。鉴于此，本书也将 VaR 作为原油价格风险的度量测度，并尝试进一步改进 VaR 的估计技术。

在计算价格 VaR 的过程中，首先需要给出资产价格波动率的准确描述。价格波动率是原油价格市场最为重要的特性之一，波动率的估计和预测一直是金融经济学研究的热点。针对市场波动率表现出的时变特点与"集聚效应"，先后出现了用于波动率估计的 ARCH 类模型（Engle 和 Bollerslev）和随机波动率模型（Taylor，S. J.，1994[131]）。蒋祥林，王春峰（2005）[132]基于贝叶斯原理，对随机波动性模型进行研究，并将 SV-N 模型应用股市风险价值 VaR 的估计与预测，得到了随机波动率的 VaR 较 GARCH 模型的 VaR 具有更高精度的结论。孙米强等（2004）[133]简单介绍了 VaR 的含义，分析了计算 VaR 时的关键，将随机波动 SV-N 模型应用于 VaR 的计算，说明了基于 SV 模型下的 VaR 之更具有动态性和精准性，实验分析结果表明，SV 模型准确反映了市场因子的波动情形，此时的 VaR 更贴切地反映了金融市场的风险水平。故在金融市场上，SV 模型对资产价格波动率的度量效果要优于 GARCH 类模型。由于能源价格市场同金融市场具有很强的相似性，研究者大多直接利用研究金融市场的模型和工具来刻画能源市场。但能源市场有其特殊的背景和特性，在金融市场中具有良好刻画效果的 SV 模型是否在能源市场上也具有优势？为回答这个问题，本书将利用 SV 模型来度量国际原油市场的价格波动率，并同 GARCH 类模型结果进行比较。

大部分的 SV 模型在实际应用中都是假定模型的随机干扰项服从正态分布，因此产生的日收益率也是服从正态分布。但在实践中这些假设不尽合理，修改这些假设，就可以得到各种扩展的 SV 模型，如主要描述了收益序列厚尾特性的 SV-T 模型和 SV-GED 模型，但是这些扩展的模型也只能分别描述资产收益率序列特性（尖峰性、偏态性或厚尾性）的某一方面。本书引入一种新的分布来扩展 SV 模型，这种新的分布来源于 Theodossiou（1998）在 Manage-ment Science（《管理科学》）上所提出的 SGT（skewed generalized t distribution）分布，即偏态广义 t 分布。Turan（2008）利用 SGT 分布函数来反映收益率的变化，利用 GARCH 族类函数来估计波动率，结果表明基于 SGT-GARCH 模型能得到的 VaR 稳定及精确估计。SGT 分布的参数描述了随机序列的五个特征：均值、标准差、偏度、峰度、厚尾度，因此 SGT 分布提供了一个灵活方便的描述金融数据的经验分布的工具，而且在参数取特定值时，SGT 分布等价于偏态 t 分布、广义 t 分布、一般 t 分布、正态分布及广义误差（GED）分布。本书首次尝试利用 SV-SGT 模型来捕捉实际原油价格收益序列的尖峰厚尾和偏态等特征，并以此为基础计算 VaR 值。

本书采用 Bayes-SV-SGT（以 Bayes 思想来分析 SV-SGT 模型）来度量国际原油价格的 VaR 风险，从以下几个方面扩展了以前的研究：第一，首次引入 SGT 分布来描述原油市场的价格和其波动特征，SGT 分布是很多已知分布（正态分布、广义 t 分布、非对称 t 分布、GED 分布等）的一般化，能够全面灵活地描述价格序列的尖峰厚尾和偏态特征，从而对原油价格的变动进行极好的描述和度量，而这正是已有的方法所缺少的；第二，建立了 SV-SGT 模型，并将其用于 VaR 的计算，实际结果表明，本书所建立的新的模型切实可行并取得了理想的效果；第三，基于 Bayes 原理，利用 WINBUGS 软件解决了 SV-SGT 模型的参数估计难题。

1. 基于 SV-SGT 模型的 VaR 风险计算

（1）VaR 模型。

VaR（Value at Risk）按字面意思解释就是"处在风险中的价值"，一般可译为风险价值。用 Jorion（1996）[136]给出的权威定义，可将其表述为"给定置信度的一个持有期内的最坏的预期损失"。本书站在石油进口国的角度，采用原油市场收益率条件分布的右尾概率来度量油价上涨的风险，右 α 分位数对应于 $1-\alpha$ 置信水平下油价上涨的 VaR，经济意义是由于油价大幅上涨导致的原油需求者的额外支出；相应的左尾概率则表示油价下跌时的风险。则原油需求者的 VaR： $P(y_t > VaR_{ut} \mid I_{t-1}) = \alpha$ ，同理原油供应者的 VaR：

$$P(y_t < VaR_{dt} \mid I_{t-1}) = \alpha$$

其中， y_t 表示资产在第 t 期收益； $1 - \alpha$ 表示置信水平； VaR_{ut} 表示 t 时刻 $1 - \alpha$ 水平下原油需求者的 VaR； VaR_{dt} 表示 t 时刻 $1 - \alpha$ 水平下原油供应者的 VaR ，取之为正。

最基本的 VaR 计算方法是将资产回报率看成是具有固定方差的正态分布来简单估计 VaR 值。因为市场的时变性，这样得出的结果显然太过粗糙。加权正态模型（WTN）和 GARCH 族模型考虑到了波动时变性，被广泛应用于 VaR 值，其中 EGARCH 模型被认为能较理想的测量 VaR。然而，即便是这些模型，面对金融时间序列，"高峰厚尾"、杠杆效应、平方序列微弱而持久的自相关性等显著特征也显得十分脆弱。SV 模型是另一类异方差模型，它将随机过程引入到方差表达式中，被认为是刻画金融市场波动性的最理想模型。但由于其参数估计困难，直到近年来才开始得到运用。

（2）SV 模型。

标准的 SV 模型：

$$y_t = \mu + \sigma_t z_t, t = 1, 2, 3, \cdots, T \tag{3-1}$$

$$\ln \sigma_t^2 = \alpha + \beta (\ln \sigma_{t-1}^2 - \alpha) + \varepsilon_t, \varepsilon_t \sim N(0, \sigma_\varepsilon^2) \tag{3-2}$$

其中， p_t 表示在时间 t 时的资产价格； $y_t = \ln(p_t / p_{t-1})$ 表示资产的对数收益率； $\ln \sigma_t^2$ 服从一个 AR（1）过程； z_t 是一系列独立同分布的随机干扰项； ε_t 为波动的扰动水平，独立同正态分布，均值为 0，方差为 σ_ε^2 。

误差项 z_t 和 ε_t 是不相关的，都是不可观测的。 β 为持续性参数，反映了当前波动对未来波动的影响，并且对于 $|\beta| < 1$ ；SV 模型是协方差平稳的。为方便起见，记 $h_t = \ln \sigma_t^2$ ，假定 $h_0 \sim N(\alpha, \sigma_\varepsilon^2)$ ，可以得到对于给定的 h_{t-1} ， α ， β ， h_t 服从均值为 $\alpha + \beta(h_{t-1} - \alpha)$ ，方差为 σ_ε^2 的正态分布，即

$$h_t \mid h_{t-1}, \alpha, \beta \sim N(\alpha + \beta(h_{t-1} - \alpha), \sigma_\varepsilon^2), t = 1, 2, \cdots, T \tag{3-3}$$

故 h_t 的无条件期望值和方差分别为： $Eh_t = \alpha$ ， $var(h_t) = \dfrac{\sigma_\varepsilon^2}{1 - \beta^2}$ 。

因为 ε_t （ $t = 1, 2, \cdots, T$ ）之间相互独立且同分布，故 h_t 无条件服从均值为 α ，方差为 $\dfrac{\sigma_\varepsilon^2}{1 - \beta^2}$ 的正态分布，即 $h_t \sim N(\alpha, \sigma_\varepsilon^2 / (1 - \beta^2)), t = 1, 2, \cdots, T$ ，所以 σ_t^2 有对数正态分布，且期望和方差为： $E\sigma_t^2 = \exp\left(\dfrac{\sigma_\varepsilon^2}{2(1 - \beta^2)}\right)$ ， $var(\sigma_t^2) = \exp\left(\dfrac{\sigma_\varepsilon^2}{1 - \beta^2}\right)$ 。故易得到

$$Eσ_t^r = \exp\left(\frac{r^2σ_ε^2}{8(1-β^2)}\right), \quad Ey_t = μ + E(z_t)\exp\left(\frac{σ_ε^2}{8(1-β^2)}\right) \tag{3-4}$$

（3）SGT 分布密度。

众所周知，通常情况下，资产收益率序列不服从正态分布，即资产收益率序列的随机干扰项不服从正态分布，前人在计算 VaR 的过程中通常通过假定随机干扰项服从 t 分布、广义误差分布（GED）、混合正态分布等来解决这个问题，但是这些分布只能分别描述了资产收益率序列特性（尖峰性、偏态性或厚尾性）的某一方面。在这一节我们将介绍 Theodossiou 所提出的 SGT 分布，这种分布的参数可以方便地描述金融时间序列数据的峰度、偏态和厚尾性质。

假定随机干扰项 z 服从 SGT 分布，概率分布密度如下：

$$f(z\mid λ,η,κ) = C\left(1 + \frac{|z+δ|^κ}{((1+η)/κ)(1+I(z+δ)λ)^κθ^κ}\right)^{-\frac{η+1}{κ}} \tag{3-5}$$

其中，$C = 0.5κ\left(\frac{η+1}{κ}\right)^{-1/κ}B\left(\frac{η}{κ},\frac{1}{κ}\right)^{-1}θ^{-1}$，$δ = ρθ$，$θ = \dfrac{1}{\sqrt{g-ρ^2}}$

$$ρ = 2λB\left(\frac{η}{κ},\frac{1}{κ}\right)^{-1}\left(\frac{η+1}{κ}\right)^{1/κ}B\left(\frac{η-1}{κ},\frac{2}{κ}\right)$$

$$g = (1+3λ^2)B\left(\frac{η}{κ},\frac{1}{κ}\right)^{-1}\left(\frac{η+1}{κ}\right)^{1/κ}B\left(\frac{η-2}{κ},\frac{3}{κ}\right)$$

并且 $z = \dfrac{y-μ}{σ}$ 为 0 均值和单位标准差的标准化过程，$μ$ 和 $σ$ 分别表示资产收益率的均值和标准差，$λ$ 表示偏态程度参数，满足 $|λ|<1$；$η$ 为描述厚尾程度的参数，满足 $η>2$；$κ$ 为描述尖峰程度的参数，满足 $κ>0$；I 为示性函数 $I(x) = \begin{cases}1 & x\geqslant 0\\ -1 & x<0\end{cases}$，$B(\cdot)$ 为贝塔函数。

令 $x = z+δ$，则 x 的均值为 $δ$、方差为 1，由 Theodossiou 中的结果，当 r 为整数时，变量 x 的 r 阶非中心矩为：

$$M_r = E(x^r) = 0.5((1+λ)^{r+1} + (-1)^r(1-λ)^{r+1})$$

$$\left(\frac{η+1}{κ}\right)^{r/κ}B\left(\frac{η}{κ},\frac{1}{κ}\right)^{-1}B\left(\frac{η-r}{κ},\frac{r+1}{κ}\right)θ^r$$

则可得到变量 z 的偏态（$S(z)$）和峰度（$K(z)$）为：

$$S(z) = E(x-δ)^3 = M_3 - 3δ - δ^3 \tag{3-6}$$

$$K(z) = E(x-δ)^4 = M_4 - 4M_3δ + 6δ^2 + 3δ^4 \tag{3-7}$$

其中 M_3、M_4 分别表示变量 x 的 3 阶和 4 阶非中心矩。由定义公式可见，如果 $η$ 小于 4，则峰度不存在；如果 $η$ 小于 3，则峰度和偏态都不存在。SGT 中参数的估计可以由样本的对数极大似然估计得到，即极大化下式：

$$L = \sum_{t=1}^{T}\ln(f(z_t\mid λ,η,κ))$$

在介绍的 SGT 分布是很多已知分布的一般化，当 SGT 中的参数 $\lambda = 0$ 时，就是广义 t 分布；当 $\kappa = 2$ 时为非对称 t 分布；当时 $\lambda = 0$，$\eta = \infty$，变为广义误差分布（GED）；当 $\lambda = 0$，$\eta = \infty$，$\kappa = 2$ 时为正态分布。鉴于 SGT 分布中的参数能很好的捕捉收益率分布的尾部厚度、偏态及峰度现象，本书拟采用基于 SGT 分布的 SV 模型来估计波动率和 VaR。

2. 基于 SV-SGT 模型的 VaR 估计

在给定的置信水平 $1 - \alpha$ 的情况下，由原油需求者的 VaR 定义知：

$$P(y_t > VaR_{ut} \mid I_{t-1}) = \alpha \qquad (3-8)$$

式（3-8）等价于 $P(y_t < VaR_{ut} \mid I_{t-1}) = \int_{-\infty}^{VaR_{ut}} f(y_t \mid I_{t-1}) dy_t = 1 - \alpha$

其中 $f(y_t \mid I_{t-1})$ 为收益率 y_t 的条件概率密度函数。而上式又可写成以下的标准形式：

$$
\begin{aligned}
P(y_t < VaR_{ut} \mid I_{t-1}) &= P\left(\frac{y_t - \mu}{\sigma_t} < \frac{VaR_{ut} - \mu}{\sigma_t} \mid I_{t-1} \right) \\
&= P\left(z_t < b_t = \frac{VaR_{ut} - \mu}{\sigma_t} \right) \\
&= \int_{-\infty}^{b_t} f(z_t) dz_t = 1 - \alpha
\end{aligned}
$$

其中，$f(z_t)$ 为 SGT 分布密度，在给定 SGT 分布概率密度函数的情况下，很容易得到 $f(z_t)$ 的 $1 - \alpha$ 上分位数 b_t 的具体值。在通常情况下，基于标准正态分布的 VaR 估计可以很容易地得到在 $1 - \alpha = 99\%$ 的置信度下 $b_t = 2.326$。但本书在更一般的情况下利用 SV-SGT 来估计 VaR，由上式可知，b_t 是 λ，η，κ 的函数，故原油需求者的 VaR_{ut} 值为：$VaR_{ut} = \mu + b_t\sigma_t$。同理，可得原油供应者的 VaR_{dt} 为：$VaR_{dt} = \mu_t - \sigma_t$。其中 μ，σ_t 可由 2.2 节介绍的 SV 模型估计得到，b_t 可由 2.3 节介绍的基于样本极大似然估计得 SGT 分布形式得到。

3.1.2 原油现货日度价格的 VaR

目前世界上的原油交易以 WTI 和 Brent 两大原油市场的影响最大和最广泛。基于此，本书针对 WTI 和 Brent 两大原油现货市场进行价格风险的实证研究。采用的数据来源于 IEA，采用 WTI 和 Brent 两大原油现货市场 1987 年 5 月 20 日 ~ 2007 年 1 月 22 日的价格日数据。对于数据样本，剔除非交易日，这样 Brent 原油现货市场共有 5011 个数据，WTI 原油现货市场共有 4967 个数据。为缓冲油价的波动程度，我们采用集合对数百分收益率，令 p_t 表示在时间 t 时的原油出售价格的观测值，$y_t = 100\ln(p_t/p_{t-1})$ 表示资产的对数百分收益率，从两原油市场的日价格对数收益率走势图（见图 3-4、图 3-5）上可见，两市场都存在极大的波动聚集效应（表 3-1 中的 ARCH-LM 检验也给出了证明）。

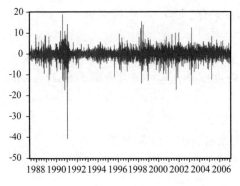

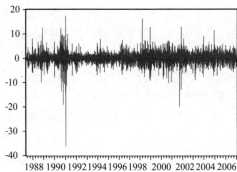

图 3-4 WTI 原油价格收益率走势   图 3-5 Brent 原油价格收益率走势

　　对两原油现货市场价格收益率序列的初步统计分析结果如表 3-3，两市场交易价格收益率的均值、方差、最大及最小值都非常接近。同时，同标准正态分布相比，标准正态分布的偏态与峰度分别为 0 和 3，而 WTI 和 Brent 两原油市场价格收益率序列的偏态显著小于 0（左偏），峰度显著大于 3（尖峰），因此可以得出两原油市场资产回报率的分布拥有显著的尖峰和偏态现象。同时，LB 检验结果说明两序列都具有显著的自相关性，ARCH - LM 检验说明两序列显著的ARCH 效应。另外，单位根检验表明了序列样本的稳定性。由图 3-6、图 3-7也可看出，两市场的资产收益率 Q-Q 图非常接近，而且都表现出显著的厚尾现象。故由基本的统计分析，可以判断出原油价格收益序列具有显著的尖峰、厚尾、偏态和波动集聚特征。

表 3-3   **WTI 和 Brent 原油现货市场价格收益率序列的基本统计**

检验值	WTI 对数收益率	Brent 对数收益率
均值	0.0200435979831	0.02141390574691
最大值	18.86765486763	17.33327322255
最小值	-40.63957736011	-36.12143880872
标准差	2.462485124913	2.335136604363
偏态	-1.140	-0.8544823197016
峰度	19.936	16.97278129279
LB - Q（8）	49.115（0.000）	20.703（0.008）
LB - Q（16）	63.409（0.000）	45.173（0.000）
ADF test	-45.21191（0.0001）	-68.33969（0.0001）
ARCH - LM	29.67505（0.0000）	44.04480（0.0000）

注：括号里数值为 p 值。

　　为了检验 SV-SGT 模型的有效性，运用了目前检验结果很有效的 GARCH-GED 模型进行对比分析说明。

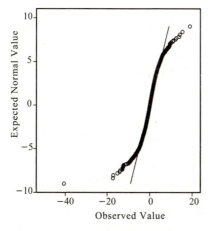

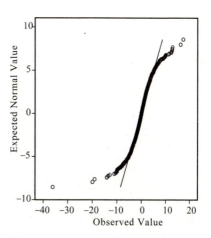

图 3 - 6   WTI 原油价格收益率   图 3 - 7   Brent 原油价格

由图 3 - 4、图 3 - 5 及表 3 - 3 检验结果可以看出国际原油价格收益率序列具有明显的波动集聚性，消除序列自相关性后发现残差具有显著的高阶 ARCH 效应，故本书下面将使用 GARCH 类模型：

$$y_t = c + d y_{t-1} + \varepsilon_t = \mu_t + \sigma_t z_t, \quad t = 1,2,3,\cdots,T, \quad \varepsilon_t \sim GED(x) \quad (3-9)$$

$$\sigma_t^2 = \beta_0 + \sum_{i=1}^{p} \beta_i \sigma_{t-i^2} z_{t-i^2} + \sum_{j=1}^{q} \alpha_j \sigma_{t-j^2} \quad (3-10)$$

由于心理因素的作用，使得市场对油价涨跌的预期将显著地影响未来的油价走势，为度量油价预期风险对收益的影响，引入 GARCH - M - GED 模型来研究油价：

$$y_t = c + d y_{t-1} + \rho \sigma_t + \sigma_t z_t, \quad t = 1,2,3,\cdots,T, \quad \varepsilon_t \sim GED(x) \quad (3-11)$$

$$\sigma_t^2 = \beta_0 + \sum_{i=1}^{p} \beta_i \sigma_{t-i}^2 z_{t-i}^2 + \sum_{j=1}^{q} \alpha_j \sigma_{t-j}^2 \quad (3-12)$$

另外，由于杠杆效应的存在，使得油价涨跌导致的收益率波动程度具有不对称性，故本书同时将采用 EGARCH - GED 模型来对这种不对称性进行分析。

$$y_t = c + d y_{t-1} + \varepsilon_t = \mu_t + \sigma_t z_t, \quad t = 1,2,3,\cdots,T, \quad \varepsilon_t \sim GED(x) \quad (3-13)$$

$$\ln \sigma_t^2 = \beta_0 + \sum_{i=1}^{p} \beta_i |z_{t-i}| + \sum_{j=1}^{q} \alpha_j \ln \sigma_{t-j}^2 + \sum_{k=1}^{r} \gamma_k z_{t-k} \quad (3-14)$$

根据 AIC 最小原则对比分析 GARCH（p, q）、EGARCH（p, q）、GARCH - M（p, q），其中 $p = 1, 2$ 和 $q = 1, 2$ 比较结果见表 3 - 4、表 3 - 5，故由 AIC 最小原则，对 WTI 原油市场本书选择 GARCH（1, 1）、EGARCH（2, 2）、GARCH - M（1, 1）模型对市场原油收益率序列进行建模，但是根据 GARCH 类

模型的收敛限制条件，必须有 $\sum_{i=1}^{p}\beta_i + \sum_{j=1}^{q}\alpha_j < 1$，为方便仅以 WTI 原油市场的 EGARCH（2，2）－GED 模型为例，模型如下：

$$EGARCH(2,2):y_t = 0.045720 - 0.027y_{t-1} + \varepsilon_t,$$

$$t = 1,2,3,\cdots,T, \varepsilon_t \sim GED(x,1.310817)$$

$$\log\sigma_t^2 = -0.013655 + 0.224181\left|\frac{\varepsilon_{t-1}}{\sigma_{t-1}}\right| - 0.202764\left|\frac{\varepsilon_{t-2}}{\sigma_{t-2}}\right| + \quad (3-15)$$

$$0.001474\frac{\varepsilon_{t-1}}{\sigma_{t-1}} + 1.803869\log\sigma_{t-1}^2 - 0.805393\log\sigma_{t-1}^2$$

显然有 0.224181 - 0.202764 + 1.803869 - 0.8053293 比 1 要大，故通不过检验。在考虑 AIC 最小原则和收敛限制条件的基础上，本书选择了 GARCH（1，1）、EGARCH（1，1）、GARCH－M（1，1）模型对两原油市场收益率序列进行建模。

表 3－4　　　　WTI 市场原油收益序列的 GARCH 类模型 AIC 检验结果

(p, q)	(1, 1)	(1, 2)	(2, 1)	(2, 2)
GARCH	4.335733	4.336057	4.335931	4.336487
EGARCH	4.331475	4.331872	4.331853	4.329532
GARCH－M	4.337530	4.337887	4.337815	4.336002

表 3－5　　　　Brent 市场原油收益序列的 GARCH 类模型 AIC 检验结果

(p, q)	(1, 1)	(1, 2)	(2, 1)	(2, 2)
GARCH	4.238086	4.238444	4.238459	4.236454
EGARCH	4.236462	4.236422	4.236352	4.236705
GARCH－M	4.243863	4.244141	4.244154	4.244536

在建立 GARCH 模型的过程中，通常情况下假定模型的残差项服从正态分布，但是从本书所建立的 GARCH（1，1）模型结果来看，模型残差项具有尖峰、厚尾及偏态等非正态分布的显著特征，因此使用正态分布的前提假设，肯定会影响 GARCH 类模型对油价收益率波动的刻画精确性。为此许多文献引入广义误差分布（GED）来描述 GARCH 类模型的残差项，从而能更准确地描述油价收益率序列的波动特性。为了能够很好地刻画油价的波动特征，同时与本书所建模型进行比较，下面先比较 GARCH（1，1）、GARCH－M（1，1）和 EGARCH（1，1）三种模型的实证结果，见表 3－6。

表 3 – 6   **GARCH 类 – GED 模型估计结果**

参数	GARCH (1, 1)		GARCH – M (1, 1)		EGARCH (1, 1)	
均值方程	WTI	Brent	WTI	Brent	WTI	Brent
c	0.036216 (0.1393)	0.045121 (0.0532)	– 0.088778 (0.3162)	0.034160 (0.6857)	0.041578 (0.0929)	0.044150 (0.0525)
d	– 0.028002 (0.0406)	0.033431 (0.0169)	– 0.027841 (0.0420)	0.033810 (0.0166)	– 0.028883 (0.0328)	0.035642 (0.0095)
ρ			0.066775 (0.1348)	0.003538 (0.9370)		
方差方程	WTI	Brent	WTI	Brent	WTI	Brent
β_0	0.067412 (0.0000)	0.054329 (0.0000)	0.070242 (0.0000)	0.070328 (0.0000)	– 0.098991 (0.0000)	– 0.106449 (0.0000)
β_1	0.070493 (0.0000)	0.077657 (0.0000)	0.072689 (0.0000)	0.085761 (0.0000)	0.162336 (0.0000)	0.178949 (0.0000)
β_2	0.919687 (0.0000)	0.914794 (0.0000)	0.917193 (0.0000)	0.903866 (0.0000)	0.985605 (0.0000)	0.980686 (0.0000)
β_3					0.007418 (0.3515)	– 0.004389 (0.6012)
GED (x)	1.291838	1.345100	1.285593	1.338803	1.296877	1.339221
AIC	4.335733	4.238086	4.337530	4.243863	4.331475	4.236462
对数似然值	– 10759.62	– 10608	– 10763.09	– 10621.76	– 10748	– 10603.22

注：括号中数值为 p 值。

从以上模型的结果可见，GED 分布中的参数 x 均显著小于 2，说明两市场的收益率序列分布的厚尾情况严重。综合 AIC 最小准则及对数似然函数极大化准则，可见对 WTI 和 Brent 原油市场均有 EGARCH (1, 1) – GED 模型要优于其他模型。但是由于 z_{t-1} 的系数与零相差无几，且统计检验显著不为非零，故说明两市场原油价格收益率的杠杆效应不显著。ρ 值的大小说明了收益与风险的关系，从表 3 – 6 结果可见，两市场所表现出来的收益与风险的关系并不显著，其中 Brent 原油市场尤为不显著。通过比较两原油市场的条件方差序列后，发现两市场的波动非常接近，极端风险严重。

在利用 GARCH 类模型来计算波动率的基础上，利用上述结果来计算两原油市场价格风险 VaR，通过上述比较，EGARCH (1, 1) – GED 模型在描述两市场收益波动率方面较优，故下面利用 EGARCH (1, 1) – GED 模型来计算两原油市场需求者及供给者价格风险 VaR 序列。其中，GED 分布分位数的计算结果见表 3 – 7。

表 3 – 7 GED 分布分位数

名称	参数	95% 分位数	97.5% 分位数	99% 分位数
WTI	1.296877	1.650191	2.067904	2.592293
Brent	1.339221	1.651253	2.060499	2.571159

根据原油需求者及原油消费者的收益率价格风险 VaR 的定义，我们得到了基于 EGARCH（1，1）– GED 模型的两原油市场的 VaR 估计及其基本统计分析，见表 3 – 8。

表 3 – 8 两原油市场的 VaR 估计结果统计分析

置信水平	风险类型	失效次数		失效率（%）		LR 检验	
		WTI	Brent	WTI	Brent	WTI	Brent
95%	VaR_{ut}	41	36	0.825	7.18	275.98	– 204.9328
	VaR_{dt}	49	105	0.987	2.095	247.95	112.9
97.5%	VaR_{ut}	13	14	0.2617	0.2794	166.2	163.7
	VaR_{dt}	20	44	0.402658	0.8781	137.5	71.8
99%	VaR_{ut}	3	7	0.060399	0.1397	76.9	59
	VaR_{dt}	6	26	0.120797	0.5189	62.4	14.2

从上面的分析结果我们可以发现，EGARCH-GED 模型的预测结果覆盖了实际的损失，但是估计过于保守，除 Brent 原油市场在 95% 的置信度下的失效率为 7.18% > 5% 外，失效率全部远小于 $1 - \alpha$，LR 检验均无法通过，说明 EGARCH-GED 模型在用于国际原油价格风险 VaR 估计方面的效果并不理想。

1. 油价风险的 Bayes-SV-SGT 模型分析

由两原油现货市场数据的基本统计分析可见，两原油市场的现货市场价格收益率走势大同小异，为方便比较，下面仅以 Brent 市场为例分析能源需求者的价格风险 VaR。为了同 GARCH 类模型的油价风险分析结果进行比较，同样利用 Brent 原油市场 1987 年 5 月 20 日 ~2007 年 1 月 22 日的数据。为了解决 SV 模型的参数估计难题，本书利用 MCMC 方法来计算 SV 模型方程中的参数（Danielsson J.，1994[137]；Chib S.，N ardari F，Shephard N.，2002[138]）。利用 WINBUGS 软件，算得 α，β，σ_ε 的 Bayes 后验分布的参数期望估计值分别为：$\hat{\alpha} = 1.275$，$\hat{\beta} = 0.9565$，$\hat{\sigma}_\varepsilon = 0.2429$，然后基于极大似然估计理论得到 SGT 分布的参数估计，见表 3 – 9。

表 3 – 9		样本收益率方差的 SGT 分布估计效果			
	λ	η	κ		对数似然值
Brent	– 0.59	5.19	1.14		– 7212

由参数的估计值可见，$\lambda < 0$，$2 < \eta < +\infty$，$\kappa < 2$（当 $\lambda = 0$，$\eta = \infty$，$\kappa = 2$ 时为正态分布）在统计上都很显著，说明了两市场收益率分布的左偏并且尖峰厚尾。在 95%、97.5% 及 99% 置信水平下，利用 SV-SGT 模型对 Brent 原油价格风险 VaR 的估计如图 3 – 8 所示。

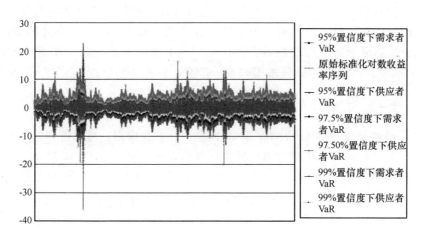

图 3 – 8　基于 SV-SGT 的 Brent 原油价格风险 VaR

表 3 – 10　　　基于 Bayes-SV-SGT 和 EGARCH-CED 模型的
Brent 原油市场风险 VaR 估计结果对比

置信水平	风险类型	失效次数		失效率（%）		LR 检验	
		Bayes-SV-SGT	EGARCH-GED	Bayes-SV-SGT	EGARCH-GED	Bayes-SV-SGT	EGARCH-GED
95%	VaR_{ut}	251	36	5.01	7.18	0.0010	– 204.9328
	VaR_{dt}	258	105	5.15	2.095	0.2342	112.9
97.5%	VaR_{ut}	127	14	2.53	0.2794	0.0250	163.7
	VaR_{dt}	118	44	2.36	0.8781	0.4388	71.8
99%	VaR_{ut}	51	7	1.02	0.1397	0.0162	59
	VaR_{dt}	42	26	0.84	0.5189	1.3997	14.2

由图 3-8 可见，Brent 原油现货价格风险 VaR 的估计示意图充分反映了波动的集聚性和持续性，检验 VaR 的估计效果有两个标准：一是看检验样本中超过分位数估计值的观测值个数百分比是否与给定百分比（5%，2.5%，1%）接近，如果大于给定值表明低估了风险，如果小于给定值，则高估了风险；二是看分位数估计值与实际分位数的相对误差，误差越小估计效果越好。由表 3-10 可见，样本中超过分位数估计值的观测值个数百分比接近给定百分比，且均显著通过 LR 检验，说明 SV-SGT 模型非常适合用于国际原油价格风险 VaR 的估计，估计效果要显著优于 EGARCH-CED 方法得到的结果。效果要优于前人的结果（Fan, et al.，2008[123]）。

由于 GARCH 类 - GED 模型和 SV 模型均为时间序列模型，在参数估计完成后，利用变量及其滞后值之间的函数是进行迭代，很容易获得样本外的预测值，然后基于预测值给出风险的估计。Bayes-SV-SGT 模型是假定收益率服从 SGT 分布的 SV 模型，当然也能够同通用的 SV 模型一样通过迭代进行预测，只是将收益率服从的分布改为 SGT 分布即可。而且在预测时，Bayes 方法的加入还提供了一种动态参数修正功能。

2. 通过对新建立的 Bayes-SV-SGT 模型的分析及应用，可以得到以下结论

（1）通过对国际原油现货市场的价格分析表明，同 GARCH 类模型相比，由于 SV 模型的前提假设更加符合实际，使得 SV 模型不仅在一般金融市场的分析过程中效果更好，而且在具有独特特性的原油市场研究中同样具有优势，本书建立的 Bayes-SV-SGT 模型在度量和估计原油市场的价格风险方面取得了很好的效果。

（2）前人在计算 VaR 的过程中通常通过假定随机干扰项服从 t 分布、广义误差分布（GED）、混合正态分布等，但是这些分布只能分别描述了资产收益率序列特性（尖峰性、偏态性或厚尾性）的某一方面。如本书 GARCH 类 - GED 中 GED 分布中的参数 $x < 0$ 只能很好地度量收益率分布的厚尾性。在本书中我们所提出的 SGT 分布可以方便地描述金融时间序列数据的峰度、偏态和厚尾性质。由表 3-9 可见，表示偏态程度的参数 λ 满足 $|\lambda| < 1$ 且 $\lambda < 0$ 说明了两市场收益率分布的左偏，描述厚尾程度的参数 η 满足 $\eta > 2$ 说明了两市场收益率分布的厚尾性，描述尖峰程度的参数 κ 满足 $\kappa > 0$ 且 $\kappa < 2$，说明了两市场收益率分布具有尖峰特性。

（3）本书利用基于 Bayes 理论的 MCMC 方法对 SV-SGT 模型参数进行了估计，结果表明，具有信息融合功能和动态特性的 Bayes 方法，在随机问题的参数估计中具有显著的优势，而且由于利用 Bayes 理论的专有软件（WINBUGS. R 等）的出现，使得 SV 波动模型的广泛应用成为可能。

3.2　原油现货日度价格波动率的结构突变点分析

针对市场波动率表现出的时变特点与"集聚效应"，先后出现用于波动率估计的模型主要有两类：Engle（1982）[139]、Bollerslev（1986）[140]等提出的 ARCH 类模型和 Taylor（1994）[141]的随机波动率模型。ARCH 类模型采用改变的条件方差来捕捉价格波动的时变性和序列相关性，但由于 ARCH 类模型将条件方差定义为过去观测值的平方项和前期条件方差的确定性函数，条件方差的估计与过去观测值直接相关，因此当存在异常观测值时，估计的波动率序列不是很稳定。

与 ARCH 模型不一样，SV 模型假定时变方差遵循某种不可观测（unobserved）的随机过程，并不完全依赖于过去观测值，因此其估计的波动率序列比 ARCH 模型更加稳定。此外，随机波动率模型比 ARCH 模型可更好地描述原油价格时间序列自身固有的尖峰厚尾性。大量实证研究表明（Danielsson，J.，1994[142]；Kim，S. and Shephard，N.，1994[143]；Shephard，N.，1995[144]），随机波动率模型比 ARCH 模型能更好地描述金融数据的特性，但至今为止利用 SV 模型来研究原油价格波动率方面的文献很少见。

虽然 SV 模型相对于 ARCH 类模型更符合实际情况，但它目前在应用中还受到一定的限制，这主要是由于 SV 模型不能直接得到模型的似然函数与模型的无条件矩的解释形式，对模型中的参数估计有一定的困难。但由于 SV 模型理论上在金融及经济领域中的广泛用途，很多学者对 SV 模型的估计方法进行了研究。Taylor（1986）[145]提出的通过建立完全似然函数来近似估计模型的参数值；Sandmann 和 Koopman（1998）[146]等人利用 MC 方法、状态空间模型、卡尔曼滤波方法等对 SV 模型进行参数估计。但这些方法均有其缺点。随着 WINBUGS 软件的广泛应用（Meyer，R.，Yu，J.，2000[147]；Kim，S.，Shephard，N.，Chib，S.，1998[148]；Lunn，D. J.，et al.，2000[149]；Jacquier，E.，1994[150]），使用 MCMC 模拟方法进行参数估计的缺点已经得到部分解决。原油作为一种重要的国际商品，其价格的形成机制是十分复杂的。全球经济增长、技术进步、产业结构、汇率、地缘政治、投机、季节性气候、库存、替代能源价格、生产成本等因素都会直接或间接地对原油价格产生影响。故原油价格的波动模型的参数不可能固定不变，而标准 SV 模型并不能够针对这一特征进行准确地捕捉，针对这一特征建立了 Bayes-SV-MTVP 模型来分析原油价格的波动率，即利用 Bayes 理论解决参数时变（time-varying parameters）的 SV-M 模型问题。使用 MCMC 模拟方法对模型进行参数估计，并利用 MS 模型对时变参数序列的结构性拐点进行了分析和辨别。

3.2.1 Bayes-SV-MTVP 模型的构建

通用的标准 SV 模型：

$$y_t = \mu + \sigma_t z_t, t = 1, 2, 3, \cdots, T \qquad (3-16)$$

$$\ln\sigma_t^2 = \alpha + \beta(\ln\sigma_{t-12} - \alpha) + \varepsilon_t \qquad (3-17)$$

其中，$\varepsilon_t \sim N(0, \sigma_\varepsilon^2)$、$\mu$ 为风险补偿，表示资产对数收益率的均值，为未知的固定常数。但由于原油价格受多种因素的影响，方程中参数不变的假定不尽合理。

构建的 SV-MTVP 模型如下：

$$y_t = \mu_t + \sigma_t z_t, t = 1, 2, 3, \cdots, T \qquad (3-18)$$

$$\mu_t = c_0 + \sum_{i=1}^{p} a_{it} y_{t-i} + \zeta_{it} \qquad (3-19)$$

$$\ln\sigma_t^2 = \beta_t(\ln\sigma_{t-1}^2 - \alpha_0) + \alpha_0 + \varepsilon_t \qquad (3-20)$$

其中，μ_t 为风险补偿，其具有时变性的表达式能很好地捕捉资产收益率的变异及滞后效应，假定 $c_0 \sim N(c, \sigma_c^2)$，$\zeta_{1t}, \zeta_{2t}, \cdots, \zeta_{pt} \sim N(0, \sigma_a^2)$，$a_{i1} \sim N(a_{i0}, \sigma_a^2)$。由于原油价格的变异 $\ln\sigma_t^2$ 服从一个 AR（1）过程，z_t 是一系列独立同分布的随机干扰项，ε_t 为波动的扰动水平，独立同正态分布，均值为 0，方差为 σ_ε^2。误差项 z_t 和 ε_t 不可观测，且均不相关。β_t 为反映波动持续性的参数，并且对于 $|\beta_t| < 1$，SV 模型是协方差平稳的。为方便起见，记 $h_t = \ln\sigma_t^2$，假定 $h_0 \sim N(\alpha, \sigma_\varepsilon^2)$，可以得到对于给定的 $h_{t-1}\alpha_0$，β_t，h_t 服从均值为 $\alpha_0 + \beta_t(h_{t-1} - \alpha_0)$，方差为 σ_ε^2 的正态分布，即

$$h_t \mid h_{t-1}, \alpha_0, \beta_t \sim N(\beta_t(h_{t-1} - \alpha_0) + \alpha_0, \sigma_\varepsilon^2), t = 1, 2, \cdots, T$$

由 $\mu_t = c_0 + \sum_{i=1}^{p} a_{it} y_{t-i} + \zeta_{it}, \zeta_{1t}, \zeta_{2t}, \cdots, \zeta_{pt} \sim N(0, \sigma_a^2)$，可知，$\mu_t$ 服从正态分布，假定有 n 个样本则：$\mu_t \mid a_{it}, \rho_{it}, a_{i0}, \sigma_a^2 \sim N(c_0 + \sum_{i=1}^{p} a_{it} y_{t-i}, \sigma_a^2)$，此时 $y_t \mid \mu_t$，h_t 分布的均值为 $c_0 + \sum_{i=1}^{p} a_{it} y_{t-i}$，而分布的具体形式要根据按照实际情况所选择的 z_t 的分布形式而定。

3.2.2 原油市场价格波动率估计及拐点预测

在选择 WTI 原油现货市场数据，研究本次金融危机是否造成了油价更加剧烈的波动，波动程度如何，油价波动率发生结构变动是在什么时间？本书采用的数据来源于 IEA，采用 WTI 原油现货市场 2006 年 12 月 1 日至 2008 年 11 月 4 日的价格日数据，剔除非交易日共 486 个数据。为缓冲油价的波动程度，本书采用

集合对数百分收益率，令 p_t 表示在时间 t 时的原油出售价格的观测值，$y_t = 100 \times$ $\ln(p_t/p_{t-1})$ 表示资产的对数百分收益率。对 WTI 原油现货市场价格收益率序列的初步统计分析结果如表 3 - 11 所示。同标准正态分布相比，标准正态分布的偏态与峰度分别为 0 和 3，WTI 原油市场价格收益率序列的基本无偏态特性，同时 WTI 原油市场资产回报率的分布显著通过正态检验。通过 ADF 检验，发现价格收益率序列只具有一阶滞后显著性。另外，单位根检验表明了序列样本的稳定性。

表 3 - 11 　　　　　　　WTI 原油现货市场价格收益率序列的基本统计

数值	WTI 对数收益率
均值	0.009980
最大值	7.128381
最小值	− 5.570574
标准差	1.107042
偏态	0.059800

3.2.3　油价风险的 Bayes-SV-MTVP 模型分析

为了解决 SV-MTVP 模型的参数估计难题，本书利用基于 Bayes 原理的 MCMC 方法和 Gibb 抽样来计算 SV 模型方程中的参数。由基本统计分析可见，由于原油价格序列只存在一阶滞后显著性，可假定 $p = 1$，而原油价格收益率序列通过了正态性检验，说明可以选择 z_t 服从正态分布。此时，原油价格收益率序列所服从的 SV-MTVP 模型形式为：

$$y_t = \mu_t + \sigma_t z_t, t = 1,2,3,\cdots,T, z_t \sim N(0,1) \tag{3-21}$$

$$\mu_t = a_0 + a_t y_{t-1} + \zeta_t, \zeta_t \sim N(0,\sigma_a^2) \tag{3-22}$$

$$\ln\sigma_t^2 = \alpha_0 + \beta_t(\ln\sigma_{t-1}^2 - \alpha_0) + \varepsilon_t, \varepsilon_t \sim N(0,\sigma_\varepsilon^2) \tag{3-23}$$

对参数先验分布的假设，由基本统计分析可知，y_t 的标准差为 1.107042，故可以假定 α_0 的先验分布为 $N(2\ln1.107042, 1)$。上述方程其实是很一般的形式，若假定 $\beta_t = 1$，记 $h_t = \ln\sigma_t^2$，则 h_t 变为随机游走模型，在此我们假定 β_t 的先验分布均为 $N(1, 1)$，同时假定 $1/\sigma_a^2$，$1/\sigma_\varepsilon^2$ 的先验分布均为 Gamma 分布。这时，$y_t \mid \mu_t$，h_t 服从均值为 μ_t、方差为 σ_t^2 的正态分布。

利用 WINBUGS 软件，经过 10000 次抽样，抽取前 3000 次作为训练样本，后 7000 次作为估计样本。假定，$tau = 1/\sigma_a^2$，$itau = 1/\sigma_\varepsilon^2$，可算得 a_0，σ_a，α_0，σ_ε 的 Bayes 后验期望估计值如表 3 - 12 所示。

表 3 - 12　　　WTI 原油价格收益率在 SV-MTVP 模型下的 Bayes 估计结果

参数	均值	标准差	MC 方差	2.5% 分位数	97.5% 分位数
a_0	0.02473	0.05907	0.005632	-0.07367	0.1547
tau	93.47	56.11	5.125	20.86	224.4
α_0	-0.8305	0.1382	0.009012	-1.105	-0.5573
$itau$	10.0	4.475	0.4718	5.369	23.01

而且收敛性、稳定性很好，效果如图 3 - 9 所示。

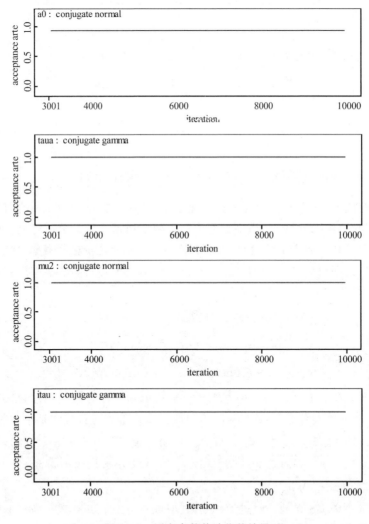

图 3 - 9　固定参数估计收敛效果

利用 MCMC 技术对时变参数的估计结果是一个时间序列，为方便地看出其变化趋势，用图形描述如图 3 - 10 所示。

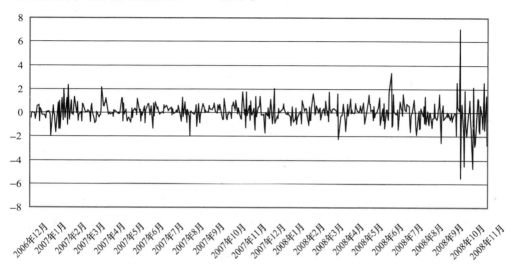

图 3 - 10 μ_t 估计结果

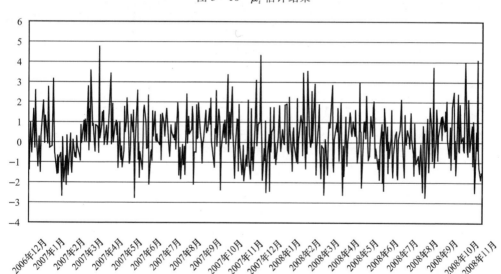

图 3 - 11 a_t 估计结果

由 a_0，σ_a，α_0，σ_ε 估计结果可以看出（见图 3 - 11），a_0 的估计结果为 0.02473，故原油价格收益率均值期望基本为零，由图 3 - 10 可见，收益率均值 μ_t 围绕零上下波动，波动频繁且 2008 年 6 月开始波动幅度加大。通过分析 a_t 估计结果，发现 a_t 的均值为 0.2208，且显著不为零，说明原油价格收益率序列有明显的一阶滞后效应，而标准 SV 模型均将此项忽略不计。由 σ_t 估计结果图 3 -

12 可见，2008 年 7 月开始原油价格收益率序列波动性显著加大。β_t 估计结果图 3 -13 表明 β_t 变动较小，说明标准 SV 模型中假定 β_t 为常数是合理的。通过 SV-MTVP 模型的建立说明标准 SV 模型存在缺陷，而以 AR 形式表示的 SV-M 模型将更加符合实际。由于本书只选取了"美国金融危机"发生前后短期时间内的数据，故本书假设原油价格波动率序列结构最多有三个状态，即最多存在两个拐点。应用三状态的 Markov-Switching 模型分析本节得到的 μ_t、σ_t 的结构性拐点问题。

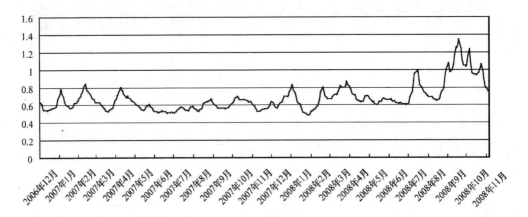

图 3 - 12 σ_t 估计结果

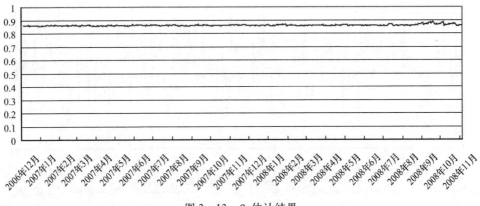

图 3 - 13 β_t 估计结果

3.2.4   基于三状态 Markov-Switching 模型的原油价格波动率拐点分析

原油价格持续上升或下降的显著变化可视为价格时间序列的内在生成机制从一种机制向另外一种机制的转换，也就是说上升/下降状态转移到下降/上升。马尔科夫机制转换模型将这种机制的转换作为一个内生变量，认为机制转换是随机的，从而实现用一个统一的模型对显著的结构变化进行刻画，有利于对未来进行推断。在马尔科夫机制转换模型中，一种状态可以对应时间序列变化的一个均值和方差，根据模型设定状态的多少，可以认为时间序列遵循几个均值和方差变化。

根据以上分析，假定"次级贷"发生前后 μ_t、σ_t 的生成机制存在三个状态，则 μ_t、σ_t 的生成机制也存在三个状态。这样前面分析得到的时变模型可以作结构性突变点的分析，故有以下方程：

$$\begin{cases} \mu_t = \mu_0 + \varepsilon_0 & s_t = 0 \\ \mu_t = \mu_1 + \varepsilon_1 & s_t = 1 \\ \mu_t = \mu_2 + \varepsilon_2 & s_t = 2 \end{cases} \quad \begin{cases} \sigma_t = \sigma_0 + \varepsilon_0' & s_t = 0 \\ \sigma_t = \sigma_1 + \varepsilon_1' & s_t = 1 \\ \sigma_t = \sigma_2 + \varepsilon_2' & s_t = 2 \end{cases} \quad (3-24)$$

从上述 Bayes-SV-MTVP 模型分析的结果中，我们提取 μ_t，σ_t 的估计序列。运用 Hamilton（1994）[151] 所提供的迭代算法，获得 μ_t 序列 MS 均值方差方程结果如下：

$$\begin{cases} \mu_t = -0.195 + \varepsilon_t & \varepsilon_t \sim N(0,5.46) s_t = 0 \\ \mu_t = -0.002 + \varepsilon_t & \varepsilon_t \sim N(0,0.01) s_t = 1 \\ \mu_t = -0.043 + \varepsilon_t & \varepsilon_t \sim N(0,0.53) s_t = 2 \end{cases} \quad (3-25)$$

假设以 1a 代表时间 2006 年 12 月 1 日，以 486a 代表时间 2008 年 11 月 4 日，得到各个时间点上的 μ_t 所处在各个状态上的概率如图 3-14 所示。

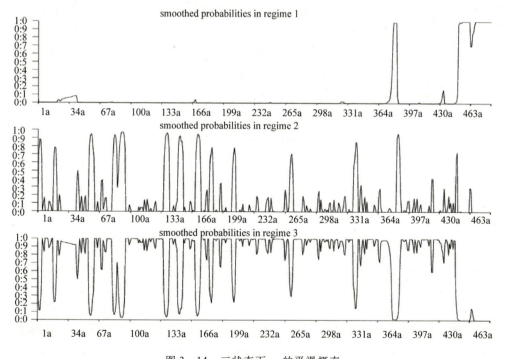

图 3-14 三状态下 μ_t 的平滑概率

同理获得 σ_t 序列 MS 均值方差方程结果如下：

$$\begin{cases} \sigma_t = 0.55 + \varepsilon_0' \varepsilon_0' \sim N(0,0.0008) & s_t = 0 \\ \sigma_t = 0.65 + \varepsilon_1' \varepsilon_1' \sim N(0,0.0011) & s_t = 1 \\ \sigma_t = 0.89 + \varepsilon_2' \varepsilon_2' \sim N(0,0.0241) & s_t = 2 \end{cases} \qquad (3-26)$$

假设以 1a 代表时间 2006 年 12 月 1 日，以 486a 代表时间 2008 年 11 月 4 日，得到各个时间点上的 σ_t 所处在各个状态上的概率如图 3 – 15 所示。

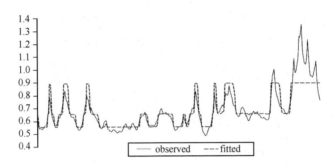

图 3 – 15　三状态下 σ_t 的 MS 模型模拟效果

由分析结果可见 μ_t 在三个状态下的均值分别为 – 0.195、– 0.002、0.043，由平滑概率图 3 – 14 可见 μ_t 主要在后两种状态（即均值为 – 0.002、0.043 的正态分布）间转换，2008 年 9 月 15 日开始 μ_t 主要处于均值为 – 0.195 的正态分布状态。同理，由平滑概率图 3 – 15 可见 2008 年 8 月 20 日开始 σ_t 主要处于均值为 0.89 的正态分布状态，说明 8 月 20 日开始原油价格收益率开始进入高波动状态。

为了刻画金融危机对原油市场价格造成的剧烈波动，本书建立了参数时变的 SV-M 模型，并基于 Bayes 思想，利用 MCMC 方法来估计模型参数。而且结合 MS 模型对时变的参数估计结果进行分析，结果表明：金融危机前后原油价格日收益率存在明显的一阶滞后效应，且原油价格日收益率均值的波动幅度很大，如果使用标准的 SV 模型分析油价风险将会丢失很多信息；原油价格日收益率方差对数的滞后一阶项系数在整个时间段内变化不大，但是油价收益率在危机后的波动幅度明显加大。MS 模型对时变的油价收益率均值和标准差进行了分析，结果表明：油价收益率均值的状态转换极其频繁，只是在原油价格由上行趋势跌落时才进入稳定的负收益率状态，由于各状态的持续期很短，很难观察和解释其机制的转换，说明不适合用 MS 模型分析高频短期的原油价格收益率均值的结构拐点问题。而对于油价收益率标准差在各状态都有一定的持续时间，由 MS 模型对油价收益率标准差的模拟效果图可见，危机使得油价收益率波动加剧，同时很容易找到拐点发生的时间点，并结合实际情况进行解释和分析。故本书的新模型，不仅适用于原油市场价格的波动率度量,同时提供了一种很好的评价传统方法的工具,以及给出了一种考察突发事件影响效果的方法和思路。

3.3 原油月度价格变动趋势及波动状况的拐点分析

3.3.1 原油月度价格基本统计分析

对于原油月度价格来说,不管投资者、消费者或生产者都会更加关注原始价格的变动及走势。图 3 - 16 反应了 1986 年 1 月 ~ 2009 年 11 月以来的 WTI 现货价格走势状况。

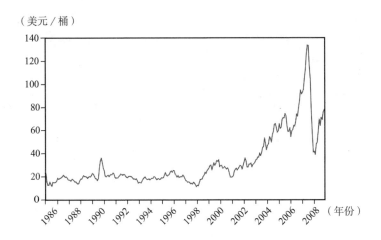

图 3 - 16   WTI 原油现货价格月度数据

数据来源:EIA(Energy Information Administration)。

表 3 - 13 给出了 WTI 原油现货市场的月价格数据的 ADF 检验,检验的 ADF 统计量 t 值为 - 1.9299 均大于各显著性水平下的临界值,故说明价格序列原值为非稳定序列。但是由表 3 - 14(反应了 WTI 原油现货市场的月价格季节调整后趋势项的稳定状况)可见月价格季节调整后趋势项的序列也是非稳定的。故在对 WTI 原油现货市场的月价格序列进行研究的时候,一般的平稳时间序列模型已不可用,应该寻求更为高级的非稳定性或非线性模型来进行分析。

同时,表 3 - 15 对原序列进行的相关性检验表明,序列的自相关系数 AC 随着滞后期的增加呈严格规律的递减态势,同时其偏自相关系数 PAC 呈截尾特征,说明序列服从一个低阶的自回归过程。

对原油现货月度价格的分析需要一个非线性或非稳定性的模型,同时价格序列又有显著的低阶自相关性,服从一个低阶的自回归过程。而整篇文章的目的是为了寻找价格发生结构变动或模型系数出现明显变化的拐点，其实也是在寻找价格运行的周期性。在经济周期的研究中颇受研究者推崇的状态转换模型为我们提供了很好的研究办法，状态转换模型本身就是一个高度的非线性模型，对非稳定性序列具有很好的实用性。同时，在状态转换模型的每个持续的状态内，模型又可以是一个平稳的线性模型。

表 3 – 13　　　　　　　　**WTI 原油现货月价格数据的 ADF 检验**

Null Hypothesis：MWSP has a unit root

Exogenous：Constant

Lag Length：3（Automatic based on SIC，MAXLAG = 15）

		t – Statistic	Prob.
Augmented Dickey – Fuller test statistic		– 1. 929925	0. 3183
Test critical values：	1% level	– 3. 453317	
	5% level	– 2. 871546	
	10% level	– 2. 572174	

　数据来源：EIA（Energy Information Administration）。

表 3 – 14　　　　　　　**WTI 原油现货月价格 X – 12 趋势项数据的 ADF 检验**

Null Hypothesis：MWSP_ TC has a unit root

Exogenous：Constant

Lag Length：13（Automatic based on SIC，MAXLAG = 15）

		t – Statistic	Prob.
Augmented Dickey-Fuller test statistic		1. 504821	0. 9993
Test critical values：	1% level	– 3. 454174	
	5% level	– 2. 871922	
	10% level	– 2. 572375	

　数据来源：EIA（Energy Information Administration）。

表 3 – 15　　**1986 年 1 月 ~ 2009 年 11 月 WTI 原油现货月价格滞后 15 期的自相关检验**

序号	AC	PAC	Q – Stat	Prob
1	0. 966	0. 966	270. 36	0. 000
2	0. 922	– 0. 148	517. 88	0. 000
3	0. 873	– 0. 094	740. 52	0. 000
4	0. 828	0. 051	941. 37	0. 000
5	0. 790	0. 086	1125. 2	0. 000
6	0. 760	0. 049	1295. 7	0. 000

	AC	PAC	Q – Stat	Prob
7	0.728	– 0.082	1452.8	0.000
8	0.691	– 0.085	1594.9	0.000
9	0.652	– 0.018	1721.7	0.000
10	0.622	0.156	1837.6	0.000
11	0.592	– 0.057	1942.9	0.000
12	0.563	– 0.058	2038.6	0.000
13	0.532	– 0.066	2124.2	0.000
14	0.503	0.086	2201.2	0.000
15	0.473	– 0.021	2269.4	0.000

数据来源：EIA（Energy Information Administration）。

3.3.2 基于 Markov 机制转换模型的原油价格变动趋势的拐点分析及未来油价预测

关于油价波动是否存在一定周期性的问题存在很大争议。不过，通过回顾油价波动的历史轨迹，我们发现第二次世界大战以后，原油市场确实经历了三次大的波动周期，即 1945 ~ 1981 年（低油价—高油价）、1981 ~ 1997 年（高油价—低油价）、1997 年至今（低油价—高油价）。由于金融危机的影响，使得目前的国际油价很可能将处于高油价到低油价的运行状态当中。但同经济周期理论的解释一样，未来也肯定存在一个时间点，在此时间之后国际油价将由低油价转换为到高油价状态。原油市场和油价波动的经济学文献颇多，但很少有理论对油价周期转换的事实进行研究。在众多模型中，笔者发现，马尔柯夫机制转换具有很好的效果和很强的解释力。

长期来看，这种原油价格持续上升或下降的显著变化可视为价格内在生成机制的转换，Markov 机制转换模型可将这种机制转换看作一个内生变量，将机制转换看作随机变量，这样就可以用一个统一的模型对显著的结构变化进行刻画，有利于进一步地推断和分析。从历史研究文献来看，Markov-Switching 模型在经济周期、宏观计量模型、计量经济模型中已取得很多很好的研究成果（KROLZ-IGM，2002[152]；Tan，et al.，2007[153]；ROGER，et al.，2009[154]；ZHENG LIU，et al.，2009[155]；ROGER、FARMER、DANIEL and ZHA，2009[156]；SIMS and ZHA，2004[157]；Mai and Toshiaki，2005[158]）。

1. 马尔柯夫转换模型简介

马尔柯夫转换模型有两种形式，均值型和截距型，形式如下：

截距型：$y_t = v(s_t) + \sum_{k=1}^{p} \alpha_k y_{t-k} + u_t, \quad t = 1, 2, \cdots, T$ （3 – 27）

均值型：$y_t - \mu(s_t) = \sum_{k=1}^{p} \alpha_k (y_{t-k} - \mu(s_{t-k})) + u_t, \quad t = 1, 2, \cdots, T$

（3 – 28）

其中，y_t 为研究变量；p 为自回归阶数；$u_t \mid s_t \sim N(0, \sum(st))$。分别用 v_1，v_2，$\cdots$，v_m 及 μ_1，$\mu_,$，$\cdots$，μ_m 来表示 $v(s_t)$ 和 $\mu(s_t)$ 在第 m 个状态下的取值：

$$v(s_t) = \begin{cases} v_1 & if \ s_t = 1 \\ v_2 & if \ s_t = 2 \\ \vdots & \vdots \\ v_m & if \ s_t = m \end{cases}, \quad \mu(s_t) = \begin{cases} \mu_1 & if \ s_t = 1 \\ \mu_2 & if \ s_t = 2 \\ \vdots & \vdots \\ \mu_m & if \ s_t = m \end{cases} \quad (3 - 29)$$

模型（3 – 29）中研究变量 y_t 可以是单变量 MS-AR（P）模型，也可以是多维变量 MS-VAR（P）模型。

（1）模型参数估计及对数似然函数。

由于 Markov 机制转换模型是一个高度的非线性模型，所以通常的最小二乘法不适用，目前主要采用极大似然法进行估计。

$$p(s_t = j \mid s_{t-1} = i, s_{t-2} = k, \cdots, \psi_{t-1}) = p(s_t = j \mid s_{t-1} = i, \psi_{t-1}) = p_{ij} \quad (3 - 30)$$

这个随机过程我们就称之为 k 状态的一阶 Markov 链，其中 s_t 取值为整数 $\{1, 2, \cdots, k\}$，s_t 取值的概率仅仅依赖于其前一期 s_{t-1} 的取值。定义由状态 $s_{t-1} = i$ 转移到状态 $s_t = j$ 的概率为 p_{ij}。k 阶状态转移概率矩阵如下：

$$p = \begin{bmatrix} p_{11} & p_{21} & \cdots & p_{k1} \\ p_{12} & p_{22} & \cdots & p_{k2} \\ \vdots & \vdots & \vdots & \vdots \\ p_{1k} & p_{2k} & \cdots & p_{kk} \end{bmatrix}$$

其中 $p_{ij} = p(s_t = j \mid s_{t-1} = i, \psi_{t-1})$；$\sum_{j=1}^{k} p_{ij} = 1$。

假定用 k 维列向量 ζ_t 表示状态变量 s_t 在时刻 t 的取值，当 $s_t = i$ 时 ζ_t 的第 i 个分量数值为 1 而其他分量为零，则有：

$$\zeta_t = \begin{cases} (1, 0, 0, \cdots, 0)' & when \quad s_t = 1 \\ (0, 1, 0, \cdots, 0)' & when \quad s_t = 2 \\ \vdots & \vdots \quad \vdots \\ (0, 0, 0, \cdots, 1)' & when \quad s_t = k \end{cases}$$

若给定 $s_t = i$，则随机变量 ζ_{t+1} 的条件期望为：

$$E(\zeta_{t+1} \mid s_t = i) = \begin{bmatrix} p_{i1} \\ p_{i2} \\ \vdots \\ p_{ik} \end{bmatrix} = E(\zeta_{t+1} \mid \zeta_t) = p\zeta_t \tag{3-31}$$

同理有：
$$E(\zeta_{t+m} \mid \zeta_t, \zeta_{t-1}, \cdots) = p^m \zeta_t$$

式（3-31）既是给定 ζ_t 条件下 ζ_{t+m} 的最优无偏预测方程式。同时式（3-31）还表明只要知道状态变量 s_t 的初始值 ζ_0，即可对任意期的 ζ_t（t>0）进行无偏预测。其中，状态转移概率矩阵的推导见 Hamilton（1994）[151]，状态变量平滑概率的推断见 Kim（1994）[159]。

（2）状态变量的平均持续期。

变量条件均值的持续性特点存在于在很多宏观经济和金融变量的变化过程之中。故利用 Markov 机制转换模型对周期的长度和状态的持续性进行推断在经济学上就显得尤其重要了。

假定变量 s_t 服从一阶 Markov 过程，且概率转移矩阵中由状态 $s_t = 1$ 转移到 $s_{t+1} = 1$ 的概率为 p_{11}。可得到状态 1 的平均持续期为：

$$(1 + p_{11} + p_{11}^2 + p_{11}^3 + \cdots) = \frac{1}{(1 - p_{11})} \tag{3-32}$$

同样的道理，我们也可以得到状态变量 $s_t = 2$ 的平均持续期为：

$$(1 + p_{22} + p_{22}^2 + p_{22}^3 + \cdots) = \frac{1}{(1 - p_{22})} \tag{3-33}$$

我们将模型参数 p_{11} 和 p_{22} 的估计值 $\hat{p}_{11}$ 和 $\hat{p}_{22}$ 代入上述两个公式就可以推算出状态变量两种状态的平均持续期了，其他状态依此类推。

2. 基于马尔柯夫转换模型的原油价格拐点研究

本书选择马尔柯夫截距型转换模型，形式如下：

$$y_t = v(s_t) + \sum_{k=1}^{p} \alpha_k y_{t-k} + u_t \tag{3-34}$$

其中，$u_t \mid s_t \sim N(0, \Sigma(s_t))$。分别用 v_1，v_2，$\cdots$，v_m 来表示 $v(s_t)$ 在第 m 个状态下的取值：

$$v(s_t) = \begin{cases} v_1 & if\ s_t = 1 \\ v_2 & if\ s_t = 2 \\ \vdots & \vdots \\ v_m & if\ s_t = m \end{cases}$$

定义从状态 i 到状态 j 的转移概率为：

$$p_{ij} = pr(s_t = j \mid s_{t-1} = i)$$

采用 WTI 原油现货月度平均价格进行计算，样本区间设定为 1986 年 1 月到

2009 年 4 月。分别检验两状态及三状态马尔柯夫截距型转换模型，发现在三状态通过检验，然后分别计算一至六阶滞后模型，经编程计算，发现三阶及其以上高阶模型的系数均通不过检验。说明对油价来说，t 时刻的机制只取决于 t−1 及 t−2 时刻的机制，模型的变化是二阶的。参数估计及模拟结果如图 3−17、图 3−18、图 3−19 所示。

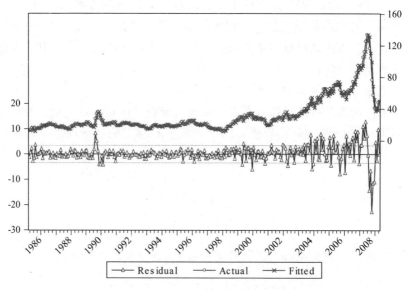

图 3 − 17　三状态二阶马尔柯夫转换模型模拟效果

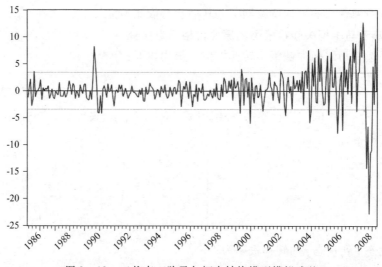

图 3 − 18　三状态二阶马尔柯夫转换模型模拟残差

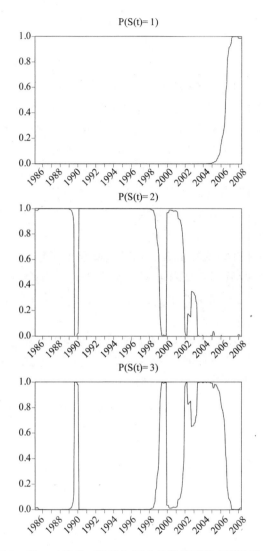

图 3 – 19　三状态二阶马尔柯夫转换模型状态平滑概率

3. 历史油价拐点分析

由三状态二阶马尔柯夫转换模型状态平滑概率图 3 – 19 可见，历史油价出现了三个拐点，分别在 1990 年 3 月、1999 年初和 2004 年初。其中，1986 年 12 月欧佩克决定一致行动把价格目标设定为每桶 18 美元，但是次年 1 月很快就跌破该目标价格。在此后一段时间油价一直保持低位运行，直到 1990 年因伊拉克突然侵略科威特引发海湾战争，原油价格再次喷发。当战争结束后，原油价格又回到下降通道。

扣除通胀因素后，1994 年原油价格已经跌至 1973 年以来的最低水平。欧佩克控制油价得失参半。产量限额的决定常常时机不佳，同时成员国不遵守限产纪律已习以为常。20 世纪 90 年代价格波动周期越来越短，主要原因是美国经济强劲增长，以及亚太地区经济腾飞。1990～1997 年期间全球原油消费每天增加了 6.2 百万桶，其中亚洲原油消费每天增加 30 万桶。1994 年起油价开始稳步上升。

直到 1997 年发生亚洲经济危机，欧佩克对于亚洲经济危机的影响严重估计不足，原油消费下降导致原油价格快速滑落。1997 年 12 月欧佩克竟然决定从 1998 年 1 月 1 日起，增加产量限额接近 10% 达 2.5 百万桶，欧佩克总的生产限额提高到每天 27.5 百万桶水平。然而，此时快速增长的亚洲经济骤然刹车，1998 年亚太地区的原油消费自从 1982 年以来首次下降。在消费下降和供应增加的双重打击下，油价自然迅速振荡滑落，尽管欧佩克在 1998 年 5 月和 7 月分别下调每天 1.25 百万桶和 1.335 百万桶的生产限额，油价在年底前依旧继续下滑。直到 1999 年初油价才开始恢复上升，此时欧佩克于当年 4 月再次决定削减限额每天 1.719 百万桶。尽管不是所有欧佩克限产决定都有效果，但 1999 年上半年欧佩克每天实际产量已经减少约 3 百万桶，这足于推动油价上升到每桶 25 美元以上水平。

2003 年 3 月 19 日，正值委内瑞拉原油生产刚刚开始恢复，以美国为首的军队对伊拉克发动军事行动。此时，美国和经合组织（OECD）的原油储备依然处在低位，美国经济开始恢复，亚洲原油需求快速增加。为了弥补委内瑞拉和伊拉克原油产量的减少，产油国扩大生产以满足增长的国际原油需求。但是扩大生产也侵蚀了产油国超额生产的能力。在 2004～2005 年大部分时间，全球剩余生产能力维持在每天 1 百万桶以下。当欧佩克任何一个成员发生供应危机，每天 1 百万桶的剩余产能不可能弥补中断的产量。全球每天需要消费 8000 万桶以上原油产品，因此紧张的供需平衡给国际油价增添风险溢价，原油价格冲上每桶 40 美元不足为怪。

三状态二阶马尔柯夫转换模型的极大似然估计值为：-517.82784。各态遍历概率分别为：0.4068692、0.2425033、0.3506275。

表 3-16　　　　　　　三状态二阶马尔柯夫转换模型的状态转换矩阵

序号	1	2	3
1	0.9838733 [9.98-0]	0.0174651 [0.07-0.9406]	0.0066342 [0.05-0.9604]
2	0.0161267 0.9729425	[0.1-0.9225] [4.47-0.0]	0.0000001 [0-0.999]
3	0 [0-1]	0.0095924 [0.02-0.9819]	0.9933657 [5.8-2.3D-08]

注：括号内第一个数为 t 值；第二个数为 p 值。

表 3 - 17   系数估计及检验结果

变量名	估计值	t - statistic	p value
α_1	1.2760257	-20.361677	0
α_2	-0.3783374	5.0397285	0.000001
$v(s_t = 1)$	1.913921	33.248601	0
$v(s_t = 2)$	3.0242193	-5.5442715	8.566D - 08
$v(s_t = 3)$	7.1089947	0.6930008	0.4890535
$\Sigma(s_t = 1)$	1.271372	16.91	-0
$\Sigma(s_t = 2)$	5.7545406	7.52	-1.452D - 12
$\Sigma(s_t = 3)$	37.118922	4.84	-0.0000025

4. 基于 markov 机制转换模型的未来油价预测

利用马尔科夫转换预测模型得到 2009 年的油价如表 3 - 18 所示。

表 3 - 18   三状态马尔柯夫截距型转换模型在 2009 年 1 月～2009 年 12 月时间上的预测结果

时间	期望值	$s_t = 1$ 的概率	$s_t = 2$ 的概率	$s_t = 3$ 的概率	$s_t = 1$ 时取值	$s_t = 2$ 时取值	$s_t = 3$ 时取值
2009m5	54.068318	0.0271465	0.0003395	0.9725140	49.015659	50.125957	54.210733
2009m6	50.4736	0.0331665	0.0007682	0.9660653	45.453966	46.564265	50.64904
2009m7	59.952363	0.0390541	0.0012825	0.9596635	54.965417	56.075715	60.160491
2009m8	60.834721	0.0448132	0.0018777	0.9533091	55.880125	56.990423	61.075199
2009m9	67.443504	0.0504478	0.0025497	0.9470025	62.520925	63.631223	67.715999
2009m10	65.911193	0.0559613	0.0032944	0.9407442	61.020299	62.130598	66.215373
2009m11	61.403668	0.0613575	0.0041079	0.9345346	56.544131	57.654429	61.739205
2009m12	57.604961	0.0666396	0.0049864	0.9283740	52.776453	53.886752	57.971527
2010m1	60.455774	0.0718110	0.0059263	0.9222627	55.657971	56.768269	60.853045
2010m2	67.771239	0.0768749	0.0069241	0.9162010	63.00382	64.114118	68.198893
2010m3	60.515424	0.0818343	0.0079767	0.9101890	55.778069	56.888367	60.973142
2010m4	63.298647	0.0866923	0.0090807	0.9042271	58.591038	59.701337	63.786112

由表 3 - 18 可见，2009 年 5 月～2010 年 4 月国际的油价可能会有一定程度的上涨，上涨幅度在 10～15 美元。

3.3.3 基于 Bayes-SV-MTVP 的原油月度价格波动特性的拐点估计

原油作为一种重要的国际商品，其价格的形成机制是十分复杂的。全球经济增长、技术进步、产业结构、汇率、地缘政治、投机、季节性气候、库存、替代能源价格、生产成本等因素都会直接或间接地对原油价格产生影响。故原油价格的波动模型的参数不可能固定不变,而标准 SV 模型并不能够针对这一特征进行准确的捕捉。针对这一特征,仿照前文(第 3.2 节)建立了 TVP-SV-M(参数时变的 SV-M)模型来分析原油月度价格的波动率,使用 MCMC 模拟方法对模型进行参数估计,并利用 MS 模型对时变参数序列的结构性拐点进行了分析和辨别。

原油市场价格波动率估计及拐点预测:研究本次金融危机是否造成了油价更加剧烈的波动,波动程度如何,油价波动率发生结构变动是在什么时间?本节采用的数据来源于 IEA,采用 WTI 原油现货市场 1986 年 1 月 ~ 2009 年 4 月的价格月度数据,共 280 个数据。为缓冲油价的波动程度,集合对数百分收益率,令 p_t 表示在时间 t 时的原油出售价格的观测值,$y_t = 100 \times \ln(p_t / p_{t-1})$ 表示资产的对数百分收益率。对 WTI 原油现货市场价格收益率序列的初步统计分析结果如表 3 - 19 所示。同标准正态分布相比,标准正态分布的偏态与峰度分别为 0 和 3,WTI 原油市场价格收益率序列的基本无偏态特性,同时 WTI 原油市场资产回报率的分布显著通过正态检验。通过 ADF 检验,发现价格收益率序列只具有一阶滞后显著性。另外,单位根检验表明了序列样本的稳定性。

表 3 - 19   **WTI 原油现货市场价格收益率序列的基本统计**

数值	WTI 对数收益率
均值	0.2769
标准差	8.941449
偏态	- 0.430

(1)油价风险的 Bayes-SV-MTVP 模型分析。

同日度价格的分析一样,本书利用基于 Bayes 原理的 MCMC 方法和 Gibb 抽样来计算 SV 模型方程中的参数。由基本统计分析可见,由于原油价格序列只存在一阶滞后显著性,可假定 $p = 1$。原油价格收益率序列通过正态性检验,说明可以选择 z_t 服从正态分布。此时,原有价格收益率序列所服从的 SV-MTVP 模型形式为:

$$y_t = \mu_t + \sigma_t z_t, t = 1, 2, 3, \cdots, T, z_t \sim N(0, 1) \qquad (3-35)$$

$$\mu_t = a_0 + a_t y_{t-1} + \zeta_t, \zeta_t \sim N(0, \sigma_a^2) \qquad (3-36)$$

$$\ln \sigma_t^2 = \alpha_0 + \beta_t (\ln \sigma_{t-1}^2 - \alpha_0) + \varepsilon_t, \varepsilon_t \sim N(0, \sigma_\varepsilon^2) \qquad (3-37)$$

对参数先验分布的假设,由基本统计分析可知,y_t 的标准差为 8.941449,故可以假定 α_0 的先验分布为 $N(2\ln 8.941449, 1)$。上述方程其实是很一般的形式,若假定 $\beta_t \equiv 1$,记 $h_t = \ln \sigma_t^2$,则 h_t 变为随机游走模型,在此我们假定 β_t 的先验分布均为 $N(1, 1)$,同时假定 $1/\sigma_a^2$,$1/\sigma_\varepsilon^2$ 的先验分布均为 Gamma 分布。这时,$y_t \mid \mu_t$,h_t 服从均值为 μ_t,方差为 σ_t^2 的正态分布。

利用 WINBUGS 软件,经过 30000 次抽样,抽取前 15000 次作为训练样本,后 15000 次作为估计样本。假定 $tau = 1/\sigma_a^2$，$itau = 1/\sigma_\varepsilon^2$，可算得 a_0，σ_a，α_0，α_ε 的 Bayes 后验期望估计值如表 3-20 所示。

表 3-20　　　　WTI 原油价格收益率在 SV-MTVP 模型下的 Bayes 估计结果

参数	均值	标准差	MC 方差	2.5% 分位数	97.5% 分位数
a_0	0.1969	0.7554	0.06823	-1.237	1.434
tau	100.7	66.2	4.389	12.09	260.4
α_0	4.159	0.6251	0.03773	2.874	5.294
$itau$	0.8303	0.2316	0.01573	0.4942	1.406

而且收敛性、稳定性很好，效果如图 3-20 所示。

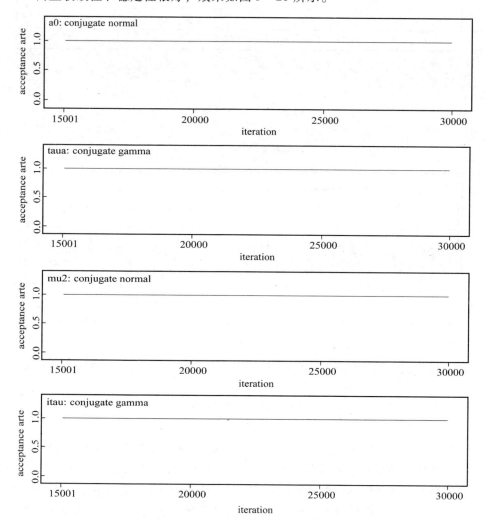

图 3-20　固定参数估计收敛效果

利用 MCMC 技术对时变参数的估计结果是一个时间序列，为方便地看出其变化趋势，用图 3 – 21、图 3 – 22、图 3 – 23、图 3 – 24 描述如下。

收益率均值

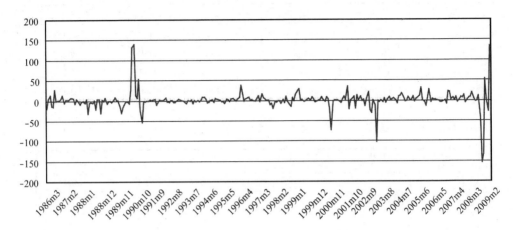

图 3 – 21 μ_t 估计结果

收益率滞后效应

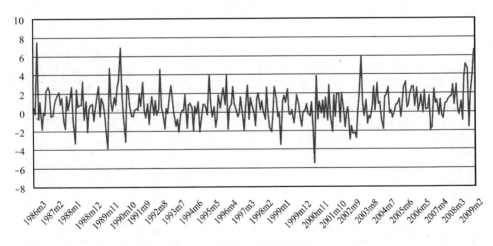

图 3 – 22 a_t 估计结果

由 a_0，σ_a，α_0，σ_ε 估计结果可以看出，a_0 的估计结果为 0.1969，得到原油价格收益率均值期望基本为零。由图 3 – 21 可见，收益率均值 μ_t 围绕零上下波动，波动幅度在 2008 年 10 月开始突然加大，且波动频繁。通过分析 a_t 估计结果图 3 – 22，发现 a_t 的均值为 0.6215，且显著不为零，说明原油价格收益率序列有明显的一阶滞后效应，且在不同的时期效应的大小不一、差别很大。由 σ_t 估计结果图 3-23 可见 2008 年 8 月开始原油价格收益率序列波动性显著加大。β_t 估计结果图 3-24 表明 β_t 变动也较频繁，且在 2008 年 11 月后显著加大。假设原油价格波动率序列结构最多有三个状态，即最多存在两个拐点。应用三状态的 Markov-Switching 模型分析本节得到的 μ_t、σ_t 的结构性拐点问题。

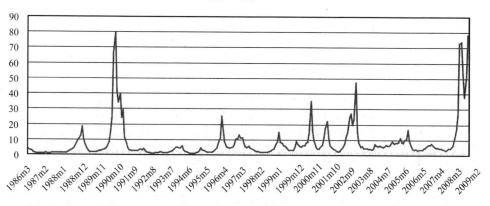

图 3-23　σ_t 估计结果

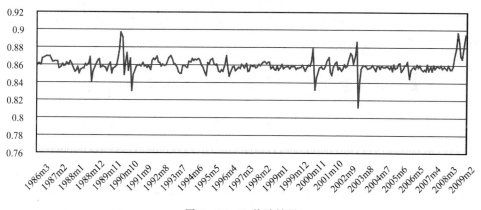

图 3-24　β_t 估计结果

（2）基于三状态 Markov-Switching 模型的原油价格波动率拐点分析。

根据以上分析，假定金融危机发生前后 μ_t、σ_t 的生成机制存在三个状态，则 μ_t、σ_t 的生成机制也存在三个状态。这样前面分析得到的时变模型可以作结构性突变点的分析，故有以下方程：

$$\begin{cases} \mu_t = \mu_0 + \varepsilon_0 & s_t = 0 \\ \mu_t = \mu_1 + \varepsilon_1 & s_t = 1 \\ \mu_t = \mu_2 + \varepsilon_2 & s_t = 2 \end{cases}, \begin{cases} \sigma_t = \sigma_0 + \varepsilon_0' & s_t = 0 \\ \sigma_t = \sigma_1 + \varepsilon_1' & s_t = 1 \\ \sigma_t = \sigma_2 + \varepsilon_2' & s_t = 2 \end{cases} \tag{3-38}$$

从上述 Bayes-SV-MTVP 模型分析的结果中,我们提取 μ_t、σ_t 的估计序列。运用 Hamilton(1994)[151] 所提供的迭代算法,获得 μ_t 序列 MS 均值方差方程结果如下:

$$\begin{cases} \mu_t = 1.2440 + \varepsilon_t & \varepsilon_t \sim N(0, 26.46) & s_t = 0 \\ \mu_t = 1.0629 + \varepsilon_t & \varepsilon_t \sim N(0, 19.1) & s_t = 1 \\ \mu_t = -2.7934 + \varepsilon_t & \varepsilon_t \sim N(0, 61.2) & s_t = 2 \end{cases} \tag{3-39}$$

同理,获得 σ_t 序列 MS 均值方差方程结果如下:

$$\begin{cases} \sigma_t = 1.48 + \varepsilon_0' & \varepsilon_0' \sim N(0, 0.16) & s_t = 0 \\ \sigma_t = 4.86 + \varepsilon_1' & \varepsilon_1' \sim N(0, 3.08) & s_t = 1 \\ \sigma_t = 23.4 + \varepsilon_2' & \varepsilon_2' \sim N(0, 360.10) & s_t = 2 \end{cases} \tag{3-40}$$

(3)主要结论:由分析结果可见 μ_t 在三个状态下的均值分别为 1.2440、1.0629、-2.7934,2008 年 8 月开始 μ_t 主要处于均值为 -2.7934 的正态分布状态。说明金融危机使得原有价格收益率处于低收益状态。且由收益率的状态转移概率可得出这种低收益率还将持续大概 5 个月左右的结论。

同理,2008 年 8 月开始 σ_t 主要处于均值为 23.4 的正态分布状态,说明 8 月开始原油价格收益率开始进入高波动状态。且由波动率的状态转移概率可得出这种高波动性还将持续大概 6 个月左右的结论。

3.4 原油季度价格分析及突变点识别

随着大量的原油交易经由金融市场来完成,原油的金融属性不断加强,原油价格也不仅是供需平衡的反映点,更是包含这一切而又无法准确衡量和预测的经济金融学概念。随着原油期货市场、原油场外衍生品市场的迅猛发展,原油经济更是日趋金融化,使得油价对各种事件的反应越来越灵敏,产生了很多幅度巨大的突变,这些突变加速了油价由低到高的渐变过程,也对经济的发展和复苏产生了不可估量的冲击。识别并分析油价突变点的发生时间和产生原因,对分析原油价格的变动规律、刻画相关变量对原油市场的冲击具有重大的理论意义和现实价值。

由于应用的广泛性,在数理统计学中,变点问题的统计推断成为一个非常有理论意义的研究分支。在宏观经济学的研究中。由于 Markov 机制转换模型能够捕捉到时间序列变量在不同状态下的变化及转换过程,故 Hamilton(1989)[160] 提出的 Markov 机制转换模型是当前学术界中较为流行的一类研究周期运动及突变点识别的非线性时间序列模型，但由于 Markov 机制转换模型的结构变化是内生的，在时间上是具有随机性和连续性的，故 Markov 机制转换模型更加适合于拟合具有持续结构变化的时间序列变量数据。相比较而言，PPM 模型的智能性对分析单个变量时间序列的突变问题更为合适。

但在实际中，由于没有标准，对任意商品历史上的每次价格变动的时刻均可被当作该商品价格的一次突变，但对于需要使用这些结果的企业和政府来说，不可能将每一次的变化都作为一次突变来对待，只有突变前后的差异达到一定的程度才会引起企业或政府的重视和应对。但是经济环境、政策环境的不同及不同企业或政府的具体情况相差较大，使得每一主体对商品价格变动差异的接受程度不同。因此，商品价格的突变应该与数学、物理学、化学、生物学、工程技术等学科中的突变有着不同的定义。有了定义就有了对商品价格突变进行识别和分析的标准，这样的分析才更加具有科学性。遗憾的是，这样的定义（标准）在前人有关价格突变的研究中并未出现。基于此，本书尝试给出一个商品价格突变的定义，以期起到抛砖引玉的效果。在给定商品价格突变定义之前，先给出商品价格变动容忍阈值的定义。

定义 1，对任一指定商品，该商品价格的变动会引起消费主体（最终消费者和中间消费者）及生产主体（生产企业）的感知和行为发生变动，进而对微观经济主体收益和宏观经济指标产生影响，不同的商品价格变动幅度对应着不同的影响效应。消费主体、生产主体或政府根据自身的情况对此影响效应大小的容忍极限值所对应的商品价格变动幅度 A_0，称为该主体（消费主体、生产主体或政府）的商品价格变动容忍阈值。

定义 2，假定对任一商品的考察期为 T（观察时点为 t_1，t_2，$\cdots$，t_n），在考察期内每一时点的商品价格为 P_i（$i = 1$，2，$\cdots$，n），考察期内每一时点的商品价格突变概率为 F_i（$i = 1$，2，$\cdots$，$n-1$），某一主体对该商品的商品价格变动容忍阈值为 A_0，如果：

$$|P_{t_{k+1}} - P_{t_k}| / P_{t_k} \geq A_0$$

则对该主体来说，选定商品价格在 t_k 时刻发生了突变。对应的 $F_0 = \min\{F_k : |P_{t_{k+1}} - P_{t_k}| \geq A_0\}$ 称为选定商品价格突变概率的容忍阈值。

在此定义的基础上，本书引入 PPM 模型（Product Partition Model）对原油价格及相关变量的历史突变点进行识别，分析相关变量的突变时点与油价突变时点间的滞后关系，对油价的突变进行识别和解析，给出了一种新的考察油价突变及突发事件影响效果的方法和思路。

3.4.1 PPM 模型介绍

PPM 模型是一种分析变点问题的动态分析模型，与以往只能在假定变点个数的前提下识别变点的模型不同，PPM 模型在分析的过程中假定变点个数为未知的随机变量。PPM 模型由 J. A. Hartigan（1990）[161] 创建，D. Barry 和 J. A. Hartigan（1992）[162] 将此模型应用在变点问题的分析上，D. Barry 和 J. A. Hartigan（1993）[163] 将 Bayesian 分析方法应用到 PPM 模型的计算及求解上，随后经过 Crowley（1997）[164]、Loschi 和 Cruz（2002）[165]、Loschi 等（2003）[166]、Quintana 和 Iglesias（2003）[167]、Loschi 和 Cruz（2005）[168] 的发展，PPM 模型的求解及分析技术日趋成熟，并在股票市场价格的分析过程中取得了良好的应用效果。利用 PPM 模型能方便地识别复杂数据序列的突变点，并同时测算出突变概率的大小。

假定 x_1，$\cdots$，x_n 为一已知数据序列，指标集合为 $I = \{1, \cdots, n\}$。假设存在一个 I 的随机分划 $\rho = \{i_0, i_1, \cdots, i_b\}$，其中 $0 = i_0 < i_1 < \cdots < i_b = n$，用随机变量 B 表示 ρ 中的区域个数。故每种分划都将原数据序列划分为 b 个连续子序列，在这里用 $x_{[i_{r-1}, i_r]} = (x_{i_{r-1}+1}, \cdots, x_{i_r})'$，其中 $r = 1, \cdots, b$。令 $c_{[ij]}$ 表示相关区域 $[ij] = \{i+1, \cdots, j\}$ 的先验紧度，$i, j \in I \cup \{0\}$，$i < j$，用 $c_{[ij]}$ 表示观测区间 $x_{[ij]}$ 内观测值之间的相似程度，同时也可理解为由变点所定义的 Markov 链的状态转移概率。利用 Yao[169]（1984）的紧度设定方法，假定序列中任何一点是变点的概率为 p，这样，区间 $[ij]$ 的先验紧度为：

$$c_{[ij]} = \begin{cases} p(1-p)^{j-i-1} & j < n \\ (1-p)^{j-i-1} & j = n \end{cases} \quad (3-41)$$

对所有的 i、$j \in I$，$i < j$，由上式可知先验紧度 $c_{[ij]}$ 表示若突变在 i 处发生则下一次突变发生在 j 处的概率大小。先验紧度公式表明突变点发生时间序列是一个离散的更新过程并独立同分布于几何分布。这种假定可合理地认为过去的变点和未来的变点无关，这很符合实际应用。

随机变量 x_1，$\cdots$，x_n 的边际分布密度为 $f_1(x_1 | \theta_1)$，$\cdots$，$f_n(x_n | \theta_n)$，其中 θ_1，$\cdots$，θ_n 为未知参数。给定一个分划 ρ，对任意的 $i_{r-1} < i \leq i_r$，参数 $\theta_i = \theta_{[i_{r-1}i_r]}$，其中 $\theta_{[i_0i_1]}$，$\cdots$，$\theta_{[i_{b-1}i_b]}$ 均独立，$\theta_{[ij]}$ 有先验分布 $\pi_{[ij]}(\theta)$，$\theta \in \Theta_{[ij]}$，$\Theta_{[ij]}$ 为参数空间。

这样，我们就称随机量 $(x_1, \cdots, x_n; \rho)$ 服从 PPM 模型，简称 $(x_1, \cdots, x_n; \rho) \sim PPM$，如果（Barry and Hartigan，1992）：

（1）ρ 服从以下的乘积先验分布：

$$P(\rho = \{i_0, i_1, \cdots, i_b\}) = \frac{\prod_{j=1}^{b} c_{[i_{j-1}i_j]}}{\sum_{\varphi} \prod_{j=1}^{b} c_{[i_{j-1}i_j]}} \quad (3-42)$$

其中 φ 表示将 $I = \{1, \cdots, n\}$ 分划为 b 个连续的分划区间 $\rho = \{i_0, i_1, \cdots, i_b\}$ 的所有可能性，满足 $0 = i_0 < i_1 < \cdots < i_b = n$，$\forall b \in I$。

（2）在 $\rho = \{i_0, i_1, \cdots, i_b\}$ 的条件下，序列 x_1，$\cdots$，x_n 的联合条件密

度为：

$$f(x_1, \cdots, x_n \mid \rho = \{i_0, i_1, \cdots, i_b\}) = \prod_{j=1}^{b} f_{i_{j-1}i_j}(x_{i_{j-1}i_j}) \tag{3-43}$$

其中随机向量密度 $f_{i_{j-1}i_j}(x_{i_{j-1}i_j}) = \int_{\Theta_{ij}} f_{i_{j-1}i_j}(x_{i_{j-1}i_j} \mid \theta)\pi_{ij}(\theta)d\theta$ 简称数据因子。

因此，在平方损失下，若 $(x_1, \cdots, x_n; \rho) \sim PPM$，则 θ_k 的条件数学期望为（Barry and Hartigan, 1992）：$E(\theta_k \mid x_1, \cdots, x_n) = \sum_{i=0}^{k-1}\sum_{j=k}^{n} r_{ij}^* E(\theta_k \mid x_{ij})$，对 $k = 1, \cdots, n$，其中 $r_{ij}^* = P([ij] \in \rho \mid x_1, \cdots, x_n)$ 代表区块 $[ij]$ 的后验关联度。利用 Yao[29]（1984）的紧度定义，ρ 和 B 的先验分布分别为：$P(\rho = \{x_1, \cdots, x_n\} \mid p) = p^{b-1}(1-p)^{n-b}$，$b \in I$，对每个 $\rho = \{i_0, i_1, \cdots, i_b\}$，满足 $0 = i_0 < i_1 < \cdots < i_b = n$，则

$$P(B = b \mid p) = C_{b-1}^{n-1} p^{b-1}(1-p)^{n-b}, b \in I \tag{3-44}$$

此外，若 p 的先验分布为 $\pi(p)$，则，ρ 和 B 的条件后验分布分别为：

$$P(\rho = \{x_1, \cdots, x_n\} \mid x_1, \cdots, x_n) = \prod_{j=1}^{b} f(x_{i_{j-1}i_j}) \int_0^1 p^{b-1}(1-p)^{n-b}\pi(p)dp \tag{3-45}$$

$$P(B = b \mid x_1, \cdots, x_n) = C_{b-1}^{n-1} \prod_{j=1}^{b} f(x_{i_{j-1}i_j}) \int_0^1 p^{b-1}(1-p)^{n-b}\pi(p)dp \tag{3-46}$$

在正态的先验假定下，PPM 模型的具体计算算法和技术见 Loschi, et al.（2003）。

假定 p 的先验分布为贝塔分布具有超参数 e, f，$p \sim \beta(e, f)$ 这时变点个数 $B-1$ 服从贝塔—二项先验分布，具有参数 $n-1, e, f$，这时 B 的先验均值和方差分别为：

$$E(B) = (n-1)\frac{e}{e+f} + 1 \tag{3-47}$$

$$Var(B) = (n-1)\frac{ef(e+f+n-1)}{(e+f)^2(e+f+1)} \tag{3-48}$$

若先验知识告诉我们变点的个数可能很少，则可选择超参数较小的 e 和较大的 f 先验值，使得 p 值的后验估计很小。

3.4.2 实证分析

用季度数据来分析原油价格的变点问题，主要原因有以下两点，首先是在进行宏观分析时，大部分的宏观经济数据只有季度或年度数据，但如果采用年度数据会使得样本量太少。其次，具有一定持续期的价格变动才会引起反映和大量关注，从这个意义上来说，本书要识别的价格拐点是一个平均的概念，是对中长期

的原油价格趋势来说的，季度频度是最好的选择。

在识别和分析价格的突变时，供需仍然是理论上必须考虑的因素。另外，自中国 1996 年第 4 季度开始成为石油净进口国以来，中国因素及美元指数的变动便成为投机炒作的主题，为考察中国原油净进口、美元指数变动对油价的冲击，以及研究油价突变与突发事件、石油供需、中国原油净进口及美元指数变动间的相互关系，利用 1997～2011 年的石油现货价格、石油需求、石油供应、美元指数、中国石油净进口季度数据对油价突变进行剖析。

将石油期货价格 1997～2011 年的季度数据代入模型，利用 R 软件 bcp 程序包，计算得出油价及相关变量后验均值及突变点后验概率，具体见图 3 - 25、图 3 - 26、图 3 - 27。

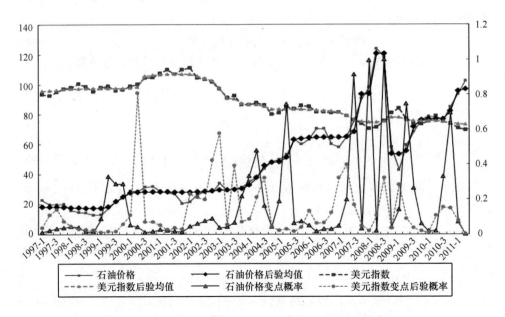

图 3 - 25　石油价格及其后验均值、突变点识别及发生概率 PPM 计算结果；
美元指数及其后验均值、突变点识别及发生概率 PPM 计算结果

先假定油价突变概率的容忍阈值（油价突变概率的不同对应着相应油价突变发生时间前后的油价绝对差不同，企业或政府对此绝对差的容忍度将有个界限，将这一界限所对应的油价突变概率大小作为油价突变概率的容忍阈值）大小，这样先主观假定阈值大小的原因是不同政策环境、不同经济环境下不同政府、不同企业对油价突变大小的容忍度均不会相同，本书主观地给出一个容忍阈值进行分析，可以为企业或政府清晰地展示油价突变识别和分析的方法和思路。基于此，本书假定油价突变概率的容忍阈值为 0.3，但是在油价出现连续突变的情况下，

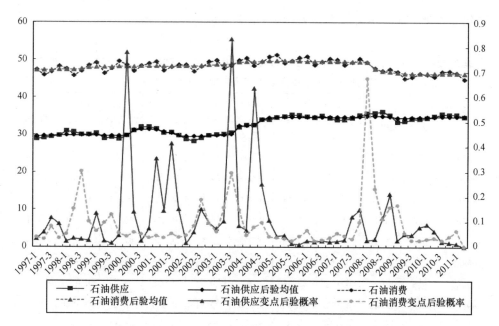

图 3 - 26　石油供应及其后验均值、突变点识别及发生概率 PPM 计算结果
石油消费及其后验均值、突变点识别及发生概率 PPM 计算结果

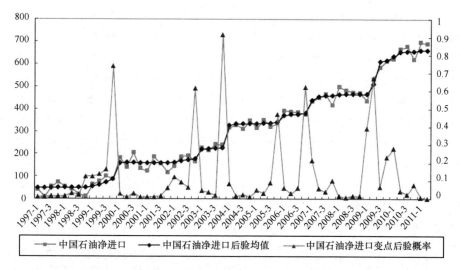

图 3 - 27　中国石油净进口及其后验均值、突变点识别及发生概率 PPM 计算结果

将连续突变时间区间内的最大突变概率所对应的时间点为该次连续突变发生的时间点。基于此，由图 3 - 25 可见，油价的突变分别发生在 1999 年第 2 季度、2004 年第 2 季度、2005 年第 2 季度、2007 年第 3 季度、2008 年第 1 季度、2008

年第 3 季度、2009 年第 2 季度及 2010 年第 4 季度。

表 3 - 21　　　　　　　1997 年第 1 季度至 2010 年第 4 季度
油价系统变量变动均值及突变发生后验概率

时间	油价突变概率	油价后验均值	石油消费突变概率	石油消费后验均值	石油供应突变概率	石油供应后验均值	美元指数突变概率	美元指数后验均值	中国净进口突变概率	中国净进口后验均值
1997q1	0.012	18.31	0.038	47.17	0.032	29.55	0.038	95.66	0.008	47.54
1997q2	0.022	18.25	0.03	47.15	0.058	29.57	0.11	95.76	0.01	47.58
1997q3	0.032	18.16	0.082	47.18	0.116	29.63	0.142	96.27	0.014	47.9
1997q4	0.038	18.02	0.034	47.27	0.092	29.75	0.074	96.88	0.014	48.19
1998q1	0.044	17.81	0.05	47.28	0.022	29.85	0.046	97.12	0.016	48.37
1998q2	0.04	17.62	0.152	47.27	0.034	29.85	0.028	97.26	0.03	48.3
1998q3	0.016	17.5	0.302	47.45	0.03	29.83	0.026	97.29	0.022	48.11
1998q4	0.016	17.46	0.102	47.84	0.026	29.81	0.024	97.3	0.124	48.29
1999q1	0.088	17.49	0.064	47.94	0.134	29.8	0.012	97.33	0.124	54.26
1999q2	0.332	18.26	0.096	47.93	0.024	29.66	0.016	97.35	0.136	61.46
1999q3	0.288	21.77	0.128	48.02	0.014	29.64	0.016	97.35	0.164	72.84
1999q4	0.288	24.8	0.054	48.17	0.046	29.64	0.058	97.38	0.74	86.89
2002q1	0.044	28.07	0.046	48.25	0.014	29.45	0.23	106.84	0.12	161.93
2002q2	0.06	28.23	0.084	48.25	0.058	29.44	0.21	105.5	0.092	168.55
2002q3	0.076	28.55	0.188	48.34	0.15	29.51	0.198	104.18	0.062	173.58
2002q4	0.09	28.94	0.094	48.58	0.096	29.68	0.424	102.58	0.616	176.92
2003q1	0.036	29.46	0.06	48.69	0.072	29.78	0.578	97.59	0.044	220.39
2003q2	0.042	29.6	0.156	48.69	0.102	29.88	0.056	90.83	0.034	222.71
2003q3	0.066	29.84	0.296	48.88	0.832	30.08	0.394	90.52	0.018	224.87
2003q4	0.216	30.33	0.146	49.29	0.084	32.25	0.072	87.3	0.914	226.28
2004q1	0.334	32.93	0.046	49.46	0.066	32.43	0.086	86.92	0.082	327.03
2004q2	0.478	37.95	0.078	49.47	0.634	32.57	0.212	86.51	0.014	333.47
2004q3	0.162	45.78	0.096	49.53	0.25	34.01	0.322	85.32	0.022	333.72
2004q4	0.042	47.93	0.04	49.63	0.106	34.46	0.042	83.57	0.01	334.6
2005q1	0.188	48.31	0.036	49.64	0.042	34.61	0.022	83.48	0.046	334.81
2005q2	0.744	51.23	0.032	49.63	0.046	34.65	0.03	83.48	0.03	336.43
2005q3	0.064	63.21	0.024	49.63	0.012	34.68	0.016	83.44	0.088	337.31
2005q4	0.074	63.77	0.042	49.63	0.01	34.68	0.04	83.41	0.47	341.62

时间	油价突变概率	油价后验均值	石油消费突变概率	石油消费后验均值	石油供应突变概率	石油供应后验均值	美元指数突变概率	美元指数后验均值	中国净进口突变概率	中国净进口后验均值
2006q4	0.028	64.55	0.036	49.57	0.02	34.67	0.122	82.19	0.622	381.84
2007q1	0.048	64.58	0.054	49.55	0.022	34.66	0.322	81.43	0.214	440.22
2007q2	0.198	64.9	0.044	49.52	0.028	34.66	0.398	79.14	0.056	456.07
2007q3	0.912	68.27	0.03	49.5	0.12	34.67	0.168	76.06	0.038	459.29
2007q4	0.032	93.35	0.098	49.5	0.148	34.81	0.048	74.95	0.1	460.41
2008q1	0.994	93.78	0.674	49.35	0.026	34.97	0.02	74.78	0.014	465.9
2008q2	0.018	120.48	0.232	47.53	0.03	34.98	0.106	74.82	0.006	466.25
2008q3	1	120.37	0.11	46.94	0.116	34.98	0.322	75.41	0.016	466.28
2008q4	0.042	53.89	0.158	46.76	0.212	34.83	0.034	77.9	0.014	466.32
2009q1	0.142	53.44	0.166	46.54	0.026	34.49	0.284	78.05	0.39	466.42
2009q2	0.746	55.63	0.054	46.3	0.05	34.5	0.09	76.06	0.67	510.73
2009q3	0.264	71.78	0.026	46.28	0.048	34.55	0.036	75.58	0.064	612.38
2009q4	0.06	76.27	0.026	46.29	0.078	34.59	0.018	75.48	0.23	617.69
2010q1	0.018	76.75	0.03	46.29	0.088	34.67	0.012	75.46	0.28	635.14
2010q2	0.02	76.83	0.034	46.28	0.062	34.75	0.106	75.46	0.042	654.27
2010q3	0.33	76.94	0.026	46.3	0.02	34.8	0.154	75.05	0.024	656.29
2010q4	0.694	82.28	0.04	46.3	0.016	34.81	0.148	74.34	0.076	656.87
2011q1	0.07	95.75	0.064	46.27	0.012	34.81	0.078	73.54	0.006	661.14

（1）油价的第一次突变。

油价的第一次突变发生在1999年第2季度，1999年第1~4季度的油价后验均值分别为17.49、18.26、21.77、24.8，1999年第2~4季度的油价突变后验概率为0.332、0.288、0.288，故油价发生突变的后验概率并不大，也就是说以季度频率的数据为分析对象的前提下，相对于历史上的其他突变，亚洲金融危机对油价的影响并不算大。1997年发生的亚洲金融危机具有明显的区域性，全球的原油消费并没有因此而出现明显的下降。

由表3-21（1997-1~1999-4）可见，石油消费后验均值只在1997年第2季度（47.17 > 47.15 < 47.18）有少许下降外，并没有太大的变化，但是增长率有所下降；至1998年第2季度后原油消费的增长才开始恢复正常，并出现反弹，表中数据显示原油消费的后验均值从1998年第2季度的47.27增加至1998年第3季度的47.45，1998年第4季度更是达到了47.84。

但是石油供应方面，OPEC对于亚洲经济危机的影响估计不足，由表3-21

（1997-1～1999-4）中数据可见，亚洲金融危机发生后的 1997 年第 3 季度开始原油供应出现了增加的小概率突变，突变概率 0.116，至 1999 年第 1 季度才出现概率值为 0.134 的下降突变。亚洲经济危机导致需求的下降与原油供应的增加肯定会引起危机前期价格的回落，表 3 – 21 中数据表明 1997 年第 1 季度～1998 年第 4 季度油价一直处于下行区间。但 1998 年第 2 季度后石油需求的回升和供应的减少，使得油价在滞后不到一年时间里开始回弹，1999 年第 1 季度石油供应的剧烈下降（突变概率 0.134）及 1999 年第 3 季度石油需求的剧烈反弹（突变概率 0.128），使得油价加速反弹回升（突变概率 1999 年第 2 季度达到 0.332，第 3、4 季度为 0.288）。

另外，中国原油净进口在金融危机期间的增长率明显下降，危机过后强烈反弹（1998 年第 4 季度净进口上升突变概率 0.124，1999 年第 3 季度净进口上升突变概率达到 0.164，第 4 季度净进口上升突变概率更是达到了 0.74）。

综上所述，1999 年油价突变发生的直接原因是亚洲金融危机的冲击，实际原因是石油供需结构的失衡，具体来说，石油供应方对市场石油需求变动的估计不足及中国净进口的增加，导致了油价的快速回落和短期剧烈反弹。但美元指数变动在此次油价突变过程中的作用并不明显。

（2）油价的第二次突变。

油价的第二次突变发生在 2004 年第 2 季度，2004 年第 1～3 季度的油价后验均值分别为 32.93、37.95、45.78，2004 年第 1～3 季度的油价突变后验概率为 0.334、0.478、0.162。由表 3 – 21 数据可见，由于全球经济尤其是美国、中国和印度经济的快速增长，导致这一时期了原油市场需求增长和国际油价的上涨。2003 年，美国经济出现高速增长，GDP 增长达到 4.1%。中国由于电力供给紧张，燃油、原油进口也大幅度增长。表 3 – 21（2002-1～2005-4）中数据可见，2003 年第 2～4 季度全球石油消费出现了上升突变，突变概率分别为 0.156、0.296、0.146，石油消费后验均值分别为 48.69、48.88、49.29；另外，中国石油净进口在 2002 年第 4 季度和 2003 年第 4 季度均出现了很大的突变（突变概率分别为 0.616、0.914），其中，中国净进口后验均值由 2002 年第 4 季度的 176.92 上升到 2003 年第 1 季度的 220.39、由 2003 年第 4 季度的 226.28 上升到 2004 年第 1 季度的 327.03。

美元贬值及前期贬值的滞后影响，是仅次于需求因素驱动国际油价上涨的重要因素。由表 3 – 21（2002-1～2005-4）中数据可见，2003 年第 1 季度美元指数出现了突变，突变概率值达 0.578，美元指数后验均值在 2003 年第 1 季度、第 2 季度分别为 97.59、90.83，出现了剧烈的下降，而且美元的贬值一直持续到 2005 年仍未结束。在 2003 年、2004 年两年内，美元贬值 11% 以上，同期国际油价上涨了 44%，而实际国际油价只上涨 33% 左右。

总之，在此次突变阶段，虽然石油的供应在 2004 年第 2 季度出现了概率值达 0.634 的突变，但是石油需求的增长和美元贬值等因素发挥了主导作用。另外，中东地区恐怖活动和产油国政局动荡所引导的预期也加剧了国际油价的上涨。

（3）油价的第三次突变。

油价的第三次突变发生在 2005 年第 2 季度，2005 年第 1、第 2 季度油价的突变概率分别为 0.188、0.744，可见 2005 年第 2 季度油价发生突变的概率很大，油价后验均值由 2005 年第 2 季度的 51.23 骤升到 2005 年第 3 季度的 63.21。表 3 - 21（2004-4～2005-4）数据表明，2005 年国际原油市场并没有出现供求失衡。在 2005 年第 1 季度后，原油市场需求基本是下降趋势，但原油的供给却是在缓慢上升。因此，全球石油实际供需的变动并不是油价突变的形成原因。

美元指数在 2004 年第 3 季度出现了小概率下降突变（0.322），而且美元指数一直呈下降趋势，美元贬值因此成为此次油价突变的一个原因。另外，中国净进口虽然没有发生突变，却始终呈现上升的趋势，故也成为油价上升的一个推手。

由以上分析可见，如果没有突发事件来改变人们的预期，油价的高概率突变便很难形成。回顾 2005 年，"卡特里娜"飓风对集中了美国 30% 原油生产能力和 24% 炼油能力的墨西哥湾的袭击，美国一些炼油厂发生火灾以及印度孟买油田起火等生产事故对于当时十分脆弱和敏感的国际油市都会产生冲击，在国际油价上升方面起到推波助澜的作用。2005 年，沙特阿拉伯国王法赫德 8 月去世、尼日利亚 6 月发生几名石油工人遭绑架事件、伊朗 8 月发生爆炸事件、伊拉克局势动荡不安等都对原油市场产生了冲击。艾哈迈迪 - 内贾德当选伊朗总统后，美伊关系的发展以及伊朗核问题的前景也成为国际油市的关注焦点。

美元的贬值会导致避险资金转向能源金融领域，中国净进口的增长及突发事件的发生也为投机方做多石油，改变人们预期提供很好的炒作题材，进而推升油价。故 2005 年石油价格的突变原因主要是非供需因素（突发事件、美元贬值、投机等）所致。

（4）油价的第四次突变。

油价的第 4 次突变发生在 2007 年第 3 季度，2007 年第 3 季度油价的突变概率为 0.912，油价后验均值由 2007 年第 3 季度的 68.27 骤升到 2007 年第 4 季度的 93.35。但表 3 - 21（2006-4～2009-4）数据表明，2007 年国际原油市场并没有出现供求失衡。在 2005 年第 1 季度后，原油市场需求基本是下降趋势，但原油的供给却是在缓慢上升。因此，全球石油实际供需的变动并不是油价突变的形成原因。

影响 2007 年国际油价走势最直接的因素是美元指数的变动。表 3 - 21 中数据表明，美元指数 2007 年 1 季度至 2008 年第 2 季度始终处在下行趋势，尤其是 2007 年第 1～3 季度的美元指数有出现了显著的突变概率，2007 年第 1～3 季度的美元指数后验均值为 81.43、79.14、76.06。国际石油交易以美元作为计价单位，油价的上涨和连创新高与美元的不断贬值和连创新低紧密联系在一起。特别是 2007 年美国次贷危机爆发后，股票、债券市场动荡加剧。美联储的数次加息已引发了市场对通货膨胀的担忧。在此情形下，大量基金寻求其他保值增值的途径，在某种程度上石油已具备了黄金的保值避险投资属性。同时，中国净进口在 2006 年第 4 季度出现拐点，突变概率为 0.622，后验均值由 2006 年第 4 季度的 381.84 骤升到 2007 年第 1 季度的 440.22，中国净进口的迅速攀升及美元的贬值给投机带来了炒作的题材。因此，美元的贬值及中国净进口促使基金大举进入商品市场，油价被一次又一次地推高。

另外，当前地缘政治紧张也是导致 2007 年油价突变的重要因素。尼日利亚反政府武装频繁袭击该国石油设施；伊朗核问题悬而未决，且局势数次恶化；伊拉克、巴基斯坦等国局势持续动荡不安，这些都极大地激发了基金炒作石油的热情。

（5）油价的第五次和第六次突变。

油价的第五次和第六次突变发生在 2008 年第 1 季度与 2008 年第 3 季度。2008 年是国际原油市场大幅波动的一年，油价走势跌宕起伏。受多种因素影响，国际市场油价在上半年节节攀升，并在 7 月 11 日创下每桶 147.27 美元的历史最高纪录；在下半年迅速跌落，并在 12 月 5 日跌破每桶 41 美元，创 4 年来最低水平。由表 3-21 数据可见，油价的第 5、6 次突变分别发生在 2008 年第 1、3 季度，表现均为油价的暴涨和暴跌。2008 年第 1 季度油价的突变概率为 0.994，油价后验均值由 2008 年第 1 季度的 93.78 暴涨到 2008 年第 2 季度的 120.48。2008年第 3 季度油价的突变概率为 1.0，油价后验均值由 2008 年第 3 季度的 120.37 暴跌到 2008 年第 4 季度的 53.89。

表 3-21 数据表明（2006-4~2009-4），2008 年开始 OECD 的石油需求出现的实质性的下滑，但是新兴经济体如中国的净进口却在持续上升，OPEC 的石油供应却几乎没有增加。2008 年上半年供需基本平衡，但是 2008 年下半年需求下降过快。同时表 3-21 数据显示（2006-4-2009-4），美元指数在持续下跌，美元汇率下跌以及流动性过剩促使大量资金由金融外汇市场转向商品和能源市场。

2008 年以来，在产油区外国石油公司设施发生的爆炸攻击和绑架事件更加频繁，针对外国公司的石油工人罢工也时有发生。上述原因在 4 月底 5 月初曾造成尼日利亚 250 万桶/日产量的一半处于瘫痪状态。伊朗因坚持发展核计划而招致国际社会制裁，与西方对抗关系令市场担心伊朗的石油供应问题。6 月与以色列的争端更是逐步升级。另外，伊拉克内乱和委内瑞拉石油产业国有化也给市场供应带来风险。2 月初，在埃克森美孚赢得一项法院裁决冻结委内瑞拉 120 亿美元海外资产以赔偿因委内瑞拉大型重油项目国有化给该公司造成的损失后，委内瑞拉总统威胁要暂停对美的石油出口。总的来说，2008 年上半年在原油及馏分油供需紧张的背景下，上述地缘政治局势的紧张使投机基金大规模炒作。

2008 年上半年在能源短缺情况下，美元指数下降及地缘政治局势吃紧给了投机商将油价炒高进而牟利的好题材。6 月，沙特单方面增产和亚太国家包括中国削减燃料补贴都没能改变油价的上涨走势。7 月初，在伊朗与以色列紧张关系升级和尼日利亚海上油田遭攻击的刺激下，投机基金继续推涨油价冲击历史新高点。7 月 3 日 WTI 和布伦特原油分别以 145.29 美元/桶和 146.08 美元/桶收盘，创下纽约和伦敦交易所收盘价最高历史纪录。

2008 年第 3 季度的油价突变主要是因为美国次贷危机全面爆发为金融危机，并不断加剧，各国紧急出台的救市措施均未能起到稳定市场的作用。各权威机构对 2009 年世界及主要经济体的经济增长预测也随之大幅下调，表中数据显示原油需求下降极快。同时，金融危机造成资金大规模缩水，流动性过剩转变为流动性紧张，投机基金大规模撤离股市和大宗商品交易市场，包括原油期货市场，原油价格随之大幅下跌。

2008 年第 1 季度的油价突变主要是因为美元指数的持续下滑、新兴经济体需求增长、地缘政治和投机相互作用的结果。而 2008 年 3 季度的油价突变主要是金融危机导致的需求疲软所致。

（6）油价的第七次和第八次突变。

油价的第七次突变发生在 2009 年第 2 季度（突变概率 0.746，突变效果是油价后验均值由 2009 年第 2 季度的 55.63 上升至 2009 年第 3 季度的 71.78），由表 3 – 21（2006-4 ~ 2009-4）可见，OECD 的原油需求仍然没有回升，但是 OPEC 的原油供应在 2009 年第 1 季度却出现了显著的下降（2008 年第 4 季度的 34.83 至 2009 年第 1 季度的 34.49）。同时，美元指数和中国净进口也出现了显著的突变，2009 年第 1 季度美元指数的突变下降概率为 0.284，其后验均值由 2009 年第 1 季度的 78.05 下降至 2009 年第 2 季度的 76.06；中国净进口的突变概率在 2009 年第 1、第 2 季度分别达到了 0.39、0.67，中国原油净进口出现了显著地上升。故后金融危机时代的第一次油价上升突变是美元指数、中国净进口、OPEC 原油供应及投机共同作用的结果。

表 3 – 21 中数据（2010-1 ~ 2011-1）可见，油价的第 8 次突变在 2010 年第 4 季度，油价后验均值由 2010 年第 4 季度的 82.28 上升至 2011 年第 1 季度的 95.75。表 3 – 21 中数据（2010-1 ~ 2011-1）表明，石油的供需、新兴经济体的需求并没有发生很大的变化。只有美元指数一路下滑，同时 2011 年第 1 季度中东和北非政治局势动荡、利比亚由于内战导致供应减少及美国实施量化宽松政策期间流动性充裕，导致原油价格大幅走高。故第八次油价的突变主要是因为美元指数的降低以及地缘政治的影响。

通过对所有油价突变点的分析，我们发现亚洲金融危机所导致的油价突变主要是由供需所引起。但此后油价的 7 次突变，美元指数一直是最主要的直接因素之一，而地缘政治事件及经济情况带动的需求变化或预期变化成为油价突变的基础，新兴经济体的需求增长成为促使油价突变的新生因素。因此，石油成为综合商品属性、金融属性及政治属性的特殊商品，而且金融属性及政治属性越来越强。但供需、投机、美元、地缘政治风险、心理预期等因素之间没有严格的界限，并且可相互作用、相互转化。总体来看，近年来国际油价剧烈波动是多因素综合作用的结果。

基于 1997～2011 年的季度数据，本书利用 PPM 模型对油价及其相关变量的突变点进行了识别和分析，结果表明：油价的突变分别发生在 1999 年第 2 季度、2004 年第 2 季度、2005 年第 2 季度、2007 年第 3 季度、2008 年第 1 季度、2008 年第 3 季度、2009 年第 2 季度及 2010 年第 4 季度。其中，亚洲金融危机所导致的油价突变（1999 年第 2 季度）主要由供需不平衡所引起。但油价随后的 7 次突变，美元指数一直是最主要的直接因素之一，新兴经济体的需求增长也成为促使油价突变的重要因素，但地缘政治事件及经济发展情况带动的需求或预期的变化是油价突变的基础。

因此，决定原油价格长期走势的主要是油价的商品属性，影响原油价格的最主要因素是决定原油需求的世界经济发展状况。但近年来世界经济和石油需求增长较快，而石油供给增长相对缓慢，石油剩余产能不足，导致石油供求处于脆弱平衡状态。因此，油价的政治属性使得各种地缘政治事件很容易扰动石油供求关系，进而加剧油价波动；另外，投机炒作是对市场心理预期的集中反映，它只能跟随市场，不能领先市场，故油价的金融属性会助长油价的波动，但并不是推动油价上涨或下跌的根本原因。

我们在给定"突变"的定义下对油价的突变进行了识别和分析，可定义的完善需要时间来检验和修正。商品价格的"突变"本来就是相关主体的感知，带有很大的主观性，而且选取的考察时间频度、突变时滞的不同，突变的识别结果也会不一样。另外，上升的突变和下降的突变在感知和承受力上也具有非对称性。因此，在不同的环境下，给出更加合理、更加一般化的"突变"定义，来对经济学上的"突变"进行识别、分析和预测，是需要进一步研究的方向。

4

原油价格拐点时刻
Bayes 统计概率推断

随着原油期货市场、原油场外衍生品市场的迅猛发展，原油经济日趋金融化，油价对各种事件的反应越来越灵敏，突变频发，对经济稳定发展产生了巨大的冲击。2014 年 6 月以来，国际原油价格"跌跌不休"，呈波浪震荡。全球原油供应过剩，OPEC 组织坚持不减产成为油价下跌的主要原因。原油价格的持续大幅下跌对全球经济都产生了较大影响。一方面，原油下跌对沙特阿拉伯、俄罗斯等出口国的经济发展带来沉重打击，特别是俄罗斯在卢布下滑和油价下跌的双重作用下，经济发展严重受阻。另一方面，原油下跌首先为中国这样的原油进口国家的能源价格改革及能源基础设施建设提供机遇。原油价格的大幅下跌，大大降低了成本因素对中国能源领域改革的制约，同时为中国扩大石油战略储备，加快能源基础设施的建设提供了条件；其次，原油价格下跌为投资人带来了较大利润空间，投资者把握油价下跌趋势，看空持有，将会带来不菲的收益。可见，分析国际原油价格走势，识别原油价格的趋势变点将有利于国家和企业以及投资者把握市场走势，规避投资风险，进行正确的投资决策。在原油价格趋势分析中，价格拐点的识别变得十分重要，预测原油价格下一个拐点何时出现成为具有重要理论及现实意义的科学问题。

原油作为一种特殊的商品，其拐点的出现一般都伴随着突发事件的发生，这些突发事件改变了人们的预期进而影响到需求，反映到原油价格上便是拐点的出现。拐点出现的时间间隔服从什么分布并没有得到完全准确的证明，所以本书引入三种可能的分布（指数分布、幂律分布、对数—正态分布），分别对原油价格拐点进行分析和推断。我们以原油月度价格作为研究对象，根据月度油价特点建立模型。在模型构建过程中，考虑到油价市场波动内部的复杂性，首先引入幂律分布，泊松分布，对数—正态分布三种分布，构建国际原油价格拐点推断模型。其次，基于基本统计分析和 PPM 模型两种思想定义突变点，分别对原油价格的历史突变进行识别和分析。在引入 PPM 模型分析突变点时，集成构建 PPM-KM 国际原油价格拐点分析模型。利用 PPM 模型测算出国际原油价格序列突变的后验概率，并结合 KM 聚类方法给出原油价格突变后验概率识别阈值。最后，在两种突变点定义三种分布模型下，分别对原油月度价格的突变规律进行概率模拟并比较分析，计算并比较原油价格拐点在不同时间间隔下出现的概率，给出下次拐点出现的概率预测。

4.1 突变点推断模型

4.1.1 指数分布

根据突发事件的发生特点，每一个突发事件基本相互独立；而且下一次突发事件的到达时完全不确定的，与时间长短无关；同时在很短的时间内很难出现多次突发事件，即使有多于一个的突发事件，起关键作用的还是其中一个；有很多学者对突发事件的这种特点进行了研究，得到其发生的时刻点很符合泊松分布的结论（泊松时间流特性）：（1）平稳性（到达概率与时间段无关）；（2）稀有性（短时间内最多出现 1 次）；（3）无后效性（不重叠时间段互相独立）；（4）微分性。而泊松分布和指数分布具有紧密的关系，如果一个事件的发生时刻服从泊松分布，则其相邻两时刻的时间间隔服从指数分布。

假定油价拐点间的时间间隔服从参数为 λ 的指数分布，分布密度函数为：

$$f(x \mid \lambda) = \lambda e^{-\lambda x} (x > 0) \tag{4-1}$$

取 λ 的先验分布为伽马共轭分布：

$$\pi(\lambda) = \frac{b^a}{\Gamma(a)} \lambda^{a-1} e^{-\lambda b} (\lambda > 0) \tag{4-2}$$

其中 $a > 0$，$b > 0$ 为超参数。设考察期内有 $r+1$ 个拐点，其间隔时间依次为：t_1，t_2，$\cdots$，t_r 则 $(t_1, t_2, \cdots, t_r)$ 的联合条件密度为：

$$f(t_1, \cdots, t_r \mid \lambda) = \lambda^r e^{-\lambda T} \tag{4-3}$$

得 $(t_1, \cdots, t_r, \lambda)$ 联合密度为：

$$f_1(t_1, t_2, \cdots, t_r, \lambda) = \pi(\lambda) f(t_1, t_2, \cdots, t_r \mid \lambda) = \frac{b^a}{\Gamma(a)} \lambda^{r+a-1} e^{-(T+b)\lambda} (\lambda > 0) \tag{4-4}$$

则 λ 的后验密度为：$h(\lambda \mid t_1, t_2, \cdots, t_r) = \dfrac{f_1(t_1, t_2, \cdots, t_r, \lambda)}{\int_{-\infty}^{+\infty} f_1(t_1, t_2, \cdots, t_r, \lambda) d\lambda}$

$$= \left(\frac{b^a}{\Gamma(a)} \lambda^{r+a-1} e^{-(T+b)\lambda} \right) \left(\frac{b^a}{\Gamma(a)} \Gamma(r+a)(T+b)^{-(r+a)} \right)^{-1}$$

$$= \frac{(T+b)^{r+a}}{\Gamma(r+a)} \lambda^{r+a-1} e^{-(T+b)\lambda} \tag{4-5}$$

即 λ 的后验分布为 $\Gamma(\lambda; T+b, r+a)$，下面对超参数 a，b 进行估计。则 λ 的估计值及拐点间平均间隔时间 $\hat{T}$ 的估计值如下：

$$\hat{\lambda} = \frac{r+a}{T+b}, \quad \hat{T} = 1/\hat{\lambda} \tag{4-6}$$

假设在考察期内以 3 年为一个时间段（$T_0 = 36$），共有完整的 10 个时间段，其拐点数（经验样本 R）分别为 r_1，r_2，$\cdots$，r_9，由 r 服从 Poisson 分布，则：

$$p(r \mid \lambda) = \frac{1}{r!}(\lambda T_0)^r e^{-\lambda T_0} \ (r = 0,1,\cdots)$$

可得 r 的边缘分布密度为：

$$g(r) = \int_0^{+\infty} p(r \mid \lambda)\pi(\lambda)d\lambda = \int_0^{+\infty} \frac{1}{r!}(\lambda T_0)^r e^{-\lambda T_0} \frac{b^a}{\Gamma(a)}\lambda^{a-1}e^{-b\lambda}d\lambda$$

$$= \frac{\Gamma(r+a)}{r!\Gamma(a)} \times \frac{T_0^r b^a}{(T_0+b)^{r+a}}(r = 0,1,2,\cdots)$$

令 $Q = \dfrac{T_0}{T_0+b}$，显然 $0 < Q < 1$，从而

$$g(r) = \frac{\Gamma(r+a)}{r!\ \Gamma(a)}Q^r(1-Q)^a \qquad (r = 0,\ 1,\ \cdots) \tag{4-7}$$

由式（4-7）可知 r 服从负二项分布，其均值和方差分别为：

$$E(r) = \frac{aQ}{1-Q}, D(r) = \frac{aQ}{(1-Q)^2}$$

设经验样本均值 $\bar{r} = \dfrac{1}{N}\sum_{i=1}^{N} r_i$，方差 $s^2 = \dfrac{1}{N-1}\sum_{i=1}^{N}(r_i - \bar{r})^2$

由矩估计法可得 a，b 的估计为：

$$\begin{cases} \hat{a} = \bar{r}^2/(s^2 - \bar{r}) \\ \hat{b} = T_0\bar{r}/(s^2 - \bar{r}) \end{cases} \tag{4-8}$$

当 $\hat{a}$，$\hat{b}$ 已知时，此可求得其他各参数的估计值。

泊松过程作为经典的刻画人类活动模式的手段，经常被不加仔细评估地应用于实际问题中[170]。最近几年，越来越多的数据显示泊松分布不能完全解释由人类行为驱使的复杂活动。泊松过程产生的事件时间间隔大体上是均匀的，而当间隔时间分布具有明显偏离指数分布的胖尾特征时，幂律分布函数可以更好地拟合。原油价格拐点的时间间隔是否也服从幂律分布过程？在 4.1.2 节中我们假定油价拐点的时间间隔服从幂律分布，试图与泊松分布过程和对数正态分布进行比较分析。实际中很少有所有的观察值都服从幂律分布，更多的时候我们说数据服从幂律分布是指大于最小值的那些值服从幂律分布。也就是说，我们是指分布的尾部服从幂律分布。

4.1.2 幂律分布

对幂律分布的长尾思想作出重要贡献的是哈佛大学的语言专家 Zipf 和意大利的经济学 Pareto。Zipf 在 1932 年研究英文单词出现的频率时候，发现如果把单词出现的频率按由大到小的顺序排列，则每个单词出现的频率与它的名次的常数次

幂存在简单的反比关系：$P(x) = x^{-\alpha}$，这种分布就称为 Zipf 定律。分形几何学创始人 Mandelbrot 对 Zipf 定律进一步修订，使它更符合实际情况[171]。意大利经济学家 Pareto 对个人收入的统计分布进行了研究，研究表明少数人的收入要远多于大多数人的收入，提出了著名的 80/20 法则，即 20% 的人口占据了社会 80% 的财富。个人收入 X 不小于某个特定值 α 的概率与 T 的常数次幂存在简单的反比关系：$P[X \geq x] \sim x^{-\alpha}$，称为 Pareto 定律[172]。Zipf 定律和 Pareto 定律的结合称为幂律分布。1999 年关于人类行为空间标度率的两篇震惊世界的文章分别发表在 Science（《科学》）和 Nature（《自然》）上[173-174]，受这两篇文章的影响，大量关于人类行为动力学幂律分布的研究涌现。

幂律分布的一般形式为：

$$P(x) \sim x^{-\alpha} \tag{4-9}$$

其中，α 为标度参数，一般地，$2 < \alpha < 3$（α 的取值也能不在这个区间，允许存在偶然情况），称 X 服从幂律分布。

幂律分布一般分为两大类：连续型和离散型。对于连续型幂律分布，概率密度函数形式如下：

$$p(x)dx = \Pr(x \leq X \leq x + dx) = Cx^{-\alpha}dx \tag{4-10}$$

其中，C 为标准化常数，当 $x \to 0$ 时，$p(x)$ 发散，必然存在幂律分布的下届 x_{min}，使得（4-9）成立，根据标准化条件 $\int_{x_{min}}^{\infty} Cx^{-\alpha}dx = 1$，解得 $C = (\alpha - 1)x_{min}^{\alpha-1}$ 且 $\alpha > 1$。连续型幂律分布的概率密度函数可以写为：

$$p(x) = \frac{\alpha - 1}{x_{min}}\left(\frac{x}{x_{min}}\right)^{-\alpha} \tag{4-11}$$

其累计分布函数为：

$$p(x) = \int_{x_{min}}^{\infty} p(x')dx' = \left(\frac{x}{x_{min}}\right)^{1-x} \tag{4-12}$$

离散型幂律分布的概率密度函数为：

$$p(x) = \Pr(X = x) = Cx^{-\alpha} \tag{4-13}$$

同理，根据离散型标准化条件 $\sum_{x=x_{min}}^{\infty} Cf(x) = 1$，解得 $C = \frac{1}{\zeta(\alpha, x_{min})}$ 且 $\alpha > 1$。离散型幂律分布概率密度函数可以写为：

$$p(x) = \frac{x^{-\alpha}}{\zeta(\alpha, x_{min})} \tag{4-14}$$

其中，$\zeta(\alpha, x_{min}) = \sum_{x=0}^{\infty} (x + x_{min})^{-\alpha}$，称为 Hurwitz - ζ 函数。则对应的累计概率分布函数为：

$$p(x) = \frac{\zeta(\alpha, x)}{\zeta(\alpha, x_{\min})} \quad\quad (4-15)$$

其中，$x_{\min}$ 是 X 的最小值，α 是唯一的分布参数。

1. 参数估计

Kolmogorov – Smirnov(KS) 是用于估计数据真实分布与理论分布的拟合程度的统计方法，此方法是一种有效的非参数检验方法，可定量计算非正态分布数据的两种分布之间的最大距离 D：

$$D = \max_{x \geq x_{\min}} |\hat{P}(x) - P(x)| \quad\quad (4-16)$$

其中，在最合适 $x_{\min}$ 值下，$\hat{P}(x)$ 表示原油价格拐点的时间间隔累计分布函数。在 $x \geq x_{\min}$ 范围内，$p(x)$ 表示最优拟合幂律分布的累计分布函数。选择最合适的 $x_{\min}$ 使距离 D 值最小。

连续型数据根据极大似然法，公式（4 – 11）可写为

$$p(x \mid \alpha) = \prod_{i=1}^{n} \frac{\alpha-1}{x_{\min}} \left(\frac{x_i}{x_{\min}}\right)^{-\alpha} \quad\quad (4-17)$$

据根据极大似然法对（4 – 17）取对数得到

$$L = \ln p(x \mid \alpha) = \ln \prod_{i=1}^{n} \frac{\alpha-1}{x_{\min}} \left(\frac{x_i}{x_{\min}}\right)^{-\alpha} = n\ln(\alpha-1) - n\ln x_{\min} - \alpha \sum_{i=1}^{n} \ln \frac{x_i}{x_{\min}}$$

$$(4-18)$$

对 α 求偏导且等于零即 $\partial L/\partial \alpha = 0$，我们可以得到，

$$\hat{a} = 1 + n\left[\sum_{i=1}^{n} \ln \frac{x_i}{x_{\min}}\right]^{-1} \quad\quad (4-19)$$

离散型根据极大似然方法对（4 – 14）取对数得到，

$$L = \ln \prod_{i=1}^{n} \frac{x_i^{-\alpha}}{\zeta(\alpha, x_{\min})} = -n\ln \zeta(\alpha, x_{\min}) - \alpha \sum_{i=1}^{n} \ln x_i \quad\quad (4-20)$$

对 α 求偏导且等于零即 $\partial L/\partial \alpha = 0$，我们可以得到 $\hat{\alpha}$ 的最大似然估计方程式

为 $\dfrac{\zeta'(\hat{\alpha}, x_{\min})}{\zeta(\hat{\alpha}, x_{\min})} = -\dfrac{1}{n}\sum_{i=1}^{n} \ln x_i$

解得 $$\hat{\alpha} \simeq 1 + n\left[\sum_{i=1}^{n} \ln \frac{x_i}{x_{\min} - \frac{1}{2}}\right]^{-1} \quad\quad (4-21)$$

2. 假设检验

因为不是所有的数据都服从幂律分布，所以在假设数据服从幂律分布之前要进行最优拟合检验。假定油价拐点间的时间间隔服从分布参数为 α 的连续型幂律分布，利用公式分别计算出 $x_{\min}$ 和 α 的估计结果。在拟合优度检验时候，用自助法分别计算 KS 统计抽样结果 Ds，统计 Ds 大于 D 的比例，记为 P。如果 P 值大

于 0.1 时，说明数据是服从幂律分布函数的；反之，则不符合幂律分布。

在对幂律分布进行检验的时候我们需要注意的一个问题是，P 值很大并不能代表幂律分布是一个正确的分布。原因有两个，首先，有可能其他类型的分布也能够很好地拟合数据，甚至比幂律分布更好。其次，当我们的观察数据量 n 相对较少时（$n \leqslant 100$），可能导致的结果是虽然 P 值很大但对所研究的数据而言，幂律分布可能是一个错误的模型。这并不能说是幂律分布的一个缺陷，而是提醒我们如果数据量很少时会很难排除服从幂律分布的可能性，我们应该谨慎地处理。因此，为了进一步证明幂律分布的合理性，又引入了另一个具有厚尾特征的分布——对数正态分布，比较三种分布模型的拟合优劣情况，并进行相应的拟合优度检验（Aaron Clauset，et al.，2009[175]）。

4.1.3 对数—正态分布

假定油价拐点的时间间隔服从参数为 μ 和 σ 的对数正态分布，概率密度函数为：

$$p(x) = \frac{1}{\sqrt{2\pi}\sigma x} \exp\left\{-\frac{1}{2\sigma^2}(\ln x - \mu)^2\right\} \qquad (4-22)$$

累积分布函数为：$P(x) = \frac{1}{2} + \frac{1}{2} erf\left[\frac{\ln(x) - \mu}{\sigma\sqrt{2}}\right]$ （4-23）

其中，$x > 0$，μ 是位置参数，$\sigma > 0$ 为尺度参数，erf 表示误差函数。

C 为标准化常数，当 $x \to 0$ 时，$p(x)$ 发散，必然存在对数正态分布的下届 $x_{\min}$，使得（4-23）成立，根据标准化条件 $\int_{x_{\min}}^{\infty} Cp(x)dx = 1$，解得 $C = \sqrt{\frac{2}{\pi\sigma^2}}$ $\left\{erfc\left(\frac{\ln x_{\min} - \mu}{\sqrt{2}\sigma}\right)\right\}^{-1}$，其中 erfc 表示互补误差函数。概率密度函数可以写为：

$$p(x) = \sqrt{\frac{2}{\pi\sigma^2}}\left\{erfc\left(\frac{\ln x_{\min} - \mu}{\sqrt{2}\sigma}\right)\right\}^{-1}\frac{1}{x}\exp\left[-\frac{(\ln x - \mu)^2}{2\sigma^2}\right] \qquad (4-24)$$

根据最大似然估计方法，解得 μ 和 σ^2 的最大似然参数估计量为 $\hat{\mu} = \frac{1}{n}\sum_{i=1}^{n}\ln x_i$，$\hat{\sigma}^2 = \frac{1}{n}\sum_{i=1}^{n}\left(\ln x_i - \frac{1}{n}\sum_{i=1}^{n}\ln x_i\right)^2$。

4.2　原油价格突变点的识别及分析

对于原油价格来说，一般都是如中原油、中石化、OPEC 等大型原油行业的投资者、生产者或进口原油的国家部门的关注对象，而且通常都是关注原油原始价格的变动及走势。为了保证样本数量，提高分析结果的可信度，本书采用月度数据（EIA）。图 4-1 反映了 1986 年 1 月~2015 年 12 月以来的 WTI 现货价格走势状况（月度）。

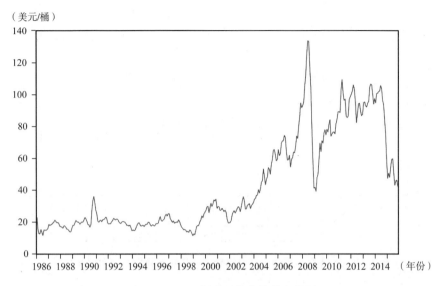

（美元/桶）

图 4 - 1　WTI 原油现货价格月度数据

数据来源：EIA（Energy Information Administration）。

用 HP 滤波法通过对 WTI 原油现货价格季度数据的分析，假定当波动成分大于零时，WTI 原油现货价格季度序列值的当前值处于平均趋势水平之上，这时认为 WTI 原油现货季度价格处于溢价状态，否则便认为 WTI 原油现货季度价格处于低价运行状态（刘金全，2002[176]）。其中，WTI 原油现货月度价格的趋势及波动情况如图 4 - 2 所示。从图 4 - 1 中可以看出，WTI 原油现货价格月度序列值体现出了一定程度的波动性，并且波动性体现出局部聚类的周期模式。但在实际操作中，企业尤其是投资或勘探部门关注的并不是油价的现货处于溢价或相反的状态，而是价格由下降转为上升趋势或由上升趋势转为下降趋势的时间点。

在现行原油价格定价体制下，我国原油价格紧盯国际市场原油价格。国际市场原油价格从长期来看，主要是由供需两方面因素决定的，影响国际原油价格的供给因素主要是来自原油输出国，需求因素则主要是世界经济的发展状况。如2008 年上半年受原油需求旺盛影响，国际原油价格持续上涨，2008 年 7 月 11日，美国西德克萨斯中质原油（WTI）达到 147.27 美元/桶的历史高位。然而，从 8 月份开始，受美国金融危机的影响，原油需求预期开始下降，国际原油价格大幅回落，至 2008 年 12 月 19 日，WTI 价格跌至 33.87 美元/桶，为 5 年来历史最低水平。历史总是惊人的相似，2014 年 6 月以来，原油价格已下跌约 1/3，新一轮的油价暴跌在什么时候才能见底，下一个上涨的拐点如何获得？本书通过分析历史原油价格变点规律，寻求下次价格拐点的发生时间。

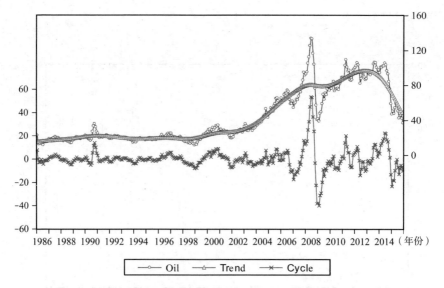

图 4 - 2　WTI 原油现货价格月度数据 HP 滤波趋势及波动情况分析

数据来源：EIA（Energy Information Administration）。

4.2.1　基于基本统计意义的拐点分析及识别

价格拐点是一个平均的概念，是对中长期的原油价格趋势来说的。为此，下面我们用月度数据来分析原油价格的变点问题。为了同业界的需求相结合，我们给出以下价格变点的定义：

假设 P_t 为原油在 t 时刻的价格，则 $P_{t-1} \leqslant P_t$ 及 $P_t > P_{t+1}$ 表示 t 时刻为价格的下降拐点，$P_{t-1} \geqslant P_t$ 及 $P_t < P_{t+1}$ 表示 t 时刻为价格的上升拐点，其他情况不考虑。

经统计发现 1986 年 1 月开始至 2015 年 12 月共有 160 个拐点出现，其中有 80 个为价格上升的拐点，80 个为价格下降的拐点。具体日期及间隔时间如表 4 -1所示。

表 4 -1　　　　　　　　　　　　原油价格分类拐点日期及间隔

上升拐点	间隔时间（月度）	下降拐点	间隔时间（月度）
1986 年 3 月		1986 年 5 月	
1986 年 7 月	4	1986 年 8 月	3
1986 年 9 月	2	1987 年 1 月	5
1987 年 2 月	5	1987 年 7 月	6
1987 年 9 月	7	1987 年 10 月	3
1988 年 3 月	6	1988 年 4 月	6
1988 年 7 月	4	1988 年 8 月	4

上升拐点	间隔时间（月度）	下降拐点	间隔时间（月度）
1988 年 10 月	3	1989 年 1 月	5
1989 年 2 月	4	1989 年 4 月	3
1989 年 8 月	6	1989 年 10 月	6
1989 年 11 月	3	1990 年 1 月	3
1990 年 6 月	7	1990 年 10 月	9
1991 年 3 月	9	1991 年 5 月	7
1991 年 6 月	3	1991 年 10 月	5
1992 年 1 月	7	1992 年 2 月	4
1992 年 3 月	2	1992 年 6 月	4
1992 年 8 月	5	1992 年 9 月	3
1993 年 1 月	5	1993 年 3 月	6
1993 年 7 月	6	1993 年 8 月	5
1993 年 9 月	2	1993 年 10 月	2
1993 年 12 月	3	1994 年 1 月	3
1994 年 3 月	3	1994 年 7 月	6
1994 年 9 月	6	1994 年 11 月	4
1994 年 12 月	3	1995 年 2 月	3
1995 年 3 月	3	1995 年 4 月	2
1995 年 7 月	4	1995 年 9 月	5
1995 年 10 月	3	1995 年 12 月	3
1996 年 1 月	3	1996 年 4 月	4
1996 年 6 月	5	1996 年 10 月	6
1996 年 11 月	5	1996 年 12 月	2
1997 年 4 月	5	1997 年 5 月	5
1997 年 6 月	2	1997 年 8 月	3
1997 年 9 月	3	1997 年 10 月	2
1998 年 3 月	6	1998 年 4 月	6
1998 年 6 月	3	1998 年 7 月	3
1998 年 8 月	2	1998 年 9 月	2
1998 年 12 月	4	1999 年 1 月	4
1999 年 2 月	2	1999 年 9 月	8
1999 年 10 月	8	2000 年 3 月	6
2000 年 4 月	6	2000 年 6 月	3
2000 年 7 月	3	2000 年 9 月	3
2000 年 10 月	3	2000 年 11 月	2

续表

上升拐点	间隔时间（月度）	下降拐点	间隔时间（月度）
2000 年 12 月	2	2001 年 2 月	3
2001 年 3 月	3	2001 年 5 月	3
2001 年 7 月	4	2001 年 8 月	3
2001 年 12 月	5	2002 年 5 月	9
2002 年 6 月	6	2002 年 9 月	4
2002 年 11 月	5	2003 年 2 月	5
2003 年 5 月	6	2003 年 8 月	6
2003 年 9 月	4	2004 年 5 月	9
2004 年 6 月	9	2004 年 10 月	5
2004 年 12 月	6	2005 年 3 月	5
2005 年 5 月	5	2005 年 9 月	6
2005 年 11 月	6	2006 年 1 月	4
2006 年 2 月	3	2006 年 7 月	6
2006 年 10 月	8	2006 年 12 月	5
2007 年 1 月	3	2007 年 4 月	4
2007 年 5 月	4	2007 年 7 月	3
2007 年 8 月	3	2007 年 11 月	4
2007 年 12 月	4	2008 年 6 月	7
2008 年 12 月	12	2009 年 1 月	7
2009 年 2 月	2	2009 年 6 月	5
2009 年 7 月	5	2009 年 8 月	2
2009 年 9 月	2	2009 年 11 月	3
2009 年 12 月	3	2010 年 1 月	2
2010 年 2 月	2	2010 年 4 月	3
2010 年 5 月	3	2010 年 8 月	4
2010 年 9 月	4	2011 年 1 月	5
2011 年 2 月	5	2011 年 4 月	3
2011 年 6 月	4	2011 年 7 月	3
2011 年 9 月	3	2012 年 3 月	8
2012 年 6 月	9	2012 年 9 月	6
2012 年 11 月	5	2013 年 2 月	5
2013 年 4 月	5	2013 年 8 月	6
2013 年 11 月	7	2013 年 12 月	4
2014 年 1 月	2	2014 年 2 月	2
2014 年 3 月	2	2014 年 6 月	4

上升拐点	间隔时间（月度）	下降拐点	间隔时间（月度）
2015 年 1 月	10	2015 年 2 月	8
2015 年 3 月	2	2015 年 6 月	4
2015 年 8 月	5	2015 年 10 月	4
均值	[4.4125] = 4	均值	[4.4125] = 4
众数	3	众数	3
标准差	2.1233	标准差	1.8034

由表 4-1 可见，上升及下降拐点的分布规律基本相同。表 4-2 给出了上升及下降拐点的时刻统计和间隔时间。

表 4-2 　　　　　　　**上升及下降拐点的时刻统计和间隔时间**

上升拐点时间	间隔时间（月度）	下降拐点时间	间隔时间（月度）
1986 年 3 月		2000 年 7 月	1
1986 年 5 月	2	2000 年 9 月	2
1986 年 7 月	2	2000 年 10 月	1
1986 年 8 月	1	2000 年 11 月	1
1986 年 9 月	1	2000 年 12 月	1
1987 年 1 月	4	2001 年 2 月	2
1987 年 2 月	1	2001 年 3 月	1
1987 年 7 月	5	2001 年 5 月	2
1987 年 9 月	2	2001 年 7 月	2
1987 年 10 月	1	2001 年 8 月	1
1988 年 3 月	5	2001 年 12 月	4
1988 年 4 月	1	2002 年 5 月	5
1988 年 7 月	3	2002 年 6 月	1
1988 年 8 月	1	2002 年 9 月	3
1988 年 10 月	2	2002 年 11 月	2
1989 年 1 月	3	2003 年 2 月	3
1989 年 2 月	1	2003 年 5 月	3
1989 年 4 月	2	2003 年 8 月	3
1989 年 8 月	4	2003 年 9 月	1
1989 年 10 月	2	2004 年 5 月	8
1989 年 11 月	1	2004 年 6 月	1
1990 年 1 月	2	2004 年 10 月	4
1990 年 6 月	5	2004 年 12 月	2

续表

上升拐点时间	间隔时间（月度）	下降拐点时间	间隔时间（月度）
1990 年 10 月	4	2005 年 3 月	3
1991 年 3 月	5	2005 年 5 月	2
1991 年 5 月	2	2005 年 9 月	4
1991 年 6 月	1	2005 年 11 月	2
1991 年 10 月	4	2006 年 1 月	2
1992 年 1 月	3	2006 年 2 月	1
1992 年 2 月	1	2006 年 7 月	5
1992 年 3 月	1	2006 年 10 月	3
1992 年 6 月	3	2006 年 12 月	2
1992 年 8 月	2	2007 年 1 月	1
1992 年 9 月	1	2007 年 4 月	3
1993 年 1 月	4	2007 年 5 月	1
1993 年 3 月	2	2007 年 7 月	2
1993 年 7 月	4	2007 年 8 月	1
1993 年 8 月	1	2007 年 11 月	3
1993 年 9 月	1	2007 年 12 月	1
1993 年 10 月	1	2008 年 6 月	6
1993 年 12 月	2	2008 年 12 月	6
1994 年 1 月	1	2009 年 1 月	1
1994 年 3 月	2	2009 年 2 月	1
1994 年 7 月	4	2009 年 6 月	4
1994 年 9 月	2	2009 年 7 月	1
1994 年 11 月	2	2009 年 8 月	1
1994 年 12 月	1	2009 年 9 月	1
1995 年 2 月	2	2009 年 11 月	2
1995 年 3 月	1	2009 年 12 月	1
1995 年 4 月	1	2010 年 1 月	1
1995 年 7 月	3	2010 年 2 月	1
1995 年 9 月	2	2010 年 4 月	2
1995 年 10 月	1	2010 年 5 月	1
1995 年 12 月	2	2010 年 8 月	3
1996 年 1 月	1	2010 年 9 月	1
1996 年 4 月	3	2011 年 1 月	4
1996 年 6 月	2	2011 年 2 月	1
1996 年 10 月	4	2011 年 4 月	2

上升拐点时间	间隔时间（月度）	下降拐点时间	间隔时间（月度）
1996 年 11 月	1	2011 年 6 月	2
1996 年 12 月	1	2011 年 7 月	1
1997 年 4 月	4	2011 年 9 月	2
1997 年 5 月	1	2012 年 3 月	6
1997 年 6 月	1	2012 年 6 月	3
1997 年 8 月	2	2012 年 9 月	3
1997 年 9 月	1	2012 年 11 月	2
1997 年 10 月	1	2013 年 2 月	3
1998 年 3 月	5	2013 年 4 月	2
1998 年 4 月	1	2013 年 8 月	4
1998 年 6 月	2	2013 年 11 月	3
1998 年 7 月	1	2013 年 12 月	1
1998 年 8 月	1	2014 年 1 月	1
1998 年 9 月	1	2014 年 2 月	1
1998 年 12 月	3	2014 年 3 月	1
1999 年 1 月	1	2014 年 6 月	3
1999 年 2 月	1	2015 年 1 月	7
1999 年 9 月	7	2015 年 2 月	1
1999 年 10 月	1	2015 年 3 月	1
2000 年 3 月	5	2015 年 6 月	3
2000 年 4 月	1	2015 年 8 月	2
2000 年 6 月	2	2015 年 10 月	2

在 3.4 节我们利用 PPM 模型对原油季度价格的突变点进行了识别，由于不同政策环境、不同经济环境下不同政府、不同企业对油价突变大小的容忍度均不会相同，所以基本的 PPM 模型的容忍阈值一般都是主观假定。但为了进一步提高容忍阈值确定的客观性，本章对 PPM 模型进行扩展，结合 K-Mean 聚类方法，集成构建了 PPM-KM 整合模型，给出原油价格突变的另一种定义机制。

4.2.2　基于 PPM-KM 整合模型的拐点分析及识别

将国际原油价格月度数据（1986 年 1 月～2015 年 12 月，EIA）代入模型，利用 R 软件 bcp 程序包，计算得出油价及相关变量后验均值及突变点后验概率，具体结果见表 4-3。利用 K-Means 聚类方法对容忍阈值进行分析，将所有突变点的后验概率进行聚类，计算得到油价突变概率的容忍阈值为 0.394。由图 4-3 可见，聚类后突变点一共为 37 个，分别为 1990 年 7 月，1990 年 12 月，1997 年

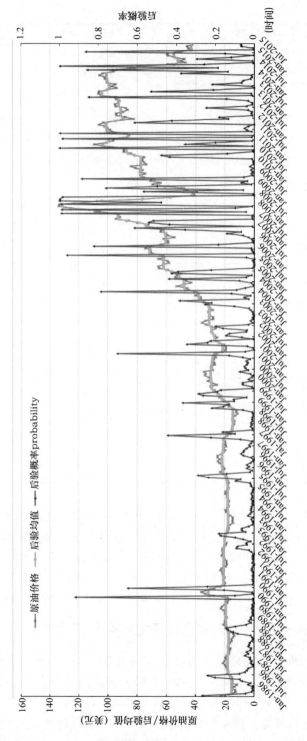

图 4-3 原油月度价格及其后验均值、突变点识别及发生概率 PPM 计算结果

12 月，2001 年 9 月，2004 年 7 月，2005 年 2 月，2005 年 5 月，2005 年 6 月，2006 年 3 月，2006 年 8 月，2007 年 6 月，2007 年 8 月，2007 年 9 月，2007 年 10 月，2008 年 2 月，2008 年 4 月，2008 年 7 月，2008 年 8 月，2008 年 9 月，2008 年 10 月，2008 年 11 月，2009 年 2 月，2009 年 4 月，2009 年 5 月，2009 年 9 月，2010 年 9 月，2010 年 10 月，2011 年 2 月，2011 年 7 月，2011 年 10 月，2012 年 4 月，2012 年 5 月，2013 年 6 月，2013 年 9 月，2014 年 9 月，2014 年 11 月，2015 年 7 月。

表 4 - 3　　　　　　　　　　原油价格变动均值及突变发生后验概率

时间点	时间间隔（月度）	原油价格突变概率	后验均值
1990 年 7 月		0.918	19.35
1990 年 12 月	5	0.648	29.8
1997 年 12 月	84	0.444	18.97
2001 年 9 月	45	0.702	27.1
2004 年 7 月	34	0.786	39.18
2005 年 2 月	7	0.438	48.45
2005 年 5 月	3	0.426	51.5
2005 年 6 月	1	0.394	56.42
2006 年 3 月	9	0.96	62.3
2006 年 8 月	5	0.822	71.45
2007 年 6 月	10	0.614	66.08
2007 年 8 月	2	0.438	73.77
2007 年 9 月	1	0.542	78.53
2007 年 10 月	1	0.518	87.12
2008 年 2 月	4	0.99	92.99
2008 年 4 月	2	0.988	109.18
2008 年 7 月	3	0.992	131.08
2008 年 8 月	1	0.48	113.41
2008 年 9 月	1	1	107.31
2008 年 10 月	1	0.998	76.55
2008 年 11 月	1	0.984	57.13
2009 年 2 月	3	0.568	42.02

续表

时间点	时间间隔（月度）	原油价格突变概率	后验均值
2009 年 4 月	2	0.76	47.91
2009 年 5 月	1	0.5	61.11
2009 年 9 月	4	0.884	68.36
2010 年 9 月	12	0.436	77.33
2010 年 10 月	1	0.478	81.3
2011 年 2 月	4	1	87.47
2011 年 7 月	5	0.984	99.1
2011 年 10 月	3	0.998	86.05
2012 年 4 月	6	0.614	101.17
2012 年 5 月	1	0.426	94.51
2013 年 6 月	13	0.848	94.04
2013 年 9 月	3	0.53	104.08
2014 年 9 月	12	0.856	96.3
2014 年 11 月	2	0.998	79.28
2015 年 7 月	8	0.862	53.12

由表 4 - 3 的数据可以看出，油价的第一次突变发生在 1990 年 7 月，第二次突变发生在 1990 年 12 月。1986 年 12 月欧佩克决定一致行动把价格目标设定为每桶 18 美元，但是次年 1 月很快就跌破该目标价格。在此后一段时间油价一直保持低位运行，直到 1990 年 8 月 2 日因伊拉克突然侵略科威特引发海湾战争，事件发展的不确定性使得原油价格再次喷发。考虑到当时充足的库存，接下来两个月油价的持续上涨主要归因于市场对美国对伊拉克开战破坏海湾地区油田设施的担忧和 OPEC 消极的维持现有产量。1991 年 1 月 17 日，联合国发动沙漠暴风行动，市场对战争充满信心，油价迅速下跌。当 2 月 28 日战争结束后，原油价格又回到下降通道。

第三次突变发生在 1997 年 12 月。1997 年发生亚洲经济危机，欧佩克对于亚洲经济危机的影响严重估计不足，原油消费下降导致原油价格快速滑落。1997 年 12 月欧佩克竟然决定从 1998 年 1 月 1 日起，增加产量限额接近 10% 达 2.5 百万桶，欧佩克总的生产限额提高到每天 27.5 百万桶水平。然而，此时快速增长的亚洲经济骤然刹车，1998 年亚太地区的原油消费自从 1982 年以来首次下降。在消费下降和供应增加的双重打击下，油价自然迅速振荡滑落，尽管欧佩克在

1998 年 5 月和 7 月分别下调每天 1.25 百万桶和 1.335 百万桶的生产限额，油价在年底前依旧继续下滑。直到 1999 年初油价才开始恢复上升，此时欧佩克于当年 4 月再次决定削减限额每天 1.719 百万桶。尽管不是所有欧佩克限产决定都有效果，但 1999 年上半年欧佩克每天实际产量已经减少约 3 百万桶，这足以推动油价上升到每桶 25 美元以上水平。

第四次突变发生在 2001 年 9 月。2001 年 9 月 11 日美国东部地区发生一系列严重袭击事件，纽约的实际贸易中心和华盛顿五角大楼被袭。"9·11"事件造成全球经济损失近 1 万亿美元，引起国际石油价格一度大幅上涨，随后持续下跌。2003 年 3 月 19 日，正值委内瑞拉原油生产刚刚开始恢复，以美国为首的军队对伊拉克发动军事行动。此时，美国和经合组织（OECD）的原油储备依然处在低位，美国经济开始恢复，亚洲原油需求快速增加。为了弥补委内瑞拉和伊拉克原油产量的减少，产油国扩大生产以满足增长的国际原油需求。但是扩大生产也侵蚀了产油国超额生产的能力。

2004～2005 年期间发生了 4 次突变，分别为 2004 年 7 月，2005 年 2 月，5 月，6 月。2004 年 7 月，受伊拉克战争影响，国际原油价格再次突破 40 美元/桶，之后继续上涨，10 月并首次突破 50 美元/桶，之后一直在 50 美元/桶左右小幅震荡。2005 年年初，由于美国和欧洲地区气温骤降，导致取暖油需求迅速增加，国际原油价格再次拉开了涨升序幕。经过其后两个多月的调整酝酿，在夏季汽油消费高峰到来之际，油价 6 月底突破 60 美元/桶大关。2005 年 7 月伊朗重启动和浓缩计划，国际油价一度突破 67 美元/桶。8 月以后，受沙特阿拉伯国王去世及墨西哥湾飓风等因素的影响，油价月初突破 65 美元/桶关口。2005 年，尼日利亚 6 月发生几名石油工人遭绑架事件、8 月沙特阿拉伯国王法赫德去世、伊朗发生爆炸事件、伊拉克局势动荡不安等，美国一些炼油厂发生火灾以及印度孟买油田起火等生产事故都对原油市场产生了冲击，推动了油价的上涨。艾哈迈迪 - 内贾德当选伊朗总统后、美伊关系的发展及伊朗核问题的前景也成为国际油价市场的关注焦点。

2006～2007 年共发生了 6 次突变。2006 年 3 月，2006 年 8 月，2007 年 6 月，2007 年 8 月，2007 年 9 月，2007 年 10 月。2006 年 4 月，由于伊朗核问题迟迟得不到解决，国际油价突破 70 美元/桶。进入下半年，震荡加剧，尤其是 8 月 8 日起，出现了持续快速下跌。2007 年，尼日利亚反政府武装频繁袭击该国石油设施；伊朗核问题尚未解决，局势多次恶化；伊拉克、巴基斯坦等国局势持续动荡不安，这些都极大地激发了投机者炒作石油的热情。国际油价呈现震荡上扬的走势，至 6 月下旬已接近 70 美元/桶，7 月 31 日达到每桶 78.21 美元，突破了上年创下的历史最高位。8 月份受美国次贷危机的影响国际油价出现短暂大幅下挫，9 月份国际油价重拾升势。欧美各国央行采取的给金融市场注资的联合干预措施，在一定程度上稳定和缓解了次贷危机的影响；同时，形成于大西洋的热带风暴"迪安"对当地石油生产设施会造成威胁,影响到石油供应,国际市场原油价格再次反弹上扬。至 9 月纽约市场 WTI 原油价格突破了 79.92 美元/桶,10 月突破 80 美元/桶关口。

2008 年共发生 7 次突变,分别为 2 月,4 月,7 月,8 月,9 月,10 月,11 月。2 月初,在埃克森美孚赢得一项法院裁决冻结委 120 亿美元海外资产以赔偿因委内瑞拉大型重油项目国有化给该公司造成的损失后,委内瑞拉总统威胁要暂停对美的石油出口。4 月底 5 月初,由于产油区外国石油公司设施发生的爆炸攻击和绑架事件更加频繁,针对外国公司的石油工人罢工也时有发生,尼日利亚原油产量的一半处于瘫痪状态。6 月,沙特单方面增产和亚太国家包括中国削减燃料补贴都没能改变油价的上涨走势。7 月初,在伊朗与以色列紧张关系升级,尼日利亚海上油田遭攻击的刺激下,以及投机基金推涨导致油价冲击历史新高点。8 月美国次贷危机全面爆发,金融危机不断加剧,各国紧急出台的救市措施均未能起到稳定市场的作用。2008 年下半年油价的突变主要是因为金融危机的不断加剧。

2009 年共发生 4 次突变,分别为 2009 年 2 月,4 月,5 月,9 月。2009 年一季度,世界经济继续恶化,石油市场供过于求,投机资金快速离场促使油价持续回落。2 月 WTI 原油价格下探至 39.09 美元/桶的 2009 年内最低点。G20 会议全球主要国家领导人同意注资 1 万亿美元,以抗击自大萧条以来最严重的经济衰退,导致 4 月油价暴涨。随着欧佩克减产执行情况较好,各国纷纷推出拯救经济政策,加大了投资者对经济复苏的乐观情绪。5 月 WTI 原油价格冲破 60 美元/桶。9 月份美元汇率的波动促使国际原油价格围绕每桶 70 美元上下震荡。月底美国原油及油品库存大幅增加,表明需求仍然十分疲弱,原油价格一度回落至 66 美元/桶以下。月末,伊朗核计划引发新一波紧张情绪再度使油价重回 70 美元/桶。

2010 ~ 2011 年期间共发生 5 次突变,分别为 2010 年 9 月,10 月,2011 年 2 月,7 月,10 月。2010 年 9 ~ 12 月,美元贬值推动了油价缓慢上涨。2011 年,利比亚战乱导致石油供应中断,经济利好预期和中东北非事件等加剧了人们对未来供应紧张的担忧。7 月,恐怖组织头脑拉登被击毙、欧债危机恶化等一系列利空经济事件以及日本地震的影响导致油价下滑。10 月,埃及、叙利亚局势持续动荡,伊朗核问题又使得油价重返高位。

2012 ~ 2013 年期间共发生 4 次突变。2012 年 4 月,5 月;2013 年 6 月,9 月。2012 年 3 ~ 4 月期间,经济指标利好,叙利亚国内局势动乱,伊朗、以色列军事问题等地缘政治的影响,国际油价处于上涨趋势。但 5 月开始,受欧债危机及美元指数强劲反弹影响国际油价开始大幅下跌。2013 年 6 月开始受美国经济数据强于预期、埃及暴力冲突以及利比亚和伊拉克出口受阻等因素影响,国际油价小幅上涨。但 9 月美国炼厂需求下降,利比亚原油产量逐渐恢复、伊拉克和沙特供应相对充裕,世界原油供应量充足,伊朗核谈判取得进展,美俄就销毁叙化武的安理会决议草案达成一致,导致油价回落。

2014～2015 年共发生 3 次突变。2014 年 9 月,11 月,2015 年 7 月。2014 年国际原油供需关系出现严重的供应过量,是油价持续下跌的最主要原因。9 月全球经济疲软,美元指数走强,美国原油库存增加,OPEC 坚持不减产等原因导致油价下跌,11 月跌破 80 美元。2015 年 7 月,受金融市场动荡、希腊债务危机日益严重、中国股市暴跌、伊朗核问题达成全面协议等因素的影响,国际油价持续下滑。具体总结见表 4 – 4。

表 4 – 4　　　　　　　　原油价格突变点所对应的历史突发事件

时间点	历史突发事件
1990 年 7 月	伊拉克突然侵略科威特引发海湾战争,事件发展的不确定性使得原油价格再次喷发。考虑到当时充足的库存,接下来两个月油价的持续上涨主要归因于市场对美国对伊拉克开战破坏海湾地区油田设施的担忧和 OPEC 消极的维持现有产量
1990 年 12 月	联合国发动沙漠暴风行动,市场对战争充满信心,油价迅速下跌
1997 年 12 月	1997 年发生亚洲经济危机,欧佩克对于亚洲经济危机的影响严重估计不足,原油消费下降导致原油价格快速滑落。在消费下降和供应增加的双重打击下,油价自然迅速振荡滑落
2001 年 9 月	"9·11"事件造成全球经济损失,引起国际石油价格一度大幅上涨,随后持续下跌
2004 年 7 月	受伊拉克战争影响,国际原油价格再次突破 40 美元/桶,之后继续上涨
2005 年 2 月	美国和欧洲地区气温骤降,导致取暖油需求迅速增加,国际原油价格再次拉开了涨升序幕
2005 年 5 月	投机资金利用 OPEC 剩余生产能力下降所带来的市场对原油供给的担心,大肆做多国际原油期货
2005 年 6 月	尼日利亚发生几名石油工人遭绑架事件
2006 年 3 月	伊朗核问题影响和尼日利亚南部产油区的局势动荡
2006 年 8 月	中东局势的逐渐好转和美国经济的突然失速
2007 年 6 月	天气逐渐转暖,美国石油库存状况改善;尼日利亚反政府武装频繁袭击该国石油设施;伊朗核问题尚未解决,局势多次恶化;伊拉克、巴基斯坦等国局势持续动荡不安,这些都极大地激发了投机者炒作石油的热情。国际油价呈现震荡上扬的走势
2007 年 8 月	美国次贷危机的影响使得国际油价出现短暂大幅下挫
2007 年 9 月	欧美各国央行采取的给金融市场注资的联合干预措施,在一定程度上稳定和缓解了次贷危机的影响;同时,形成于大西洋的热带风暴"迪安"对当地石油生产设施会造成威胁,影响到石油供应,国际市场原油价格再次反弹

续表

时间点	历史突发事件
2007 年 10 月	美国商业石油库存的下降以及美国次贷危机后续影响
2008 年 2 月	在埃克森美孚赢得海外资产以赔偿因委内瑞拉大型重油项目国有化给该公司造成的损失后，委内瑞拉总统威胁要暂停对美的石油出口
2008 年 4 月	产油区外国石油公司设施发生的爆炸攻击和绑架事件更加频繁，针对外国公司的石油工人罢工也时有发生，尼日利亚原油产量的一半处于瘫痪状态
2008 年 7 月	伊朗与以色列紧张关系升级，尼日利亚海上油田遭攻击的刺激，以及投机基金推涨导致油价冲击历史新高点
2008 年 8 月	美国次贷危机全面爆发，金融危机不断加剧，各国紧急出台的救市措施均未能起到稳定市场的作用
2008 年 9 月	金融危机的不断加剧
2008 年 10 月	金融危机的不断加剧
2008 年 11 月	金融危机的不断加剧
2009 年 2 月	世界经济继续恶化，石油市场供过于求，投机资金快速离场促使油价持续回落。2 月 WTI 原油价格下探至 39.09 美元/桶的 2009 年内最低点
2009 年 4 月	G20 会议全球主要国家领导人同意注资 1 万亿美元，以抗击自大萧条以来最严重的经济衰退，导致 4 月油价暴涨
2009 年 5 月	随着欧佩克减产执行情况较好，各国纷纷推出拯救经济政策，加大了投资者对经济复苏的乐观情绪。5 月 WTI 原油价格冲破 60 美元/桶
2009 年 9 月	美元汇率的波动，美国石油、原油库存增加，伊朗核计划
2010 年 9 月	美元贬值、通胀预期的可能性增加吸引了大量的资金流向原油等国际大宗商品，带动了原油新一轮上涨
2010 年 10 月	美联储的第二轮量化宽松政策导致美元贬值，推动了油价缓慢上涨
2011 年 2 月	利比亚战乱导致石油供应中断，经济利好预期和中东北非事件等加剧了人们对未来供应紧张的担忧
2011 年 7 月	恐怖组织头脑拉登被击毙、欧债危机恶化等一系列利空经济事件以及日本地震的影响导致油价下滑
2011 年 10 月	埃及、叙利亚局势持续动荡，伊朗核问题又使得油价重返高位
2012 年 4 月	经济指标利好，叙利亚国内局势动乱，伊朗、以色列军事问题等地缘政治的影响，国际油价处于上涨趋势
2012 年 5 月	欧债危机及美元指数强劲反弹导致国际油价开始大幅下跌
2013 年 6 月	美国经济数据强于预期、埃及暴力冲突以及利比亚和伊拉克出口受阻等因素影响，国际油价小幅上涨

时间点	历史突发事件
2013 年 9 月	美国炼厂需求下降，利比亚原油产量逐渐恢复、伊拉克和沙特供应相对充裕，世界原油供应量充足，伊朗核谈判取得进展，美俄就销毁叙利亚化学武器的安理会决议草案达成一致，导致油价回落
2014 年 9 月	国际原油供需关系出现严重的供应过量，是油价下跌的主要原油
2014 年 11 月	全球经济疲软，美元指数走强，美国原油库存增加，OPEC 坚持不减产等原因导致油价下跌，11 月跌破 80 美元/桶
2015 年 7 月	受金融市场动荡、希腊债务危机日益严重、中国股市暴跌、伊朗核问题达成全面协议等因素的影响，国际油价持续下滑

4.3 实证分析

4.3.1 基于基本统计定义突变点

通过 4.1 节计算得到指数分布的参数估计值为 $\lambda = 0.44854$，并利用 R 软件包 poweRlaw 进行拟合，计算得到对数—正态分布的参数估计值为 $x_{min} = 1$，$\mu = 1.2010$，$\sigma = 0.37553$，$D = 0.01110$；在拟合幂律分布时，首先利用自助法抽样 10000 次，计算得到 p = 0.6431，表明接收原假设，原油价格拐点的时间间隔数据服从幂律分布。同时计算得到各参数的值 $x_{min} = 5$，$\alpha = 5.86758$，$D = 0.04709$。图 4 – 4 为在 95% 的置信区间下，经过 10000 自助法迭代得到的 x_{min}，α 和 P 值的均值及标准差图，经过迭代后所有值均趋于稳定。由此我们可以得到，在原油价格拐点时间间隔超过 5 个月时，服从标度指数为 5.86758 的幂律分布。

在 4.1 节假设原油价格拐点的时间间隔服从幂律分布并进行了假设检验。虽然初步验证了国际原油价格的月度数据服从幂律分布，但为了进一步检验幂律分布相对于其他两个分布的合理性，根据 Vuong（1989）[177] 提出的标准化的对数似然比计算方法，计算幂律分布和比较分布的似然比 LR 及相应的 P 值。对数似然比的公式为：$\Re = \sum_{i=1}^{n} [\ln p_1(x_i) - \ln p_2(x_i)]$，其中，$p_1(x)$，$p_2(x)$ 是分别是两个分布的概率密度函数。Vuong 备择假设检验的原假设 H0；两个分布都不是真实的分布；H1：其中一个分布更接近真实的分布。本书利用 R 软件包 power – law 将三种分布进行比较，假设检验结果见表 4 – 5 和图 4 – 5。

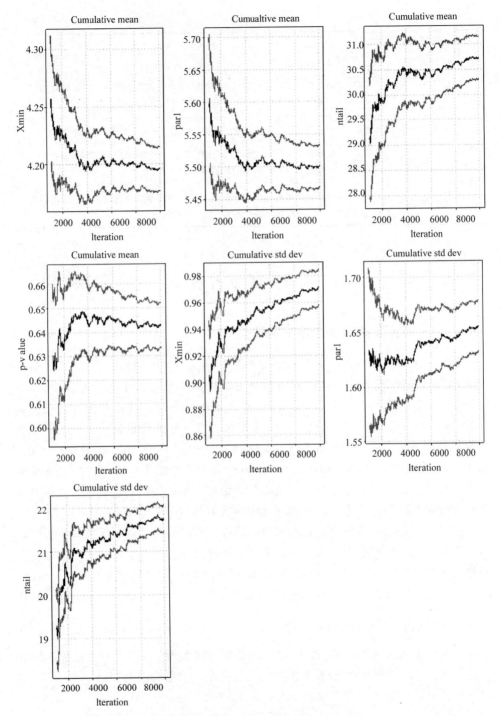

图 4-4　在 95% 的置信区间下，经过 10 000 自助法迭代得到的 $x_{\min}$，
α 和 P 值的均值及标准差

表 4 - 5　　　　　　　　　基本统计定义突变点分布比较的检验结果

Data set	幂律分布假设检验 p 值	exponential		Log - normal		Support for power law
		LR	p	LR	p	
Oil Price	0.6431	0.3657	0.7146	- 0.8309	0.4060	Moderate

注：LR 为对数似然比，LR 为正表示幂律分布比替代分布好；moderate 表明幂律分布很好拟合了实际数据，但是也有其他可替代的分布。

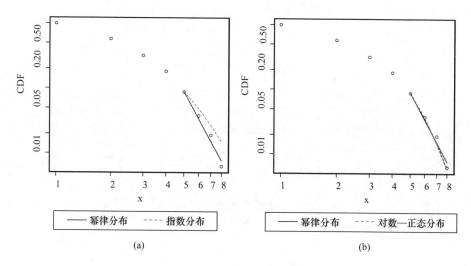

图 4 - 5　CDF 拟合（双对数坐标下）

4.3.2　基于 PPM-KM 整合模型定义突变点

同理，计算得到指数分布的参数估计值为 $\lambda = 0.11961$，利用 R 软件包 power-law 进行拟合，计算得到对数—正态分布的参数估计值为 $x_{min} = 1$，$\mu = 0.86352$，$\sigma = 1.48895$，$D = 0.05913$；计算得到幂律分布假设检验的 p 值为 0.8487，表明接收原假设，原油价格拐点的时间间隔数据服从幂律分布。同时计算得到参数的估计值 $x_{min} = 3$，$\alpha = 1.9346$，$D = 0.07273$；图 4 - 6 为在 95% 的置信区间下，经过 10 000 自助法迭代得到的 x_{min}，α 和 P 值的均值及标准差图，经过迭代后所有值均趋于稳定。由此我们可以得到，在原油价格拐点时间间隔超过 3 个月时，服从标度指数为 1.9346 的幂律分布。

由表 4 - 5 可以看出，通过 LR 的符号可以做出判断，指数分布被剔除，对数正态分布没有被剔除。但对数似然比的显著性检验 P 值分别为 0.7146、0.4060，都大于 0.1，表明两个替代分布的 LR 都不是十分显著，LR 的符号可能是不稳定的。由表 4 - 6 可以看出，通过 LR 的符号可以做出判断，指数分布被剔除，对数—正态分布没有被剔除。但对数似然比的显著性检验 P 值分别为 0.22，0.96，也都大于0.1，表明两个替代分布的 LR 都不是十分显著，LR 的符号可能是不稳定的。所以，我们不能十分肯定的说幂律分布比替代分布好或者不好。

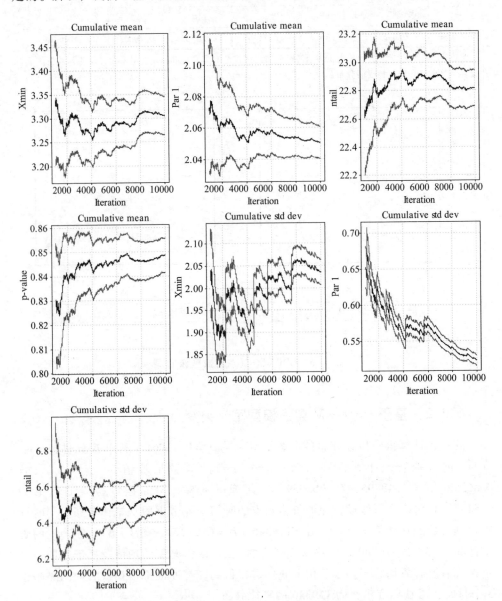

图4-6　在95%的置信区间下，经过10 000 自助法
迭代得到的 x_{min}，α 和 P 值的均值及标准差

　　图4-5和图4-7，显示了幂律分布、对数—正态分布和指数分布三种分布的拟合效果。随着时间间隔增大，仍有拐点出现的可能，泊松分布不能很好地拟

合数据的尾部，而幂律分布可以较好地拟合。原油价格拐点的时间间隔的概率统计分布在远离平均值处仍有较高的发生概率，可能是一种厚尾分布，在许多情况下是幂律分布。目前常用的一些统计函数如指数分布、对数—正态分布等不能有效地拟合出拐点时间间隔分布的尾部，往往不能有效地预测拐点出现的概率。直观地看，实际累积概率分布在一定区间内呈线性，具备了幂律分布的必要条件。

表 4 – 6　　　　　　　　　**PPM 模型定义突变点分布比较的检验结果**

数据	幂律分布假设检验 p 值	exponential		Log – normal		Support for power law
		LR	p	LR	p	
Oil Price	0.8487	1.22485	0.22063	– 0.04626	0.96310	Moderate

注：LR 为对数似然比，LR 为正表示幂律分布比替代分布好；moderate 表明幂律分布很好拟合了实际数据，但是也有其他可替代的分布。

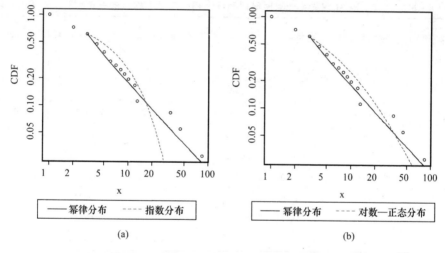

图 4 – 7　尾部 CDF 拟合图（双对数坐标下）

将参数估计值带入相应的分布函数公式后，计算距离 2015 年 12 月的拐点时间距离及相对应的发生拐点的概率，具体如表 4 – 7 和表 4 – 8 所示。

表 4 – 7　　　**基本统计意义定义突变点时时间距离及相对应发生拐点的概率**

间隔（月）	指数分布概率	累积概率	对数—正态分布概率	累积概率	幂律分布概率	累积概率
1	0.286419	0.361438	0.006386	0.000692	/	/
2	0.182896	0.592239	0.212863	0.088129	/	/
3	0.116790	0.739619	0.341198	0.392564	/	/
4	0.074578	0.833731	0.235147	0.689147	/	/

续表

间隔(月)	指数分布概率	累积概率	对数—正态分布概率	累积概率	幂律分布概率	累积概率
5	0.047623	0.893827	0.117603	0.861625	0.973539	0
6	0.030410	0.932202	0.051371	0.942159	0.334004	0.588302
7	0.019419	0.956707	0.021219	0.976352	0.135187	0.805594
8	0.012400	0.972355	0.008609	0.990338	0.061754	0.898509
9	0.007918	0.982347	0.003498	0.996010	0.030940	0.942794
10	0.005056	0.988727	0.001438	0.998324	0.016674	0.965746

注：原油价格拐点时间间隔服从幂律分布时 $x_{min}=5$ 即时间间隔最小值是 5，所以幂律分布拐点概率从间隔为 5 个月开始计算。

表4-8　　　　　　PPM 定义突变点时时间距离及相对应发生拐点的概率

间隔(月)	指数分布概率	累积概率	对数—正态分布概率	累积概率	幂律分布概率	累积概率
1	0.106126	0.112734	0.226461	0.280974	/	/
2	0.094162	0.212758	0.133093	0.454451	/	/
3	0.083547	0.301507	0.088205	0.562729	0.311533	0
4	0.074128	0.380251	0.062980	0.637244	0.178566	0.235756
5	0.065771	0.450117	0.047267	0.691803	0.115962	0.379617
6	0.058357	0.512107	0.036769	0.733495	0.081495	0.476812
7	0.051778	0.567109	0.029389	0.766371	0.060481	0.547010
8	0.045941	0.615911	0.023995	0.792930	0.046712	0.600157
9	0.040762	0.659210	0.019932	0.814802	0.037193	0.641836
10	0.036167	0.697629	0.016795	0.833102	0.030335	0.675423

注：原油价格拐点时间间隔服从幂律分布时 $x_{min}=3$ 即时间间隔最小值是 3，所以幂律分布拐点概率从间隔为 3 个月开始计算。

从表4-7和表4-8可以看出，三种分布下拐点出现的累积概率都是随着时间间隔的增加逐渐增大。其中，当时间间隔服从幂律分布时，下次拐点出现在最小的时间间隔时间及其以上。这是因为假设数据服从幂律分布是指数据尾部服从幂律分布，先计算出拐点时间间隔的最小下届，在此时间间隔期间之后的数据服从幂律分布，与实际情况相符。因为在实际情况中，拐点发生在最小时间间隔及其以上的情况更多。由表4-7可以看出，在基本统计意义定义突变点时，不同的时间间隔下拐点出现的概率可以看出幂律分布所得到的概率比指数分布和对数—正态分布得到的结果大，说明幂律分布赋予尾部事件更高的概率。拐点时间间隔在 10 年以内的累积概率为 96.57%，而指数分布和对数—正态分布分别达到了 98.87% 和 99.83%。由表 4-8 看出，在基于 PPM 模型定义突变点时，从不同的时间间隔下拐点出现的概率可以看出幂律分布所得到的概率比对数—正态分布得到的结果大，在 8 个月以内时比指数分布大，在 9 个月和 10 个月时指数分布概率相近。拐点时间间隔在 10 年以内的累积概率为 67.54%，而指数分布和对数—正态分布分别达到了 69.76% 和 83.31%。因为泊松分布假定事件的发生是随机的、平稳的、相邻事件发生的时间间隔大体相差不大，几乎是规则的，长时间的等待是不存在的，而幂律分布的尾巴下降缓慢，允许长时间内无事件发生，也允许在较长时间的等待中出现密集的阵发事件。所以，幂律分布尾部的事件发生概率更高。在最小时间间隔时概率最大，随着间隔时间的增加，概率变小。幂律分布的概率密度函数较指数分布和对数—正态分布而言，为密集的阵发事件和不活跃的偶发事件都赋予了较高的概率，这一点更接近真实世界的情况。所以，本书初步认为假设国际原油月度价格拐点的时间间隔服从幂律分布是合理的，但由于数据量的限制还需要进一步进行检验。

本章基于基本统计分析和 PPM 模型两种思想定义突变点，分别对原油价格的历史突变进行识别和分析。在基于 PPM 模型定义突变点时，集成构建 PPM-KM 国际原油价格拐点分析模型。最后，在两种突变点定义三种概率分布模型下，计算分析原油价格拐点的出现概率，通过比较分析给出原油价格拐点出现时间的概率预测分析。结果表明，1986 ~ 2015 年期间共发生 37 次显著的油价突变。在不同的时点，市场供需结构的失衡、突发地缘政治事件、美元指数、全球经济发展情况分别成为油价突变的主因。在两种不同的突变点定义下，下一次原油月度价格的上升拐点出现在最小的时间间隔值分别为 5 个月及其以上的时间和 3 个月及其以上的时间。从累积分布概率结果可以看出，三种分布下原油价格拐点出现的累积概率都是随着时间间隔的增加逐渐增大的。但概率密度值的结果却表明，在不同时间间隔点幂律分布的概率值较指数分布和对数—正态分布而言更大，为密集的阵发事件和不活跃的偶发事件都赋予了较高的概率，表现出一定的合理性，更加符合真实情况。如果将 Poisson 过程作为描述原油价格的跳跃过程，实际上隐含着默认在任何一个时刻原油价格发生跳跃的概率都是相同的，显然这与实际情况并不相符。而本书引入的幂律分布则可以模拟得到原油价格在较长时间不发生跳跃过程的情形，也可以得到跳跃过程在短时间内密集发生的状况，这更加符合现实情况。幂律分布的引入使得原油价格在任何一个时点发生跳跃的概率并不相同，而这种不相同的概率赋予是依赖于当时市场所处的状态的。这表明市场存在一定的记忆性，即今天市场的现状并非凭空而来，而是基于其历史的市场，这与现实世界的情形更为贴切。幂律分布过程获得的原油价格某一时间拐点发生的概率可以成为实际原油市场分析的新指标，而且该指标来源于市场本身，获取和应用起来简便易行。从实证分析角度来说，基于原油价格波动服从泊松分布显得对极端事件无可奈何，因而需要引入一种厚尾分布进行修正，而幂律分布则可以较好地解决这个问题。同时，幂律分布可以计算得到拐点出现的概率结果，对原油价格的分析预测具有一定的现实指导作用。虽然由于月度分析建模数据有限，该幂律分布模型仍需更多翔实的数据进一步实证或修正，但该概率分布模型提供了基于国际原油价格拐点时间间隔分析的新视角。

原油价格形成机理分析

5.1 基于 PATH-ANALYSIS 的原油价格 影响因素选取及 VAR 分析

　　原油作为不可或缺的能源和化工原料，同时它也是一种战略物资，在国防和国家安全领域发挥着不可替代的作用。现在世界上大多数发达国家和发展中国家的经济发展很大程度上都依赖着原油的消费，国际原油价格的频繁剧烈波动给国际经济、国家政府、能源行业带来巨大的冲击。对于原油进口国而言，急剧上升的油价会影响该国的经济增长与通货膨胀。对于原油出口国而言，油价的下跌会导致政府的预算赤字问题。同时油价的剧烈波动，会给原油生产、加工、消费、贸易企业带来巨大的风险。因此，国际市场上的原油价格波动，不仅直接影响到一个国家的经济增长速度，对一个国家的经济持续健康发展有着十分重大的影响；而且直接影响到能源企业和投资者的利益。因此，正确地分析油价影响因素及相互间的关系，对于国家、企业和投资者预测油价的未来走势及作出正确的决策有着十分重要的作用与意义。

5.1.1 国际原油价格影响因素分析综述

　　长期来看，油价主要由原油的供需基本面决定，影响油价波动的其他各种因素均可能通过改变原油的供求关系或者人们对供求关系的预期而对原油价格产生影响（Hossein Askari，2008[178]）。Paul Stevens（1995）[179]介绍了一种理论框架来解释供给与需求相互作用对国际原油价格的决定作用。分析原油市场的形成及工作原理，并利用这个理论框架来解释油价状态为什么变得越来越不稳定等目前原油市场行为中的热点问题。

　　供给方面的因素主要包括：全球原油储量与产量，OPEC 产量在世界原油市场供给结构中的地位，勘探开发投资及原油生产成本等。由于世界原油资源的分布极具地域性和不均衡的特点，OPEC 拥有世界上绝大部分探明原油储量，其产量和价格政策对世界原油供给和价格具有重大影响，故研究 OPEC 在原油价格波动中所起的影响和作用成为能源经济的一个重要研究方向。J. Roumasset、D. Isaak、F. Fesharaki（1983）[180]运用可耗竭性理论估算不考虑垄断利润下的均衡原油价格，研究结果表明，1974 年及 1979 ~ 1980 年原油价格的上升可以看做是由于供应的变动所引起。Harri Ramcharran（2001）[181]利用目标收入理论验证了原油市场生产者行为与油价的关系，说明 OPEC 需要调整自己原油价格和生产策略，以转变所占原油市场份额不断下降的趋势。Sharon Xiaowen Lin 和 Michael Tamvakis（2010）[182]利用事件研究方法，考察了 OPEC 对主要原油产品生产计划所做的宣告对国际原油价格的影响。

需求方面的因素包括：经济发展水平及经济结构变化，替代能源的发展以及节能技术的发展和应用。从需求角度讲，全球经济增长或超预期增长都会牵动国际原油市场价格出现上涨；而反过来，异常高的油价势必会阻碍世界经济的发展，全球经济增长速度放缓又会影响原油需求的增加，Jaime Marquez 和 Peter Pauly（1984）[183]通过对欧佩克的原油价格政策承的研究，发现原油价格的变化影响着原油进口国的实际收入，同时原油进口国的实际收入也反过来影响原油价格的变化。Hillard G. Huntington（1993）[184]利用响应曲面分析模型分析了 OECD 原油需求的价格弹性。

在高油价的情况下，各个国家会采取多种措施来降低原油消耗，但是由于经济结构的不同，油价波动对发达国家和发展中国家的影响程度是不一样的。Mark A. Hooker（1996）[185]研究表明，1973 年后的数据有力地证明了原油价格不再是许多美国宏观经济指标的格兰杰变量原因，油价的内生性、油价与宏观经济指标间的线性及对称性影响假设根本得不到数据的支持，这些结果对利用原油价格作为一种工具或解释变量的研究有重要的潜在影响；Rebeca Jiménez – Rodríguez（2008）[187]通过实证分析评估油价冲击对 6 个主要 OECD 国家的制造行业的影响，结果表明欧洲货币联盟国家对原油价格冲击的反应模式各不相同，但英国和美国的反映大致相同，是由工业产值在四个不同正在考虑；Stefan F. Schubert 和 Stephen J. Turnovsky（2010）[186]分析了影响原油价格的增加对小的发展中经济体的影响。研究发现，油价对经济体的长期影响主要取决于该经济体的经济结构而不是金融市场的全球化程度。

亚太地区是当前世界上对原油需求增长最旺盛而资源量又严重不足的地区。中国是东亚地区最大，发展最快的经济体，是原油消费大国。2003 年中国已经超过日本，成为全球仅次于美国的第二大原油消费国，即使在 2008 年底和 2009 年全球经济放缓过程中，中国仍在继续进口更多的原油。近年来，中国日益增长的原油进口量和海外油气资源的拓展行为受到很多国家的"高度关注"和"忧虑"，中国因素在原油价格波动中所受的影响及所起的作用也成为很多学者考察的对象。Rong-Gang Cong 和 Yi-Ming Wei 等（2008）[188]利用 VAR 模型研究了原油价格波动与中国股票市场之间的互动关系，结果表明除制造业和一些原油公司外，原油价格波动对中国股市大部分股票的收益率并不具有显著的影响作用，油价波动冲击抑制了原油公司的股票价格上涨，但油价波动程度的增加会增加原油开采和探测行业的利好形势，并提高他们的股票收益；Agnès Bénassy - Quéré、Valérie Mignon、Alexis Penot（2007）[189]研究了 1974～2004 年期间原油价格和美元指数之间的协整和因果关系，结果表明，从长远来看，原油价格上升 10% 伴随着 4.3% 的美元溢价，而且存在着从原油到美元的因果关系。通过对理论模型的发展，研究表明这种异常关系的发生主要由于中国在原油和外汇交易市场上的迅猛发展。Weiqi Tang 等（2010）[190]利用结构向量自回归模型在强调对价格传导机制的基础上，研究了油价冲击对中国经济的影响。Jeffrey Skeer 和 Yanjia Wang（2007）[191]分析了不同情境下中国交通行业的原油需求增长对国际原油价格的影响，结果表明，基准情境下，到 2020 年中国交通部门新增的原油需求将导致国际原油价格 1%～3% 的增长率，而在原油供应紧张的情境下，到 2020 年中国交通部门新增的原油需求将导致国际原油价格 3%～10% 的增长率。

近年来，原油作为国家性战略资源的地位不断增强，影响油价波动的因素日益增多，已从主要为供求关系的单一因素向多种因素互相影响、共同作用的方向转变，包括全球经济增长、技术进步和产业结构、汇率、地缘政治、投机、季节性气候、库存等。

自 20 世纪 90 年代以来，期货市场对国际原油市场的影响显著增强，目前已经形成了由期货市场向现货市场传导的价格形成机制。投资基金在国际原油期货市场中占据举足轻重的地位，巨额的基金流入原油期货市场，往往对原油价格产生较大冲击。Andrew J. Foster（1996）[192]研究调查了 1990～1991 年海湾冲突阶段英国和美国的原油期货与现货市场间的行为关系，分析期货市场的价格发现功能，重点放在了时变状态下的价格发现研究，结果表明，这样的价格发现关系具有强烈的时变特性，这些研究结果提出了一种新的研究现货和期货市场之间关系的视角。Takao Tomatate 和 Director（1986）[193]通过供需情景分析，对原油价格的未来态势进行了预测，仿真研究表明，原油价格在未来 2～3 年将继续重复大幅波动，平均价格水平在 15～18 美元，原油方面的投机因素将会加剧原油市场的价格波动。

库存是短期中供求关系的指示器。近几年，库存对油价波动的影响越来越明显。库存增加超出预期，说明市场供应充足，油价下行可能性增大；库存减少超出预期，说明市场供不应求，推动油价上涨，故直观上库存与原油价格呈现负相关关系。Salman Saif Ghouri（2006）[194]从定量和定性两方面分析了美国 1995 年 2 月～2004 年 7 月间油类产品库存的变化对 WTI 原油价格的影响，证明了两者之间的显著负相关性。

从过去几年国际市场原油价格变化看，美元贬值也是导致高油价的重要因素。很多实证表明，原油价格变动和美元与国际主要货币之间的汇率变动存在着相关关系。Yue - Jun Zhang 等（2008）[195]研究了美元汇率的变动对原油价格的影响，结果表明，从长期来看美元汇率对原油价格具有显著的影响效应。

Radhamés A. Lizardo 和 André V. Mollick（2010）[196]研究了货币政策，说明了美元指数的变动及各进、出口原油大国的汇率均受到原油价格冲击的影响。

原油除了具有一般商品属性外，还具有战略物资的属性，欧美许多国家用原油作为取暖的燃料，因此当气候变化异常时，会引起燃料油需求的短期增加，从而带动原油和其他油品的价格走高。Marc Vielle 和 Laurent Viguier（2007）[197]通过建立一个可计算一般均衡模型，证明了高油价并不能替代有效的气候政策。

对原油价格进行分析，需要对原油价格的影响因素及影响机理有一个较为全面的认识。原油作为一种重要的国际商品，其价格的形成机制是十分复杂的。全球经济增长、技术进步和产业结构、汇率、地缘政治、投机、季节性气候、库存、替代能源价格、生产成本等因素都会直接或间接地对原油价格产生影响。如果将所有影响因素全面放入模型，那么模型的复杂度将会非常之高。因此，应从众多的影响因素中进行科学的筛选，找出有代表性的、抓住主要信息量的因素，并在此基础上对原油价格进行剖析。基于这种需求，本书将利用通径分析法来筛选因素，通径分析法是一种在农学及生物医学领域应用较为广泛、成熟的一种因素分析技术。

5.1.2 通径分析及因素提取

通径分析的本质是对变量间的相关系数进行分解，将相关系数分解为直接通径系数和间接通径系数，它们分别表示某一变量对因变量的直接效果及通过其他变量对因变量的间接作用效果。

设有自变量 x_1，x_2，$\cdots$，x_k，因变量 y，可得多元线性回归分析：

$$y = \beta_0 + \beta_1 x_1 + \beta_2 x_2 + \cdots + \beta_k x_k \tag{5-1}$$

假定 σ_y 表示样本 y 的标准差；用 σ_{x_i} 表示样本 x_i 的标准差；由式（5-1）可得变量间的标准化多元线性回归模型；令：$\beta_i' = \beta_i \dfrac{\sigma_{x_i}}{\sigma_y}$。则 β_i' 表示标准化系数。由此可见，标准化系数不仅与自变量的回归系数有关，而且与这个自变量的波动程度有关。如果波动程度较大（自变量的标准差较大），自变量就会显得较为重要，否则就显得不太重要。然而在利用公式求解标准化系数时，没有考虑各变量间是否存在交互作用及通过其他自变量的影响效应。利用通径分析法我们很容易解决这个问题。

若 r_{ij} 表示 x_i 和 x_j 间的简单相关系数，r_{iy} 表示 x_i 和 y 间的简单相关系数，则各简单相关系数的分解方程用下式表示：

$$\begin{cases} p_{1y} + r_{12}p_{2y} + \cdots + r_{1k}p_{ky} = r_{1y} \\ r_{21}p_{1y} + p_{2y} + \cdots + r_{2k}p_{ky} = r_{2y} \\ \quad\quad\quad\quad\vdots \\ r_{k1}p_{1y} + r_{k2}p_{2y} + \cdots + p_{ky} = r_{ky} \end{cases} \tag{5-2}$$

这是通径分析的基本模型。方程组（5－2）的基本意义是，将每一个自变量与因变量的简单相关系数 r_{iy} 分解为 p_{iy}（直接通径效果部分）和 $\sum\limits_{i \neq j} r_{ij}p_{jy}$（总间接通径效果部分）。其中，$p_{iy}$ 为直接通径，表示 x_i 对 y 的直接影响效应；x_i 对 y 的直接决定系数为 $R_i^2 = p_{iy}^2$；$r_{ij}p_{jy}$ 为间接通径，表示 x_i 通过 x_j 对因变量 y 的间接影响效应；$R_{ij}^2 = 2p_{iy}r_{ij}p_{jy}$ 表示 x_i 通过 x_j 对因变量 y 的间接决定系数，$R(i)^2 = R_i^2 + \sum\limits_{i \neq j} R_{ij}^2$ 反映了 x_i 对 y 的综合作用，定义为 x_i 对 y 的决策系数；$\sum\limits_{i \neq j} r_{ij}p_{jy}$ 即表示 x_i 通过其他变量对因变量的总间接影响效应。剩余效应记为 p_{ay}，计算公式为：$p_{ay} = \sqrt{1 - \sum\limits_{i=j}^{k} p_{iy}r_{iy}}$。若剩余效应很小，说明通径分析已把握了主要变量，否则表示通径分析可能遗漏了某些主要影响因素，需进一步寻找别的因素进行分析。

通径分析不是一般的标准化多元线性回归分析，不是用来预测和控制的，也不是相关分析，因为通径系数是有向量的，如果 x_i 和 y 互换则 $p_{iy} \neq p_{yi}$。通径系数的取值在实数范围内可以大于 1，也可以小于 -1，它的分析目的是要把每一个自变量 x_i 与因变量 y 的相关系数剖分成 x_i 对 y 的直接作用 p_{iy} 和 x_i 通过 x_j 对因变量 y 的间接影响效应 $r_{ij}p_{jy}$ 的一种统计方法。它能告诉我们以下几点：（1）p_{iy} 能反映 x_i 对 y 的本质作用的大小，没有其他的变量掺合进来；（2）在多个变量 x_1，x_2，…，x_k，y 间的复杂相关关系中，r_{iy} 不能全面地反映 x_i 与 y 的关系，因为它里面含有 x_i 通过其他变量对 y 的间接影响；（3）在 x_1，x_2，…，x_k，y 间的复杂相关关系中得到某个自变量决定 y 的各种路径，具有决策的意义。

利用 1991 第 1 季度 ~ 2009 年第 1 季度的数据（EIA），分析基于季度这一频度上油价变动主要影响因素及影响机理。在季度这一频度上，供需关系是油价的基本面因素。各产油国一般会根据上一季度的价格调整当前季度的产量，从而影响当期原油价格；而各季度的原油需求也常常有较大幅度的变化。在供需基本面的基础上，投资者心理预期、经济增长等因素也会对油价产生较大影响。下文将按照这一框架进行影响因素分析。

1. 原油价格的影响因素分析

由上述分析结论看出，一般而言，我们主要用产量、库存和消费量来衡量供求的指标。由于缺乏全世界产量和消费量的季度数据，因此我们选择世界上最大原油消费组织——OECD 组织的消费量（百万桶/天）、最大原油生产组织（OPEC）的产量（百万桶/天）及 OECD 的原油库存（亿桶）三个指标来描述供求关系。同时选取美元指数、非商业净多头（百手）、美国 GDP 同比增长、中国净进口（千吨/每天）、美国净进口（千吨/每日）、欧元区净进口（千吨/每日）、美国非战略库存（亿桶）等 10 个变量及所有因素的一阶滞后变量，从中提取 WTI 国际原油价格的主要影响因素。各变量及其字母表示如表 5－1 所示。

表 5 - 1　　　　　　　　　　　　　　　变量及字母表示

WTI原油现货价格（美元）	OPEC原油产量（百万桶/天）	OECD总库存（亿桶）	非商业净多头（百手）	OECD原油消费量（百万桶/天）	美元指数	美国GDP同比增长	中国净进口（千吨/每天）	美国净进口（千吨/每日）	欧元区净进口（千吨/每日）	美国非战略库存（亿桶）
y	x_1	x_2	x_3	x_4	x_5	x_6	x_7	x_8	x_9	x_{10}

在对原油价格进行通径分析时，加上所选因素的一期滞后影响，则要考虑 21 个因素。经过通径分析剔除检验通不过的因素，还剩余 10 个因素。各剩余变量之间的相关系数矩阵如表 5 - 2 所示。

ε 为随机误差项。利用公式（5 - 2），得到剩余变量间的通径系数（见表 5 - 3）。其中，决定系数 $R^2 = \sum_{i=1}^{5} p_{iy} r_{iy} = 0.981698$，故剩余效应为 $p_{\varepsilon y} = \sqrt{1 - R^2}$ $= 0.16318$，说明我们选定的因素对变量的解释能力达到了 98.17%，通径分析把握住了主要的影响因素。各影响因素的 t 检验值及决策系数见表 5 - 3 和表 5 - 4。

由表 5 - 3 中数据可明显看出，各变量对原油当期价格的直接作用大小排序（按绝对值大小排序）为：$y(-1) > x_7 > x_1 > x_2 > x_5 > x_5(-1) > x_4 > x_{10}(-1) > x_3(-1) > x_3$，但从综合影响看（相关系数绝对值大小）排序为：

$$y(-1) > x_7 > x_1 > x_2 > x_4 > x_3(-1) > x_3 > x_5 > x_5(-1) > x_{10}(-1)$$

同时由表 5 - 4 可见，原油历史价格为原油现价的决定性因素，而原油库存和美元指数成为了油价的主要限制性因素。

（1）投机因素对油价的影响。

目前国际原油市场流通的现货原油价格并不是由供求双方直接决定的，供求双方在签订供货合同时，通常只是确定某种计价公式，计价公式中的基准价格一般与原油期货市场上的原油价格直接相连，因此期货价格在很大程度上影响了现货价格。油价的这种特殊形成机制，决定了原油价格不可避免会受到期货市场投机因素的影响。

世界原油市场是以期货为主、产销分离的定价模式，在供求关系和其他因素相对均衡的时候，可以维持油价的基本稳定，但在多种因素失衡的情况下，就给投机资本操控原油价格留下了可乘之机。华尔街策略公司高级分析师康尼·特纳指出，市场投机炒作才是推动油价飙升的根本原因，而各种短期消息只不过是炒作油价的一个由头而已。由于资金的介入，市场会把任何可能导致油价上涨的消息放大。

在国际油价动荡格局中，中国、印度等新兴市场国家的原油消费预期，已经成为一个重要的影响因素。其中对中国经济持续稳定增长的预期，从而预测中国用油增长，市场上的"做多派"才在推高期货市场油价的游戏中反复得手。中国

简单相关系数表

表 5-2

变量	y	x_1	x_2	x_3	x_4	x_5	x_7	$y(-1)$	$x_3(-1)$	$x_5(-1)$	$X_{10}(-1)$
y	1	0.742404	0.720076	0.454978	0.557683	-0.431	0.896068	0.979898	0.490798	-0.37218	-0.09546
x_1	0.742404	1	0.786458	0.276541	0.848185	-0.08455	0.852555	0.7292	0.332196	-0.06199	-0.38488
x_2	0.720076	0.786458	1	0.348052	0.580025	-0.23756	0.779245	0.717869	0.256933	-0.14053	0.078175
x_3	0.454978	0.276541	0.348052	1	0.188003	-0.41208	0.430835	0.363702	0.400757	-0.33439	0.117195
x_4	0.557683	0.848185	0.580025	0.188003	1	0.10467	0.772559	0.548495	0.257425	0.122274	-0.53276
x_5	-0.431	-0.08455	-0.23756	-0.41208	0.10467	1	-0.19938	-0.40702	-0.38344	0.916834	-0.27452
x_7	0.896068	0.852555	0.779245	0.430835	0.772559	-0.19938	1	0.878432	0.365534	-0.13346	-0.32128
$y(-1)$	0.979898	0.7292	0.717869	0.363702	0.548495	-0.40702	0.878432	1	0.423877	-0.36862	-0.10087
$x_3(-1)$	0.490798	0.332196	0.256933	0.400757	0.257425	-0.38344	0.365534	0.423877	1	-0.37378	-0.01032
$x_5(-1)$	-0.37218	-0.06199	-0.14053	-0.33439	0.122274	0.916834	-0.13346	-0.36862	-0.37378	1	-0.22865
$x_{10}(-1)$	-0.09546	-0.38488	0.078175	0.117195	-0.53276	-0.27452	-0.32128	-0.10087	-0.01032	-0.22865	1

的原油需求已经被国际金融投资集团大加利用，并成为市场炒作的重要题材。由表 5 - 3 可见，国际投机因素的滞后期及当期均通过中国净进口对当期油价产生正相关的影响作用，分别为 0.09251 和 0.109036。另外，原油是以美元计价交易的，故美元的走势也成为投机炒作借以形成市场预期的一个题材，表 5 - 3 中，国际投机因素的滞后期及当期均通过美元指数对当期油价产生正相关关系的影响作用，分别为 0.041526 和 0.044527。但油价的基本走势才是投机炒作市场预期的主题，由表 5 - 3 可见，国际投机因素的滞后期及当期均通过滞后期油价与当期油价产生显著的正相关关系，分别达 0.312946 和 0.268519。这就使得滞后期国际投机因素对油价的直接影响只有 0.064353，但综合影响达到 0.490798；当期国际投机因素（x_3）对油价的直接影响只有 0.04813，但综合影响达到 0.454978。

（2）原油供应对油价的影响。

原油供应是影响油价的另一重要因素。在原油供应中，OPEC 成员国拥有世界原油探明储量的 75%，2004 年 OPEC 原油供应量占全球的 40%，新增供应量占全球的 70%。故本书选取 OPEC 的原油产量（x_1）代表全球原油供应量的变化趋势。原油的供给特点是短期内原油供应不会随价格的波动发生明显的变化。但原油供应的变化却会引起价格剧变。表 5 - 3 数据显示，原油供应量（x_1）对当期原油价格的直接影响为 0.139796，综合影响为 0.742404，其中 OPEC 的原油产量（x_1）通过滞后期油价（$y(-1)$）对当期油价的间接推动作用达到 0.538365。

对于原油供给，其影响因素众多，除需求及价格外。一些新兴经济体的原油进口需求的增长对原油短期供应影响显著。在 2003 年和 2004 年的全球原油新增需求中，中国所占的比重分别为 31.6% 和 31.5%，而且还在不断增长过程中。故原油供应对原油价格产生的影响一部分是通过中国净进口（x_7）的拉动产生的。由表 5 - 3 可知，OPEC 的原油产量（x_1）的上升或下降通过中国净进口（x_7）对当期油价的上升或下降的间接作用为正（0.215764），而 OPEC 的原油产量（x_1）通过 OECD 的原油库存（x_2）和 OECD 原油消费量（x_4）当期油价产生的负作用很小。

（3）原油库存对油价的影响。

当市场上供过于求或供不应求时，各原油公司根据市场情况，选择增加或降低其库存，通过任意库存的变动来影响价格。虽然库存不是绝对价格的直接反映，但库存是对市场上涨或下跌动力的一个实际显示，价格是这些动力的瞬间反映。从理论上来说，对国际油价影响最大的应该是代表西方各主要原油消费国原油储备量总和的 OECD 原油储备。当油价过高，说明供求偏紧，这时就需要公司或政府抛出库存来平衡供需，降低油价；反之若油价偏低，说明市场供过于求，这会使得原油公司通过增加库存来增加需求进而拉动油价上涨。则高油价期间，

表 5－3　　对原油价格的通径分析表

系数	x_1	x_2	x_3	x_4	x_5	x_7	$y(-1)$	$x_3(-1)$	$x_5(-1)$	$x_{10}(-1)$
对 y 总影响	0.742404	0.720076	0.454978	0.557683	-0.431	0.896068	0.979898	0.490798	-0.37218	-0.09546
对 y 直接影响	0.139796	-0.12224	0.04813	-0.08011	-0.1083	0.253079	0.738296	0.064353	0.089745	0.066824
通过 x_1 间接影响		0.109944	0.038659	0.118573	-0.01182	0.119184	0.101939	0.04644	-0.00867	-0.0538
通过 x_2 间接影响	-0.09613		-0.04254	-0.0709	0.029038	-0.09525	-0.08775	-0.03141	0.017179	-0.00956
通过 x_3 间接影响	0.01331	0.016752		0.009049	-0.01983	0.020736	0.017505	0.019289	-0.01609	0.005641
通过 x_4 间接影响	-0.06795	-0.04647	-0.01506		-0.00839	-0.06189	-0.04394	-0.02062	-0.0098	0.042679
通过 x_5 间接影响	0.009157	0.025727	0.044627	-0.01134		0.021592	0.04408	0.041526	-0.09929	0.02973
通过 x_7 间接影响	0.215764	0.197211	0.109036	0.195519	-0.05046		0.222313	0.092509	-0.03378	-0.08131
通过 $y(-1)$ 间接影响	0.538365	0.529999	0.268519	0.404951	-0.3005	0.648543		0.312946	-0.27215	-0.07448
通过 $x_3(-1)$ 间接影响	0.021378	0.016534	0.02579	0.016566	-0.02468	0.023523	0.027278		-0.02405	-0.00066
通过 $x_5(-1)$ 间接影响	-0.00556	-0.01261	-0.03001	0.010974	0.082282	-0.01198	-0.03308	-0.03355		-0.02052
通过 $x_{10}(-1)$ 间接影响	-0.02572	0.005224	0.007831	-0.0356	-0.01834	-0.02147	-0.00674	-0.00069	-0.01528	

库存会降低；低油价期间，库存会上升。故 OECD 的原油库存（x_2）对原油价格的直接影响为负（−0.12224）。

表 5 − 4   变量通径系数检验值及决策系数表

检验值	x_1	x_2	x_3	x_4	x_5	x_7	$y(-1)$	$x_3(-1)$	$x_5(-1)$	$x_{10}(-1)$
t − 检验值	2.559357	− 2.60707	1.980339	− 1.90168	− 2.18909	3.454512	13.91079	2.977248	1.866567	2.105136
决策系数	0.188027	− 0.19098	0.04148	− 0.09577	0.081624	0.389503	0.901828	0.059027	− 0.07486	− 0.01722

从综合影响来看，在季节的频度上，虽然原油库存的增加本质上伴随着高区间油价，但是在通过其他因素的传导后，其传导到当期油价上的间接作用不但抵消了其直接影响，而且导致综合影响为推动油价的上扬。主要是因为 OECD 的原油库存与滞后期原油价格、中国净进口及 OPEC 原油产量正相关性较大，而这些因素起推动当期油价上涨的作用，故使得 OECD 的原油库存对油价的间接推动作用抵消了直接的拉低作用，导致综合作用为正（0.720076）。

（4）原油需求对油价的影响。

国际原油市场价格不会违背经济学规律，供应和需求是影响油价的决定性因素。原油需求的短期特点表现出典型的高收入弹性，低价格弹性。近年来，原油供需基本保持平衡，供给量略大于需求量，但是需求量的增速却远大于供给量的增速，使得需求拉动型的国际油价对需求量的变动很是敏感，高油价伴随着高需求，由于需求弹性很低，所以下期需求量仍会上升，伴随着油价也只高不下。故当期原油需求量（x_4）通过滞后期油价（$y(-1)$）对当期的原油价格的间接作用为正（0.404951）。

各种对原油需求量增长的影响因素中，经济发展水平是原油需求的长期性、决定性制约因素。同时各原油消费大国政策及原油需求对原油短期需求的影响明显。世界经济的发展速度是原油价格的晴雨表。当国家经济不景气时，主要原油消费国会减少原油进口量；当国家经济进入快速发展阶段时，原油进口量也随之增加。近些年来，世界原油市场的需求总水平仍在不断提高，特别是亚洲的快速发展带来了原油额外增加的需求，这导致原油供给增长的速度在过去的几年里持续低于由经济增长产生的对原油需求的强劲增长。

从理论上来说，在需求因素中，对国际油价影响最大的应该是以美国为主的世界市场原油需求。作为全球第一大经济体，美国是世界上最大的原油消费国和进口国，其原油消费量占世界的 1/4，进口量占世界的近 3 成。但是，在同时考虑中国及美国净进口的通径分析模型中，虽然美国净进口同油价的相关系数等指标也都达到十分显著的标准，反映了美国净进口与油价之间的强正相关关系，但通径分析却没有通过最终的检验。说明尽管从净进口量来看，中国在规模上要明显小于美国，但油价对中国净进口的反应却似乎更加敏感、更加显著。其原因是中国净进口量的增长率快于美国，在 2003 年和 2004 年的全球原油新增需求中，中国所占的比重分别为 31.6% 和 31.5%，美国所占的比重为 15.3% 和 18.1%。而且原油需求的增长对国际油价的影响作用不仅是实质性的（即来自于供需平衡带来的决定油价波动的作用），而且也是心理性的。从中国净进口影响更显著这点来看，这种心理性的影响有时要比实质性的影响对油价的作用更加大些。可见，原油消费需求的增长在影响着国际油价，而在原油需求增长的过程中，中国起着比较重要的作用，由表 5 - 3 可见，当期原油需求量（x_4）通过中国净进口（x_7）对当期的原油价格的间接作用为正（0.195519）。

同时，表 5 - 3 数据显示，原油需求量对当期油价的直接作用为负（-0.08091），表面上看，结果同供求理论（当原油需求上升时，原油价格应该上升）相违背。实际上，这一现象与供求理论并不存在矛盾。需求函数斜率为正、供给函数斜率为负的结果是在其他前提不变的基础上的，属于比较静态分析范畴。如果从动态的角度分析，原油价格、原油需求、原油供给之间则是呈现动态交互影响关系，具体如下：原油价格的上升必然带动原油供给的上升，而原油供给的上升又会在一定程度上带动价格的小幅下调，从而带动需求上升；而需求的上升又会带动价格的上升。而现实也能够对这一情况进行说明，如产油国每半年或一年都会根据市场上的原油价格对原油产量进行调整。故从综合作用来看，OECD 原油消费量与当期油价为显著的正相关关系（0.557683）。

（5）美元指数对油价的影响。

众所周知，美元是全球原油市场的主要结算货币，美元指数的升降意味着增加或侵蚀原油生产国的收益。故国际原油价格的涨跌与美元指数有很大关系。美元贬值，会引起以美元为交易货币的商品价格上涨，而原油就是最为重要的美元标价商品之一，故美元贬值定会导致原油价格的上涨。2008 年第三季度开始，随着其他货币的走弱导致美元指数的上升，油价也不断降低。故当期美元指数（x_5）对当期油价的直接作用为负（-0.1083）。滞后期美元指数 $x_5(-1)$ 对当期油价的直接影响为正且很小（0.089745），而综合影响却具有拉低当期油价的作用（-0.37218）。

根据弗里德曼的货币理论，当美元大量流入或流出国际市场（金融危机前后），而原油的产量几乎没有多大变化时，原油的价格也必定上涨或下降。由表 5 - 3 可见，当期美元指数（x_5）通过当期原油产量对当期油价的直接作用为负（-0.01182）。滞后期美元指数 $x_5(-1)$ 通过当期原油产量对当期油价的直接影响为负（-0.00867）。而当国际上充满或缺少流动性的美元时，原油生产国为了使所获取的原油美元不贬值，肯定会提高或降低原油价格来抵消美元指数上升或下降的作用。由表 5 – 3 可见，当期及滞后期美元指数（x_5，x_5（ – 1））通过当期 OECD 原油需求及中国净进口对当期油价的直接作用均为负。

另外，由于国际原油期货市场非常发达，美元指数和原油价格变动方向是负相关，故在美元贬值时，原油就可以用来作为美元套期保值的理想工具，在美元升值而原油价格降低时，持有美元便成为最明智的选择，反之亦是。其实就是在做多原油或做多美元，这样的结果便是美元指数的上升或下降导致原油价格的下跌或上涨。由表 5 – 3 可见，当期及滞后期美元指数（x_5，x_5（ – 1））通过当期及滞后期非商业净多头当期油价的直接作用均为负，同时当期及滞后期美元指数（x_5，x_5（ – 1））通过滞后期油价对当期油价的直接作用均为负，分别为 – 0. 3005 和 – 0. 27215。

（6）中国净进口对油价的影响。

以中国为代表的新兴经济体原油需求激增推高国际油价。2000 年以来，中国的能源需求总量增幅明显放大，2000 ~ 2006 年，中国累计消费的能源总量占世界能源总需求的 13. 8%，其中原油需求占世界总需求的 9%，但中国所创造的经济产出只占世界总产出的 4. 4%。从历史长周期来看，改革开放 30 年，中国累计消费能源总量占世界总需求的 10. 1%，但创造的产出只占世界总产出的 2. 9%。由于中国的单位产出能耗、油耗大大高于世界平均水平，国际原油市场对中国需求的增长就异常敏感。中国净进口（x_7）对当期油价的直接作用为正相关（0. 253079），综合作用的正相关关系效果更大（0. 896068）。主要是因为中国净进口和 OPEC 原油产量间的相互影响，及通过原油滞后期价格对当期的原油价格产生正的推动作用。而通过对 OECD 库存及消费量等因素对当期油价产生的负作用效果并不明显，无法抵消对当期油价的提升作用。

（7）历史油价对当期油价的影响。

滞后期原油价格对当期原油价格的直接作用（0. 738296）和综合作用（0. 979898）均为最大。除自身的直接作用外，滞后期油价主要通过中国净进口和当期产量的间接作用来影响当期油价，也就是说，滞后期油价的提高能提升当期 OPEC 原油产量，而 OPEC 原油产量的提高对当期油价有正的直接作用；同时，对中国的净进口来说，由于特殊的中国进口现象，国际原油价格越高，净进口量越大，中国净进口量的提高也将会提升当期油价。而滞后期油价通过对原油消费量、滞后期美元价格及当期原油库存的影响传导到当期油价上的负作用却很小。

（8）美国因素对油价的影响。

滞后期美国非战略库存对当期油价的直接作用为正（0. 066824），间接作用为负（ – 0. 09546）。滞后期美国非战略库存通过当期美元指数及当期原油消费量对当期油价产生的间接正作用，但被通过滞后期油价及中国净进口对当期油价产生负作用抵消。虽然美国非战略库存对油价的间接和直接作用都很小，但仍显著通过检验，说明在考虑油价变动的影响因素时，美国的非战略库存也是需要考虑的因素。

从以上的分析可以看出，8 个因素之中，除原油价格自身的滞后期作用外，只有非商业净多头、美元指数、美国非战略库存的滞后期对当期原油价格的影响通过了检验。说明在对未来的油价的引导方面，国际投资家、美国的金融及能源战略政策具有决定权和掌控作用。而这三种影响因素均与美国的宏观政策关系密切，其中充斥整个投机市场上的热钱去向（国际投机因素）由美联储的利率政策所引导。美国作为世界最大的经济体和世界经济的火车头，它的经济发展状况对全球经济具有重大的影响，而掌管美国货币政策大权的美联储指引着美国经济的发展方向。因为美联储的利率能掌控市场是否出现通胀的预期心理，而通胀预期对热钱投机取向具有决定性，促使大量热钱逐步转向或撤离商品投资，以实现资金的保值和增值，同时大部分的知名国际原油期货的大炒家均为美国的公司（美国的摩根士丹利、美林、高盛等大型投行公司）。而美元的汇率与利率有着紧密的联系，故美元指数的变动也由美国的宏观财政政策所决定，同时美国的非商业战略储备更是由美国政府全权掌控。故油价的变动要充分地遵从"大国核心利益"的现实选择。

（9）油价的计量经济理论模型。

由上述分析可以认为原油价格与需求、库存、供给等各分析的因素之间存在相互影响关系，并据此建立计量经济模型进行预测。在通径分析的基础上，首先建立以下理论模型：

$$
\begin{aligned}
P_t = f(& OPEC\_pro_t, OECD\_stock_t, NNCL_t, OECD\_consum_t, \\
& Dollar\_index_t, China\_import_t, \\
& P_{t-1}, NNCL_{t-1}, Dollar\_index_{t-1}, US\_stock_{t-1})
\end{aligned} \tag{5-3}
$$

其中，P_t 表示 t 时刻原油的价格；$OPEC\_pro_t$ 表示 t 时刻原油的供应量；$OECD\_stock_t$ 表示 t 时刻原油的库存；$NNCL_t$ 表示 t 时刻原油期货市场上的非商业净多头；$OECD\_consum_t$ 表示 t 时刻原油的需求量；$Dollar\_index_t$ 表示 t 时刻的美元指数；$China\_import_t$ 表示 t 时刻的中国净进口；US_stock_t 表示 t 时刻的美国非战略库存。

方程（5-3）的含义是指，第 t 期的原油价格受第 t 期的原油需求、库存和供给、投机因素、美元指数、中国净进口以及过去的原油价格、投机因素、美元指数和美国非战略库存的影响。该方程模型从宏观的角度描述了原油价格受原油需求、供给、库存及投机因素的动态调整过程，能够较为准确地反映原油价格的动态形成机制。

同理，由于原油价格及影响原油价格因素间的关系是相互动态相关的，下面将同时考虑油价的主要影响因素变动的动态形成机理，对各主要因素做通径分析。

2. 原油产量变动的影响因素分析

对原油产量变动的通径分析结果表明，决定系数 $R^2 = \sum_{i=j}^{5} p_{i,x_1} r_{i,x_1} = 0.973389$，故剩余效应为 $p_{\varepsilon,x_1} = \sqrt{1-R^2} = 0.16313$，说明我们选定的因素对变量的解释能力达到了 97.34%，通径分析把握住了主要的影响因素。各影响因素的 t 检验值及决策系数见表 5 - 5、表 5 - 6。

表 5 - 5 　　　　　　　　　　　 对原油产量的通径分析

变量	对 x_1 总影响	对 x_1 直接影响	通过 x_2 间接影响	通过 x_4 间接影响	通过 x_6 间接影响	通过 x_8 间接影响	通过 $x_1(-1)$ 间接影响	通过 $x_2(-1)$ 间接影响	通过 $x_4(-1)$ 间接影响	通过 $x_7(-1)$ 间接影响
x_2	0.786458	0.223028	0.223028	0.18288	0.007828	-0.1068	0.601193	-0.27121	-0.11041	0.259947
x_4	0.848185	0.315298	0.129362	0.315298	0.022304	-0.11249	0.621082	-0.22407	-0.15521	0.251902
x_6	0.260147	0.128163	0.013622	0.05487	0.128163	-0.01393	0.145818	-0.01793	-0.02876	-0.02171
x_8	0.883881	-0.13563	0.175617	0.26149	0.013164	-0.13563	0.66112	-0.21583	-0.1611	0.285056
$x_1(-1)$	0.970009	0.742263	0.180641	0.263822	0.025178	-0.12081	0.742263	-0.24148	-0.15876	0.279157
$x_2(-1)$	0.761037	-0.30783	0.196496	0.229505	0.007463	-0.0951	0.582286	-0.30783	-0.10857	0.25678
$x_4(-1)$	0.832744	-0.18446	0.133498	0.265298	0.019979	-0.11846	0.638864	-0.18118	-0.18446	0.259202
$x_7(-1)$	0.864478	0.329646	0.175872	0.240938	-0.00844	-0.11729	0.628577	-0.23978	-0.14504	0.329646

表 5 - 6 　　　　　　 影响原油产量的变量通径系数检验值及决策系数

检验值	X_2	X_4	X_6	X_8	$X_1(-1)$	$X_2(-1)$	$X_4(-1)$	$X_7(-1)$
t - 检验值	2.40157	4.139689	5.289469	-1.63231	10.84943	-3.77768	-3.29465	6.164736
决策系数	0.301063	0.435449	0.050257	-0.25816	0.889049	-0.56329	-0.34124	0.461277

由表 5 - 5 中，各变量对当期原油产量的直接作用大小排序（按绝对值大小排序）为：$x_1(-1) > x_7(-1) > x_4 > x_2(-1) > x_2 > x_4(-1) > x_8 > x_6$，但从综合影响看（相关系数绝对值大小）排序为：$x_1(-1) > x_8 > x_7(-1) > x_4 > x_4(-1) > x_2 > x_2(-1) > x_6$，其中美国净进口（$x_8$）对原油产量的直接作用与综合作用之间的差异最大。

只从相关程度大小来看，原油的产量和原油的价格之间的相关性很显著，但从路径分析的结果可见，在综合考虑多种影响因素的前提下，原油价格对原油产量的影响效果被其他的因素所替代，而且它（价格）对原油产量的直接影响根本通不过检验。说明在文章所采用的数据区间内，产量对油价变动的敏感性很弱。这种结论似同传统的供需—价格之间的经济理论相违背；事实上，由于可耗竭性矿产资源的特有属性，采矿活动不同于传统的制造业，其中原油工业在供给方面呈现出高资本密集度和高风险、高度规模经济、高地区成本差异、高固定成本/可变成本比、低生产成本/价格比等特性。这些特有的性质使得成本分析在决定生产者行为时具有相当的影响力，这种影响比传统制造业或其他矿物生产行业来得更为突出。而成本在地区间差异巨大，其变化受各种因素的影响，但油井的产量是一个特别重要的影响参数，成本的差异特别会影响到生产公司的竞争力和价格，但由于一定范围内的生产成本难以在任何其他开采区遇到，故原油业的价格不可能基于生产成本固定不变而达到国际市场价格。也就是说，原油价格并不是有完全市场决定的，若不然处于严重成本劣势的生产者就会被高效率生产者逐出市场，但这种情况绝对不会出现。因此，是经济的合理性和纯竞争意外的其他理由一直以来影响原油的供给政策及油价的变化。

对原油生产的平均状况来说，固定成本和可变成本之比为 4∶1，故在大部分情况下，边际成本大大低于平均成本，并且随着产量的增加成本生产曲线稳定降低很长一段时间，因此即使是在销售出现困难而不是减产或停产的情况下，生产者还是会尽一切可能的条件使产量最大化，以较低的价格销售原油，只要价格高于边际价格，而不是以平均价格把原油销售出去，这两者之间的价格差别也可能相当大。正如 Frankel 在解释原油的生产供给及原油市场的稳定时的结论，即原油生产者必须考虑以下的因素（Frankel，1946）[198]：首先是需要加速生产以尽快收回巨额投资；其次是对出租矿区使用权的矿产主的承诺，该矿产主通常将矿区租赁认为是有条件的，即应在规定的时间内完成开发；最后是"自己的"原油被邻居采走的危险。故基于成本分析及经济分析，在一定时期内，原油价格对原油产量变动的影响不显著。

上述的情况也说明，对原油生产者来说，选择产量而不是其他作为首要的考虑因素，所以原油产量本身具有很强的滞后效应，这和表 5 - 5 中的数据相吻合，滞后期原油产量对当期原油产量，不论直接作用还是综合作用强度均为所有影响要素中最为重要的一个。

由表 5 - 5 可见，原油库存对原油产量的直接作用并不是很明显，甚至为负作用。在原油库存的分类中，战略库存占有绝对的优势比重，战略库存作为一种战略储备反映了各个政府对原油供应出现危机的可能性的大小判断。故当期原油战略库存的增加会增加对未来原油供应不足的担忧，进而会加大对原油价值的上升预期，对当期的原油产量增长及开发投资起很大的促进作用，而商业库存的增加可能是上期原油产量的过剩或对未来价值增加的判断而做出的一种投机选择，但商业库存的主要功能还是在调节价格的变动及供需间的平衡。在这种情况下，通过当期库存的增加或减少可在很大程度上反映上期原油产量的多与少，而原油生产者的利益最大化行为，使得在价格不低于边际成本的情况下仍然会加大当期的原油产量供应。故 x_2 对当期原油产量的直接作用达到了 0.223028，x_2 通过 x_1 （ -1 ）对当期原油产量的间接作用达到了 0.6012。而上期库存的增加会使得人们降低对未来库存继续增加的预期，进而会使得原油的生产者对供过于求而存放困难的担忧，故将对当期的原油生产产生负面影响，数据也显示直接的影响效应为 -0.3078。但同时，滞后期的原油库存的增加对滞后期的原油产量增长也产生很大的正向推动作用，而原油供给的显著滞后效应使得当期的原油产量也会居高不下，表 5-5 中的数据 x_2 （ -1 ）通过 x_1 （ -1 ）对当期原油产量的间接影响系数达到 0.582286。

根据供需关系，原油的需求量（本书用 OECD 的原油消费量表示）对原油的生产量的影响应该最大，但对原油这种特殊的商品而言，需求对供给的影响虽然不是最大，但数据显示在考虑的所有因素中，其直接及综合作用均排在前四位，其直接影响为 0.315298，综合影响为 0.848158。如果还考虑价格的话，则在产量不变的前提下，需求的上升势必会引起价格的升高，尤其是原油这种战略性的商品，价格对外在因素的反映极其敏感，需求的上升很可能为国际投机家利用来炒作而飞速提升原油价格，这样就会导致主要的消费群体（尤其是美国这样以消费为基础的国家）降低消费的预期，使得原油生产者会考虑限产保价。所以，在不考虑其他因素的前提下，上期的原油需求应该会降低当期原油产量增加的预期，x_4 （ -1 ）对当期原油产量的直接作用为 -0.1845。但在实际情况下，飞速提升原油价格会使得 OPEC 等原油生产者受到来自全球（尤其是美国这样以消费为基础的国家）的压力，进而会加大原油供给的力度，从而使得下期原油的产量上升，故 x_4 （ -1 ）通过 x_1 （ -1 ）对 x_1 的间接影响达到 0.6389。

中国的原油净进口量近年增长速度迅猛，据统计近年原油需求量的增加部分主要是由新兴经济体需求增长引起（尤以中国及印度为最），但相对世界最大的原油净进口国——美国而言，中国的原油净进口量依然较少。美国的净进口量可以反映全球的原油需求形势，所以其影响机理与 x_4 （ -1 ）相当，x_8 对原油产量的直接影响为 -0.1356，但综合影响达到 0.8839。中国的原油净进口对原油产量的提升关系显著，由于能源尤其是原油的消费是刚性需求，随着中国经济的持续快速发展及对原油的对外依存度的升高，中国原油净进口量的增长会不仅提高当期的原油产量及原油需求量，同时会提高下期原油产量的预期，故 x_7 （ -1 ）通对 x_1 的直接影响达到 0.329646，x_7 （ -1 ）通过 x_1 （ -1 ）对 x_1 的间接影响达到 0.628577。

就决策系数的结果来看，除滞后期原油产量外，滞后期中国原油净进口、当期原油的消费和当期库存对原油产量的提升起决定性的正向拉动作用，而滞后期原油消费和库存及美国的净进口为原油产量提升的主要限制性因素。说明原油供应量的变动主要需要库存来调节。

原油产量的计量经济理论模型从宏观的角度描述了原油供应在原油需求、库存、经济增长及中美净进口等因素影响下的动态调整过程，能够较为准确的反映原油供应的动态形成机制。在通径分析的基础上，首先建立以下理论模型：

$$OPEC\_pro_t = f(OECD\_stock_t, OECD\_consum_t, US\_GDP_t, US\_import_t,$$
$$OPEC\_pro_{t-1}, OECD\_stock_{t-1}, OECD\_consum_{t-1}, China\_import_{t-1})$$

$$(5-4)$$

其中，$OECD\_stock_t$ 表示 t 时刻原油的库存；$OECD\_consum_t$ 表示 t 时刻原油的需求量；US_GDP_t 表示 t 时刻美国的 GDP 增长；US_import_t 表示 t 时刻美国的原油净进口；$China\_import_t$ 表示 t 时刻的中国净进口。

方程（5-4）的含义是指，第 t 期的原油产量受第 t 期的原油需求、库存、经济增长、美国净进口以及过去的原油产量、原油需求、库存及中国净进口的影响。该方程模型从宏观的角度描述了原油供应在原油需求、库存、经济增长及中美净进口等因素影响下的动态调整过程，能够较为准确地反映原油供应的动态形成机制。

3. 原油需求量变动的影响因素分析

对原油需求量变动的通径分析结果表明，决定系数 $R^2 = \sum_{i=j}^{5} p_{i,x4} r_{i,x4} = 0.965579$，故剩余效应为 $p_{\varepsilon,x4} = \sqrt{1 - R^2} = 0.185528$，说明我们选定的因素对变量的解释能力达到了 96.55%，通径分析把握住了主要的影响因素。各影响因素的 t 检验值及决策系数如表 5-7 和表 5-8 所示。

表 5-7   对原油需求量的通径分析

变量	对 x_4 总影响	对 x_4 直接影响	通过 x_1 间接影响	通过 x_2 间接影响	通过 y 间接影响	通过 x_{10} 间接影响	通过 $y(-1)$ 间接影响	通过 x_2 (-1) 间接影响	通过 x_4 (-1) 间接影响	通过 x_8 (-1) 间接影响
x_1	0.848185	0.268597	0.268597	-0.43448	-0.24423	0.049239	0.154527	0.468028	0.20016	0.38634
x_2	0.580025	-0.55245	0.21124	-0.55245	-0.23688	-0.01147	0.152126	0.541825	0.143874	0.331763
y	0.557683	-0.32897	0.199408	-0.39781	-0.32897	0.018238	0.207653	0.442041	0.138977	0.278141
x_{10}	-0.55273	-0.14586	-0.09067	-0.04344	0.041133	-0.14586	-0.01942	0.000729	-0.09415	-0.20103
$y(-1)$	0.548495	0.211913	0.195861	-0.39659	-0.32235	0.013368	0.211913	0.441824	0.134748	0.269723
$x_2(-1)$	0.7279	0.614987	0.204412	-0.48673	-0.23646	-0.00017	0.152244	0.614987	0.14147	0.338144
$x_4(-1)$	0.84142	0.240362	0.223673	-0.33068	-0.19021	0.057136	0.118799	0.361964	0.240362	0.360376
$x_8(-1)$	0.918478	0.429958	0.241349	-0.42628	-0.21281	0.068198	0.132938	0.483662	0.201463	0.429958

表 5-8   影响原油需求量的变量通径系数检验值及决策系数

检验值	x_1	x_2	y	x_{10}	$y(-1)$	$x_2(-1)$	$x_4(-1)$	$x_8(-1)$
t-检验值	3.922012	-7.65238	-2.65363	-2.96002	1.730904	9.974212	4.64794	4.138965
决策系数	0.383496	-0.94607	-0.47514	0.139965	0.187559	0.517089	0.346717	0.60495

由表 5 - 7，各变量对当期原油需求量的直接作用大小排序（按绝对值大小排序）为：$x_2(-1) > x_8(-1) > x_1 > x_4(-1) > y(-1) > x_{10} > y > x_2$，但从综合影响看（相关系数绝对值大小）排序为：$x_8(-1) > x_1 > x_4(-1) > x_2(-1) > x_2 > y > y(-1) > x_{10}$；其中美国净进口（$x_8$）对原油需求量的直接作用与综合作用之间的差异最大。

从需求总量比较来看，OECD 组织（北美、欧洲、亚太地区）的原油消费量占全球需求量的 60% 以上。而美国是 OECD 组织最大的消费成员国，故美国的原油净进口对 OECD 的原油消费量的增长的影响很大，由表 5 - 7 可见，$x_8(-1)$ 对 OECD 原油消费的直接影响为 0.429958、综合影响为 0.918478。同时原油库存在国际原油市场这个大系统中处于调节总供需量的地位。其数量变化直接关系到世界原油市场的供求差额的变化（抛出库存可使供应量增加，购进库存则使消费量增加），库存的作用相当于一个调节供求差额的"水库"。增加和抛出库存，会使市场需求或供应增加，进而会引起油价的上涨或下跌。但供需及库存、价格之间的相互作用本来就是一个动态的调节过程，增加滞后期的库存会提高滞后期的原油消费量，会刺激原油价格的上涨，进而会提高原油生产者的增加产量或开发投资，能提高当期的原油生产量、降低当期的原油价格，进而刺激原油消费量的增长，故滞后期库存对当期的原油消费量产生很大的影响。由表 5 - 7 数据可见，滞后期库存对当期 OECD 原油消费量的直接影响为 0.614987，综合影响为 0.7279。当期库存的增加，能增加市场需求导致油价将会随之上涨，进而将抑制当期的原油消费，由表 5 - 7 数据可见，滞后期库存对当期 OECD 原油消费量的直接影响为 -0.55245。同时，美国原油非战略库存的变化，虽然在规模上要小于 OECD 总和，但由于油价对它的反应却非常敏感。其原因是美国的非战略原油储备对国际油价的影响作用不仅是实质性的（即来自于平抑供需峰值带来的减小油价波动的作用），而且也是心理性的，故美国的非战略库存对 OECD 的原油消费量及库存均产生很大的影响。

从原油价格的动态影响来看，当期原油价格原油价格的上升必然带动当期原油供给的上升，而当期原油供给的上升又会在一定程度上带动下期价格的小幅下调，从而带动下期原油需求的上升。表 5 - 7 中，滞后期原油价格对当期的 OECD 原油需求的直接影响为 0.211913，综合影响为 0.548495。

就决策系数的结果来看，滞后期美国净进口、滞后期 OECD 原油库存对当期 OECD 原油需求量的提升起决定性的正向拉动作用，而当期库存及原油价格为当期 OECD 原油需求量提升的主要限制性因素。说明在现阶段，需求对价格的弹性很低，需求的变动还是主要由美国的净进口来推动，由库存来调节。

原油需求的计量经济理论模型：

由上述分析，可以认为原油需求由原油价格、库存、原油供给及美国因素来决定，并据此建立计量经济模型进行预测。在通径分析的基础上，首先建立以下理论模型：

$$OECD\_consum_t = f(OPEC\_pro_t, OECD\_stock_t, P_t, US\_stock_t,$$
$$P_{t-1}, OECD\_stock_{t-1}, OECD\_consum_{t-1}, US\_import_{t-1}) \quad (5-5)$$

式（5-5）中，$OECD\_consum_t$ 表示 t 时刻原油的需求量；P_t 表示 t 时刻原油的价格；$OPEC\_pro_t$ 表示 t 时刻原油的供应量；$OECD\_stock_t$ 表示 t 时刻原油的库存，US_import_t 表示 t 时刻的美国净进口；US_stock_t 表示 t 时刻的美国非战略库存。

方程（5-5）的含义是指，第 t 期的原油需求受第 t 期的原油供给、库存和价格、美国非战略库存以及过去的原油消费、库存、价格和美国净进口的影响。该方程模型从宏观的角度描述了原油需求受原油市场供给、库存、价格及美国因素影响的动态调整过程，能够较为准确地反映原油需求的动态形成机制。

4. 原油库存变动的影响因素分析

对原油库存变动的通径分析结果表明，决定系数 $R^2 = \sum_{i=1}^{5} p_{i,x2} r_{i,x2} = 0.966964$，故剩余效应为 $p_{\varepsilon,x2} = \sqrt{1-R^2} = 0.184758$，说明我们选定的因素对变量的解释能力达到了 96.70%，通径分析把握住了主要的影响因素。各影响因素的 t 检验值及决策系数见表 5-9、表 5-10。

原油库存在调节市场供需平衡的过程中既起到关键作用，可分成许多种类。但较为常用的划分方法是根据其建立的原因，将库存划分为任意库存和非任意库存。非任意库存主要是保持全球原油供应系统的安全和稳定，主要由最低操作库存、海上库存、政府战略储备库存和安全义务库存构成。任意库存即可用商业库存，是高出安全义务库存量的部分，与价格紧密相关。OECD 组织中库存量最大且增长最快的当然是美国，故在美国不断提高自己的战略库存的情况下，其原油净进口的很大一部分既是用来满足战略库存的增长需求，故美国的原油净进口对 OECD 原油库存的直接影响最大，达到了 0.70368，且滞后期净进口对 OECD 原油库存的直接影响也达到了 0.43167。

尽管与任意库存相比非任意原油库存量要大得多，占全球原油总库存量的 80% 以上，但非任意库存只有在政府的干预下才能动用，故其库存量的升降与油价的直接关系很小，滞后期油价对当期库存的直接影响仅为 0.199452，但有时会有间接关系（见表 5-9），滞后期油价通过当期的美国净进口对库存的间接影响达到了 0.434426。

当市场上供过于求或供不应求时，各原油公司根据市场情况，选择增加或降低其库存，通过任意库存的变动来影响价格。故原油库存的变化同原油的供需也有明显的关系，当期 OPEC 原油产量及 OECD 原油需求量远期对当期库存的综合影响分别为 0.786458 和 0.580025。从间接影响来看，需求的增长会提升价格，

表 5 - 9　　　　对 OECD 原油库存的通径分析

变量	对 x₂ 总影响	对 x₂ 直接影响	通过 x₁ 间接影响	通过 x₄ 间接影响	通过 x₅ 间接影响	通过 x₈ 间接影响	通过 x₁₀ 间接影响	通过 y(-1) 间接影响	通过 x₂(-1) 间接影响	通过 x₇(-1) 间接影响	通过 x₈(-1) 间接影响	通过 x₁₀(-1) 间接影响
x_1	0.786458	0.15614	0.15614	- 0.35361	0.010894	0.621969	- 0.05845	0.14544	0.270584	- 0.34247	0.387879	- 0.05192
x_4	0.580025	- 0.4169	0.132436	- 0.4169	- 0.01349	0.583593	- 0.0957	0.109398	0.258802	- 0.30273	0.396479	- 0.07187
x_5	- 0.23756	- 0.12885	- 0.0132	- 0.04364	- 0.12885	0.070263	- 0.03301	- 0.08118	- 0.08899	0.081031	0.037041	- 0.03703
x_8	0.78742	0.70368	0.138009	- 0.34575	- 0.01287	0.70368	- 0.07434	0.123134	0.249288	- 0.34257	0.411759	- 0.06293
x_{10}	0.078639	0.17315	- 0.05271	0.23043	0.024562	- 0.3021	0.17315	- 0.01828	0.000421	0.119354	- 0.20183	0.105651
$y(-1)$	0.717869	0.199452	0.113857	- 0.22867	0.052443	0.434426	- 0.01587	0.199452	0.255434	- 0.3504	0.270797	- 0.01361
$x_2(-1)$	0.881036	0.355546	0.118829	- 0.30346	0.032248	0.493379	0.000205	0.143292	0.355546	- 0.30859	0.339491	0.010097
$x_7(-1)$	0.788565	- 0.39616	0.13498	- 0.31858	0.026354	0.608496	- 0.05217	0.176412	0.276955	- 0.39616	0.373252	- 0.04098
$x_8(-1)$	0.771617	0.43167	0.1403	- 0.38291	- 0.01106	0.671223	- 0.08096	0.125121	0.279623	- 0.34255	0.43167	- 0.05885
$x_{10}(-1)$	0.078175	0.134895	- 0.0601	0.222106	0.035371	- 0.32825	0.135613	- 0.02012	0.026612	0.120358	- 0.18831	0.134895

表 5 - 10　　　　影响 OECD 原油库存的变量通径系数检验值及决策系数

检验值	x_1	x_4	x_5	x_8	x_{10}	$y(-1)$	$x_2(-1)$	$x_7(-1)$	$x_8(-1)$	$x_{10}(-1)$
t - 检验值	2.116479	- 4.11323	- 3.41197	6.328512	3.416072	2.557594	3.51132	- 3.48464	2.755254	2.350963
决策系数	0.221216	- 0.65742	0.044615	0.613017	- 0.00275	0.24658	0.500085	- 0.78174	0.479829	0.002894

为降低价格风险、稳定原油市场，就会使得公司或国家抛出库存。表 5 - 9 中显示当期需求对当期库存的直接影响为 - 0.4169。

随着新经济体的崛起，尤其是中国的飞速发展，中国的原油净进口受到了前所未有的关注，2008 年 7 月中国的原油对外依存度达到了 48.12%，中国原油的净进口在不断地增长是导致国际原油价格上涨的主要因素之一。故中国增加原油净进口会提升原油价格，原油公司为平衡油价的上涨即会抛出库存，故中国净进口对原油库存的直接影响为 - 0.39616。但中国原油需求量的增加会使美国产生危机感，而美国为了保持其霸权地位，将会为了使油价非理性的提升而不断增加库存（威廉·恩道尔《原油战争》）[199]，故中国净进口通过美国净进口对原油库存的间接作用达到 0.608496。

就决策系数的结果来看，当期 OECD 原油库存量主要由当期及滞后期美国净进口来决定，说明近些年美国的净进口主要用来扩充战略库存。而滞后期中国净进口及当期 OECD 原油需求为当期 OECD 原油需求量提升的主要限制性因素，而且中国净进口的限制作用更大，说明近年来中国的净进口对降低库存的作用已经超过 OECD 组织，在新增原油的需求中占越来越大的比例。

原油库存的计量经济理论模型：

由上述分析，可以认为原油库存受需求、供给、中国净进口及美国因素之间存在相互影响关系，并据此建立计量经济模型进行预测。在通径分析的基础上，首先建立以下理论模型：

$$OECD\_stock_t = f(OPEC\_pro_t, OECD\_consum_t, Dollar\_index_t, US\_import_t,$$
$$US\_stock_t, P_{t-1}, OECD\_stock_{t-1},$$
$$China\_import_{t-1}, US\_import_{t-1}, US\_stock_{t-1}) \qquad (5-6)$$

方程（5 - 6）中，$OECD\_stock_t$ 表示 t 时刻原油的库存；$OPEC\_pro_t$ 表示 t 时刻原油的供应量；$OECD\_consum_t$ 表示 t 时刻原油的需求量；$Dollar\_index_t$ 表示 t 时刻的美元指数；P_t 表示 t 时刻原油的价格；US_import_t 表示 t 时刻的美国净进口；US_stock_t 表示 t 时刻的美国非战略库存；$China\_import_t$ 表示 t 时刻的中国净进口。

方程（5 - 6）的含义是指，第 t 期的原油库存受第 t 期的原油需求、供给、美国因素以及过去的原油库存、价格、美国因素和中国净进口的影响。该方程模型从宏观的角度描述了原油库存受原油市场参与方需求、供给、价格、美国因素及中国净进口的动态影响过程，能够较为准确地反映原油库存的动态形成机制。

5. 中国原油净进口量的影响因素分析

对中国净进口变动的通径分析结果表明，决定系数 $R^2 = \sum_{i=1}^{5} p_{i,x7} r_{i,x7} =$

0.972172，故剩余效应为 $p_{\varepsilon,x7} = \sqrt{1 - R^2} = 0.166817$，说明我们选定的因素对变

量的解释能力达到了 97.22%，通径分析把握住了主要的影响因素。各影响因素的 t 检验值及决策系数见表 5-11、表 5-12。

表 5-11　　　　　　　　　　中国原油净进口通径分析

变量	对 x_7 总影响	对 x_7 直接影响	通过 y 间接影响	通过 x_5 间接影响	通过 x_8 间接影响	通过 $x_1(-1)$ 间接影响	通过 $x_3(-1)$ 间接影响	通过 $x_4(-1)$ 间接影响	通过 $x_5(-1)$ 间接影响	通过 $x_7(-1)$ 间接影响
y	0.896068	0.31783		-0.03953	0.160991	-0.12965	-0.03502	0.07755	0.046519	0.497378
x_5	-0.19938	0.091727	-0.13698		0.025216	0.004687	0.027359	0.016621	-0.1146	-0.1134
x_8	0.859864	0.252536	0.202616	0.009159		-0.16079	-0.01825	0.11714	-0.02198	0.479438
$x_1(-1)$	0.837434	-0.18052	0.228265	-0.00238	0.224929		-0.01825	0.115439	0.000433	0.469516
$x_3(-1)$	0.365534	-0.07135	0.155991	-0.03517	0.06461	-0.04617		0.024977	0.04672	0.225926
$x_4(-1)$	0.797855	0.134123	0.183769	0.011367	0.220559	-0.15537	-0.01329		-0.01926	0.435954
$x_5(-1)$	-0.13346	-0.12499	-0.11288	0.084098	0.044418	0.000625	0.02667	0.020664		-0.06665
$x_7(-1)$	0.977714	0.554434	0.285123	-0.01876	0.218377	-0.15287	-0.02908	0.105462	0.015026	

表 5-12　　　影响 OECD 原油库存的变量通径系数检验值及决策系数

检验值	y	x_5	x_8	$x_1(-1)$	$x_3(-1)$	$x_4(-1)$	$x_5(-1)$	$x_7(-1)$
t-检验值	4.374571	1.560681	3.327422	-2.98054	-2.74376	2.671325	-2.09369	5.544636
决策系数	0.468579	-0.04499	0.370519	-0.33493	-0.05725	0.196033	0.017739	0.776759

　　除去近期突发性事件对油价走势的影响之外，中国新增需求是拉动油价上涨的主要因素。在全球原油需求的新增部分中，北美与中国大陆是主要力量，2003 年北美与中国大陆占全球新增需求的 65% 左右。2000 年中国一次能源消费占全球的比重约 10%，到了 2007 年，中国能源消费量总量是 26.5 亿吨标准煤，是世界上第二大能源消费国，中国一次能源消费占全球的比重提高到了 16.8%。中国国家信息中心最新发布的一份报告显示，2008 年 1～10 月，中国的原油进口依存度也已增加到 55%。在中国国土资源部发布的《全国矿产资源规划（2008—2015）》中预测，2008 年到 2020 年，中国原油累计需求 60 亿吨，2020 年原油需求量将达到 5 亿吨。如果不加强勘探和经济发展方式，中国原油的对外依存度将上升到 60%。同时，中国的新增需求除去城市化与消费结构升级因素以外，原油储备也是导致中国国内原油需求突长的关键因素。总体来看，中国因素也是导致世界原油市场风云变幻的主要原因之一。

　　由于粗放式的经济增长方式，使得中国的能源依赖强度越来越大。虽然"十一五"规划已经把节能降耗及转变经济增长方式提到了战略的高度，但经济的持续快速增长及中国国内原油产能的饱和使得原油的净进口成为了刚性需求，故中国的原油净进口量具有很强的滞后效应，由表 5 – 11 可见，中国的滞后期原油净进口量对当期原油净进口的直接影响及综合影响分别达到了 0.5544 和 0.9777。中国净进口也显著地受到原油价格、滞后期原油产量及消费量、美国净进口的影响。同时美元指数及投机因素也对中国的净进口有一定的影响。

就决策系数的结果来看，滞后期中国净进口及原油价格对当期中国净进口的提升起决定性的正向拉动作用，是决定性的因素。而滞后期原油产量为当期中国净进口提升的主要限制性因素。说明中国的原油需求的刚性很严重，而且量价齐增的现象也很显著。虽然滞后期原油产量的增加会限制中国的原油净进口量，但这种情况估计会很难出现。

中国净进口的计量经济理论模型：

由上述分析，可以认为中国净进口主要受原油价格、需求、供应，投机因素及美国因素影响，并据此建立计量经济模型进行预测。在通径分析的基础上，首先建立以下理论模型：

$$China\_import_t = f(P_t, Dollar\_index_t, US\_import_t, OPEC\_pro_{t-1},$$
$$NNCL_{t-1}, OECD\_consum_{t-1}, Dollar\_index_{t-1}, China\_import_{t-1})$$

$$(5-7)$$

方程（5 – 7）中，$China\_import_t$ 表示 t 时刻的中国净进口；P_t 表示 t 时刻原油的价格；$Dollat\_index_t$ 表示 t 时刻的美元指数；US_import_t 表示 t 时刻的美国净进口；$OPEC\_pro_t$ 表示 t 时刻原油的供应量；$NNCL_t$ 表示 t 时刻原油期货市场上的非商业净多头；$OECD\_consum_t$ 表示 t 时刻原油的需求量；$OECD\_stock_t$ 表示 t 时刻原油的库存；US_stock_t 表示 t 时刻的美国非战略库存。

方程（5 – 7）的含义是指，第 t 期的中国净进口受第 t 期的原油价格，美国因素以及过去的需求、供给、投机因素、美元指数、中国净进口的影响。该方程模型从宏观的角度描述了中国净进口受原油需求、供给、投机及美国因素的动态影响过程。

6. 美国原油净进口量的影响因素分析

对美国净进口变动的通径分析结果表明，决定系数 $R^2 = \sum_{i=1}^{5} p_{i,x8} r_{i,x8} = 0.975793$，故剩余效应为 $p_{\varepsilon,x7} = \sqrt{1-R^2} = 0.155586$，说明我们选定的因素对变量的解释能力达到了97.58%，通径分析把握住了主要的影响因素。各影响因素的 t 检验值及决策系数见表 5 – 13、表 5 – 14。

在全球原油需求的新增部分中，北美与大陆是主要力量，影响美国新增需求的主要原因是美国经济复苏比其他发达市场快，经常性的突发事件直接影响美国对原油的需求，从而直接影响国际油价的波动。

国际原油价格系统演化的时变及突变特征分析
The time-varying and mutation feature analysis of international crude oil prices system evolution

表 5-13　美国原油净进口通径分析

变量	对x_8总影响	对x_8直接影响	通过x_1间接影响	通过x_2间接影响	通过x_{10}间接影响	通过$y(-1)$间接影响	通过$x_1(-1)$间接影响	通过$x_2(-1)$间接影响	通过$x_4(-1)$间接影响	通过$x_7(-1)$间接影响	通过$x_8(-1)$间接影响	通过$x_{10}(-1)$间接影响
x_1	0.883881	-0.2336		0.409255	0.033288	-0.14698	0.233673	-0.21417	0.118923	0.284044	0.36972	0.029727
x_2	0.78742	0.520377	-0.18372		-0.00775	-0.1447	0.195114	-0.24794	0.085481	0.259101	0.317491	-0.00604
x_{10}	-0.42932	-0.09861	0.07886	0.040922		0.018474	-0.06082	-0.00033	-0.05594	-0.09899	-0.19239	-0.06049
$y(-1)$	0.617362	-0.20157	-0.17034	0.373562	0.009038		0.172259	-0.20218	0.080059	0.290618	0.25812	0.007791
$x_1(-1)$	0.890681	0.240898	-0.22659	0.421477	0.024897	-0.14414		-0.22076	0.122915	0.278248	0.367141	0.026598
$x_2(-1)$	0.701141	-0.28142	-0.17778	0.458471	-0.00012	-0.14481	0.188978		0.084053	0.255944	0.323598	-0.00578
$x_4(-1)$	0.873375	0.142809	-0.19453	0.311482	0.038627	-0.113	0.20734	-0.16563		0.258359	0.344873	0.043047
$x_7(-1)$	0.864734	0.328573	-0.20194	0.410351	0.029708	-0.17828	0.204001	-0.21921	0.112291		0.355779	0.023466
$x_8(-1)$	0.953876	0.411462	-0.2099	0.401532	0.046105	-0.12645	0.214949	-0.22132	0.119698	0.284108		0.033694
$x_{10}(-1)$	-0.46648	-0.07724	0.089908	0.040681	-0.07723	0.020333	-0.08296	-0.02106	-0.07959	-0.09982	-0.1795	

表 5-14　影响美国原油净进口量通径系数检验值及决策系数

检验值	x_1	x_2	x_{10}	$y(-1)$	$x_1(-1)$	$x_2(-1)$	$x_4(-1)$	$x_7(-1)$	$x_8(-1)$	$x_{10}(-1)$
t-检验值	-2.35233	8.169027	-2.11357	-2.97272	2.131093	-4.7696	2.477144	3.377603	3.939405	-1.62904
决策系数	-0.46752	0.548718	0.074945	-0.28951	0.371095	-0.47382	0.229057	0.460296	0.615666	0.066094

在所有的影响因素中，美国净进口量的滞后效应最为明显，表 5 – 13 中，x_8（– 1）对当期美国原油净进口的直接及综合作用分别为 0.41146 和 0.953876。而美国的非战略库存对美国的净进口起限制作用，非战略库存的升高说明国内原油供应量充足及消费下降，使得净进口量减少，故 x_{10}（– 1）对当期美国原油净进口的直接作用为 – 0.07724，综合作用为 – 0.46648，其中通过滞后期原油供应及消费对当期美国原油净进口的间接作用分别为 – 0.08296 和 – 0.07959。同时，中国净进口、原油产量及 OECD 原油消费量均对当期美国原油的净进口量的增长起显著的推动作用。

美国净进口的计量经济理论模型：

由上述分析，可以认为美国净进口主要受原油价格、库存、原油供需、中国净进口及美国因素影响，并据此建立计量经济模型进行预测。在通径分析的基础上，首先建立以下理论模型：

$$US\_import_t = f(OPEC\_pro_t, OECD\_stock_t, US\_stock_t, P_{t-1},$$
$$OPEC\_pro_{t-1}, OECD\_stock_{t-1}, OECD\_consum_{t-1},$$
$$China\_import_{t-1}, US\_import_{t-1}, US\_stock_{t-1}) \qquad (5-8)$$

方程（5 – 8）中，US_import_t 表示 t 时刻的美国净进口；$OPEC\_pro_t$ 表示 t 时刻原油的供应量；$OECD\_stock_t$ 表示 t 时刻原油的库存；US_stock_t 表示 t 时刻的美国非战略库存；P_t 表示 t 时刻原油的价格；$OECD\_consum_t$ 表示 t 时刻原油的需求量；$China\_import_t$ 表示 t 时刻的中国净进口。

方程（5 – 8）的含义是指，第 t 期的美国原油净进口受第 t 期的原油供给、库存、美国非战略库存以及过去的原油价格及供需、库存和中美净进口及美国非战略库存的影响。该方程模型从宏观的角度描述了美国净进口受原油市场供给、库存、价格及中国、美国因素影响的动态调整过程，能够较为准确地反映美国净进口的动态形成机制。

5.1.3 原油价格变动的联立方程理论经济模型分析及 VAR 模型建立

由上述分析可见，影响原油价格的因素很多，而且各变量之间相互作用，形成一个相互作用的大型系统，几乎不可能也没必要考虑到所有的影响因素，所以囊括主要的和饱受关注的影响因素，建立包含这些核心因素且可考察它们之间相互作用或反馈效应的模型，以便解释这些变量的变动对油价系统的影响，在这种情况下，模型要能对市场上交易的商品或服务的量和价格提供解释。根据以上各个因素建立的模型结果，可先建立以下的理论联立模型：

$$P_t = f(OPEC\_pro_t, OECD\_stock_t, NNCL_t, OECD\_consum_t,$$
$$Dollar\_index_t, China\_import_t,$$

$$P_{t-1}, NNCL_{t-1}, Dollar\_index_{t-1}, US\_stock_{t-1})$$

$$OPEC\_pro_t, = f(OECD\_stock_t, OECD\_consum_t, US\_GDP_t, US\_import_t,$$
$$OPEC\_pro_{t-1}, OECD\_stock_{t-1}, OECD\_consum_{t-1}, China\_import_{t-1})$$

$$OECD\_consum_t = f(OPEC\_pro_t, OECD\_stock_t, P_t, US\_stock_t,$$
$$P_{t-1}, OECD\_stock_{t-1}, OECD\_consum_{t-1}, US\_import_{t-1})$$

$$OECD\_stock_t = f(OPEC\_pro_t, OECD\_consum_t, Dollar\_index_t, US\_import_t,$$
$$US\_stock_t, P_{t-1}, OECD\_stock_{t-1},$$
$$China\_import_{t-1}, US\_import_{t-1}, US\_stock_{t-1})$$

$$China\_import_t = f(P_t, Dollar\_index_t, US\_import_t, OPEC\_pro_{t-1},$$
$$NNCL_{t-1}, OECD\_consum_{t-1}, Dollar\_index_{t-1}, China\_import_{t-1})$$

$$US\_import_t = f(OPEC\_pro_t, OECD\_stock_t, US\_stock_t, P_{t-1},$$
$$OPEC\_pro_{t-1}, OECD\_stock_{t-1}, OECD\_consum_{t-1},$$
$$China\_import_{t-1}, US\_import_{t-1}, US\_stock_{t-1})$$

该理论联立方程模型从宏观的角度描述了原油市场参与方需求、供给、库存的动态调整过程，能够较为准确地反映原油价格的动态形成机制。其中原油的需求方有 OECD 消费需求、美国和中国的净进口，但是其中 OECD 消费需求（包含美国）占全球消费需求的 6 成左右（见图 5-1），故可合理地认为原油的基本价格是由 OECD 消费需求总量决定的。虽然 OECD 原油消费需求的变动很平稳甚至最近几年呈现负增长（见图 5-2），而中国的原油消费增长率逐年升高，但由于中国原油消费总量相比 OECD 消费需求总量而言仍然很小，故中国的原油消费对油价的冲击很大，但却不能决定原油的基本价格。

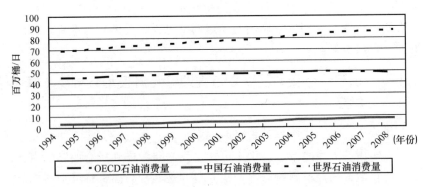

图 5-1 OECD 组织、中国及全球原油消费量

如前所述，由于数据的限制，加之考虑到 WTI 原油期现货市场的交易者多数来自 OECD 国家，出售者多数来自 OPEC 国家，而目前 OPEC 产能尚有剩余等情况，可认为主要由 OECD 的需求、库存和 OPEC 的供给决定了原油价格，而反

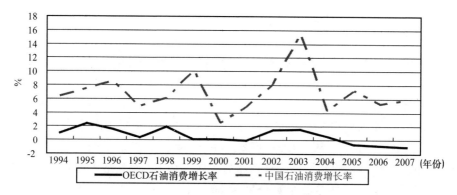

图 5 - 2 OECD 组织及中国原油消费增长率

映未来的经济增长状况的美国实际 GDP 与 OECD 国家的原油消费量关系密切，可在模型系统中暂时不予考虑。美国的非战略库存包含在 OECD 的消费与库存中；中国及美国的净进口、非商业净多头，美元指数是影响供需和价格的重要因素，则可将模型简化为：

$$P_t = f(\,OPEC\_pro_t\,, OECD\_stock_t\,, NNCL_t\,, OECD\_consum_t$$
$$Dollar\_index_t\,, China\_import_t\,, P_{t-1}\,, NNCL_{t-1}\,, Dollar\_index_{t-1}\,) \qquad (5-9)$$

$$OPEC\_pro_t = f(\,OECD\_stock_t\,, OECD\_consum_{t-1}\,, US\_import_t\,,$$
$$OPEC\_pro_{t-1}\,, OECD\_stock_{t-1}\,, OECD\_consum_{t-1}\,, China\_import_{t-1}\,)$$
$$(5-10)$$

$$OECD\_consum_t = f(\,OPEC\_pro_t\,, OECD\_stock_t\,, P_t\,,$$
$$P_{t-1}\,, OECD\_stock_{t-1}\,, OECD\_consum_{t-1}\,, US\_import_{t-1}\,)$$
$$(5-11)$$

$$OECD\_stock_t = f(\,OPEC\_pro_t\,, OECD\_consum_t\,, Dollar\_index_t\,, US\_import_t\,,$$
$$US\_stock_t\,, P_{t-1}\,, OECD\_stock_{t-1}\,,$$
$$China\_import_{t-1}\,, US\_import_{t-1}\,)$$
$$(5-12)$$

在上述理论模型中，需求、供给、价格、库存全部内生，因此可以根据历史数据对未来多期数据的数值进行外推。中国及美国的净进口、非商业净多头，美元指数为外生变量，需要外部给定。

与内生变量不同，外生变量的未来值系统无法自动生成，必须由外界给定。由于外生变量的未来变化常常难以预计，因此外生变量的选取并非越多越好。反映心理预期的非商业净多头经常在美元与原油间选择投资对象，故在外生变量的确定上可以选择保留美元指数和非商业净多头中的任何一个来分析；对于中国和美国净进口来说，美国的净进口其实包含在 OECD 的消费之中，而中国的净进口越来越受到国际原油市场的关注，并成为投机家炒作的对象。

通过以上的分析可知，在建模过程中，内生变量保持不变，外生变量的选取顺序为：（1）中国及美国的净进口、非商业净多头，美元指数；（2）中国净进口、非商业净多头，美元指数；（3）中国净进口，美元指数；（4）美元指数。下面将通过不断地改变外生变量来建立模型进行分析选择并确定最终 VAR 模型。但同时还要注意的是，本书的样本量为 73 个，而需要估计的参数很多，例如假定在 VAR 模型中内生变量及外生变量分别有 k 个和 t 个，假定取模型的滞后阶数为 p，则该 VAR 模型中共计有 k（kp + 1）个参数需要估计。对本书将要选取的四种情况，经过 AIC、SC、HQ、FPE、LR 检验，四个方程的检验结果一样：AIC、HQ、FPE、LR 检验结果为选择滞后 4 阶，而 SC 检验结果选择 2 阶。若模型选择滞后 4 阶，待估参数个数分别为 80 个，76 个，72 个，68 个；若滞后 2 阶，则待估参数个数分别为 48 个、44 个、40 个、36 个。模型的自由度为样本量和待估参数个数的差，选取滞后阶数为 4 时，四个 VAR 模型自由度太低或没有，故本书建立 VAR 模型时选取滞后阶数为 2，这样才能保证模型自由度。同时模型稳定性检验结果也表明，4 阶滞后的模型只有第一种情况稳定外，其余均不稳定。但在滞后 2 阶的情况下均显著通过稳定性检验及残差独立性检验。

在建立四个 VAR 模型后，经检验发现虽然整个方程均通过检验，但前两种模型（外生变量为 1，中国及美国的净进口、非商业净多头，美元指数为 2，中国净进口、非商业净多头，美元指数）中非商业净多头的系数均不过检验，同后两个模型相比，在消耗更多自由度的前提下，解释力和模拟效果几乎相差无异。同时，对比中国（中国净进口）及美国（美元指数）因素对原油供需和油价的影响将更有意义。故本书选取第三种模型（外生变量为第三种情况，中国的净进口、美元指数）为最终的分析模型。

图 5 - 3 反映了选取模型的稳定状况，可见被估计的 VAR 模型的所有根模的倒数均小于 1，即位于单位圆内，故模型是稳定的。表 5 - 15 给出了 VAR 模型的

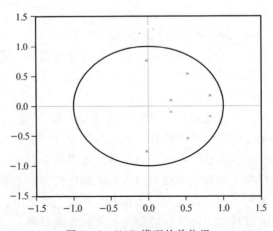

图 5 - 3　VAR 模型的单位根

估计结果，表中的每一列对应 VAR 模型中一个内生变量的方程，系数下的中括号里给出的 t–统计量检验值，同时给出了各方程的 OLS 回归统计量和整个 VAR 模型的回归统计量，由结果可见，大部分方程系数通过了检验，整个 VAR 模型也通过了检验，VAR 模型的每个方程均显著的通过了 F 检验，模拟效果也很好。同时也可发现，美元指数对油价的影响边际效应比中国净进口的影响边际效应要大得多，而且美元指数对油价的影响要高于对原油供需的影响，这主要是由于投机的影响。

表 5 – 15　　　　　　　　　VAR 模型估计结果及检验统计量

检验值	Y	X_1	X_2	X_4
Y（-1）	0.909173 [7.48720]	0.015394 [1.67703]	-0.014985 [-1.75279]	0.007579 [0.44701]
Y（-2）	-0.488645 [-3.94818]	-0.035429 [-3.78692]	0.023589 [2.70717]	-0.054025 [-3.12627]
X_1（-1）	2.524688 [1.40195]	1.020684 [7.49784]	0.017461 [0.13772]	0.112516 [0.44747]
X_1（-2）	-1.071117 [-0.55104]	-0.135332 [-0.92101]	0.137984 [1.00826]	0.008902 [0.03280]
X_2（-1）	-3.793905 [-1.97796]	-0.021875 [-0.15087]	0.566683 [4.19634]	1.181087 [4.41002]
X_2（-2）	3.947951 [2.01997]	-0.073948 [-0.50052]	-0.024140 [-0.17544]	-0.798337 [-2.92541]
X_4（-1）	-2.512240 [-1.98776]	-0.060914 [-0.63759]	-0.198505 [-2.23087]	0.770501 [4.36620]
X_4（-2）	0.958076 [1.01133]	0.020503 [0.28631]	0.320412 [4.80396]	-0.435283 [-3.29071]
C	59.15376 [0.87219]	9.971503 [1.94494]	9.391200 [1.96674]	10.22886 [1.08014]
X_5	-0.247476 [-2.31862]	-0.011029 [-1.36692]	-0.017155 [-2.28294]	0.030072 [2.01782]
X_7	0.061307 [2.91726]	0.004108 [2.58587]	-0.001161 [-0.78453]	0.008081 [2.75407]
R-squared	0.928792	0.955992	0.918253	0.855760
Adj. R-squared	0.916924	0.948657	0.904629	0.831720
S. E. equation	7.021860	0.530803	0.494371	0.980448

续表

检验值	Y	X_1	X_2	X_4
F-statistic	78. 26042	130. 3390	67. 39748	35. 59739
Log likelihood	− 233. 1497	− 49. 79982	− 44. 75139	− 93. 36680
Akaike AIC	6. 877457	1. 712671	1. 570462	2. 939910
Schwarz SC	7. 228013	2. 063227	1. 921018	3. 290466
Mean dependent	35. 04047	28. 29140	39. 16353	46. 90318
S. D. dependent	24. 36211	2. 342578	1. 600827	2. 390059
Determinant resid covariance(dof adj.)	1. 357394			
Determinant resid covariance	0. 692273			
Log likelihood	− 389. 9226			
Akaike information criterion	12. 22317			
Schwarz criterion	13. 62539			

注：表中 Y 代表 WTI 原油价格，X_1 代表 OPEC 原油产量，X_2 代表 OECD 原油库存，X_4 代表 OECD 原油消费，X_5 代表美元指数，X_7 代表中国原油净进口。

图 5 - 4 给出了 WTI 原油价格对原油需求（OECD 原油消费及库存）、原油供给（OPEC 原油产量）的脉冲响应图，从图中可以看出，在本期给原油供给一个正的冲击后，原油价格在前三期逐渐上升至最高点然后下降，至第五期增加原油供给对油价的降低作用才开始显现，至第六期负效应达到最大然后逐渐降低趋于平稳；而在本期给原油需求一个正的冲击后，原油价格在前三期逐渐下降至最低点然后上升，其中 OECD 原油总库存对油价的冲击效果较 OECD 原油消费要低得多，而且在第四期 OECD 原油库存的增加对油价的提升作用才开始显现，至第五期达到最大，然后下降至第八期效应基本消失；但增加 OECD 原油消费对油价的拉动作用在第六期才开始显现，到第八期原油消费需求对油价的正向冲击作用才达到最大，至第十期作用才逐渐消失。

这似乎与供求理论的常识不符：从供求理论看，当原油需求上升时，原油价格应该上升；而当原油供给上升时，原油价格则应该下降。但实际上，这一现象与供求理论并不存在矛盾。需求函数斜率为正、供给函数斜率为负的结果是在其他前提不变基础上的，属于比较静态分析范畴。如果从动态的角度分析，原油价格、原油需求、原油供给之间则是呈现动态交互影响关系，具体如下：原油价格的上升必然带动原油供给的上升，而原油供给的上升又会在一定程度上带动价格的小幅下调，从而带动需求上升；而需求的上升又会带动价格的上升。而现实也能够对这一情况进行说明，如产油国每半年或一年都会根据市场上的原油价格对原油产量进行调整。也就是说原油的需求变动对油价的调整作用都有一定的滞后期，但滞后时间不同。

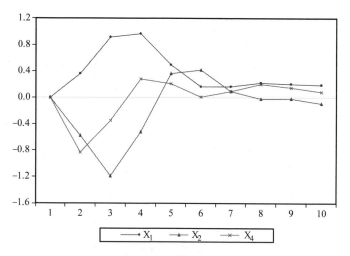

图 5 - 4　WTI 原油现货价格对原油的供应需求及库存的响应

　　因此，要检验原油供求和原油需求（OECD 原油消费及库存）、原油供给（OPEC 原油产量）的交互影响关系是否存在，并不能通过两个时间序列之间的 OLS 关系是否显著来判断，而应该采取协整检验的方式，判断价格、需求、供给（包括库存）之间是否存在明显的协整关系，这也是 VAR 模型建立成功的保证。经迹统计量和最大值统计量协整检验，结果表明各变量间在 5% 的显著水平下存在两种协整关系，这就支持了模型结论的可信性。

　　图 5 - 5 给出了 WTI 原油现货价格的方差分解分析，显示了原油的供应、需求及库存对油价变动的贡献程度。由图可见，原油价格变动的自身贡献率在首期达 100%，然后逐渐下降至第四期开始保持平稳，但自身贡献率始终在 90% 以上。除此之外，OECD 原油消费量对价格变动的贡献最大，从首期开始逐渐增加，至第四期开始平稳，开始保持在 5.5% 以上。相对而言，OPEC 原油产量及 OECD 原油库存的贡献就小得多。其中 OECD 原油库存的贡献最小，在第六期达到最大，然后保持 1.34% 左右的贡献率。而 OPEC 原油产量对价格变动的贡献率在前 4 期增长很快，然后逐渐上升至第八期开始保持 2% 左右的平稳贡献率。

　　通过对模型的建立可知，第一，美元指数对油价的边际效应比中国净进口的边际效应要大得多。由于投机的影响，使得美元指数对原油价格的边际影响要高于对原油供需基本面的边际影响。第二，增加原油供给对油价的降低作用在滞后 5 季度开始显现，至滞后第六季负效应达到最大然后逐渐降低趋于平稳。对原油需求来说，OECD 原油总库存对油价的冲击效果较 OECD 原油消费要低得多，在滞后 4 季度 OECD 原油库存的增加对油价的提升作用才开始显现，至滞后第五季达到最大，然后下降至滞后第八季效应基本消失；但增加 OECD 原油消费对油价的拉动作用在滞后第六季开始显现，到滞后第八季原油消费需求对油价的正向冲

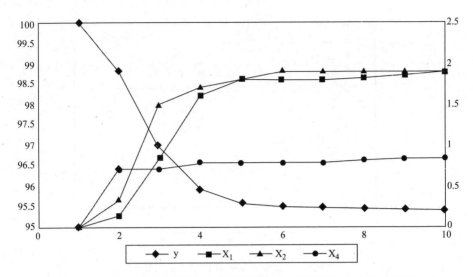

图 5-5 WTI 原油现货价格对原油的供应需求及库存的方差分解分析

击作用才达到最大，至滞后第十季作用才逐渐消失。第三，原油价格变动的自身贡献率是最大的，始终在 90% 以上。除此之外，OECD 原油消费量对价格变动的贡献最大，从首期开始逐渐增加，至滞后第四季开始平稳。相比较而言，OPEC 原油产量及 OECD 原油库存的贡献就小得多。其中 OECD 原油库存的贡献最小。

5.2 基于 BVAR 模型的油价形成机制分析

VAR 模型最初由美国学者 Sims（1980）[200] 提出来，主要用于替代联立方程结构模型，提高经济预测的准确性。VAR 模型是用模型中所有当期变量对所有变量的若干滞后变量进行回归。VAR 方法成为有吸引力的研究工具主要是它不以严格的经济理论为依据，在建模过程中只需明确两件事：第一是共有哪些变量是相互关系的，把有关系的变量包括在 VAR 模型中；第二是确定滞后期 k，使模型能反映出变量间相互影响的绝大部分。

然而，VAR 模型也存在不足之处，首先是 VAR 模型不考虑经济理论，无法给出任何结构性解释，使得人们不断对这种方法提出指责。为此，Blanchard 和 Quah（1989）[201] 率先用结构型向量自回归模型的理论框架给出了美国宏观经济波动的凯恩斯解释。结构型向量自回归模型则考虑了一些同期关系，该方法通常用于预测，很少用于政策评价，该模型不仅提出了向量自回归的框架，同时包括结构内容。但如果要用于预测，用 VAR 模型更为合适，Ruey S. Tsay（2005）[202] 给出了结构式与一般式的等价证明。另外，VAR 模型的主要缺点是有相当多的参数需要估计，对数据的获取要求过大，当样本容量较小时，多数参数的估计量误差较大。而贝叶斯推断理论在小样本情况下具有绝对优势，为解决 VAR 模型参数过多时的估计问题提供了一种解决思路，A. Zellner（1971）[203]将 Bayes 理论应用到计量经济学领域的工作为这方面的系统研究打下基础。而 VAR 模型中 Bayes 理论的应用创始人是 Litterman（1986）[204]先生，Litterman 基于贝叶斯理论解决向量自回归模型的估计及分析问题，对明尼苏达州的 7 个宏观指标进行了很好的预测。随后在贝叶斯 VAR 模型的理论及应用方面发展了越来越多的研究成果（CANOVA and Ciccarelli，2009[205]；CANOVA，2007[206]；Canova，2006[207]；Richard，1984[208]）。本书主要研究油价系统 VAR 模型的贝叶斯推断，为了理论的完整性，本书先对模型参数在各种先验分布下的 VAR 模型贝叶斯统计推断结果进行了一个全面的回顾和总结。

假设 m 维向量 $y_t = (y_{1t}, y_{2t}, \cdots, y_{mt})^T$ 表示向量 y_t 在 t 时的值，则滞后阶数为 p 的非限制性 VAR（k）模型可以表示为：

$$y_t = c + A_1 y_{t-1} + A_2 y_{t-2} + \cdots + A_k y_{t-k} + u_t, \quad t = 1, 2, \cdots, n \qquad (5-13)$$

此处 c 是一个 m 维向量，$A_j, j = 1, 2, \cdots, k$ 均为 $m \times m$ 的系数矩阵，向量 u_t 是一个 m 维白噪声向量，即 $u_t \sim i.\ i.\ d.\ N_m(0, \Sigma)$，$t = 1, 2, \cdots, n$，其中 Σ 为 $m \times m$ 正定阵。假定 c_i 为向量 c 的第 i 个元素，$a_{i,j,\tau}$ 为矩阵 A_τ 的第 i 行第 j 列元素，则模型（5-13）中第 i 个方程的表达式为

$$\begin{aligned}
y_{it} = c_i &+ a_{i,1,1} y_{1,t-1} + a_{i,2,1} y_{2,t-1} + \cdots + a_{i,k,1} y_{k,t-1} \\
&+ a_{i,1,2} y_{1,t-2} + a_{i,2,2} y_{2,t-2} + \cdots + a_{i,k,2} y_{k,t-2} \\
&+ \cdots + a_{i,1,k} y_{1,t-k} + a_{i,2,k} y_{2,t-k} + \cdots + a_{i,k,k} y_{k,t-k} + u_t, t = 1, 2, \cdots, n
\end{aligned}$$

$$(5-14)$$

因 VAR 模型中每个方程的右侧只含有内生变量的滞后项，他们与 u_t 是渐近不相关的，所以可以用 OLS 法依次估计每一个方程，得到的参数估计量都具有一致性。一般将上述 VAR 模型化为矩阵表达形式

$$Y = ZB + U, \quad U \sim N_{nm}(0, \Sigma \otimes I_n) \qquad (5-15)$$

其中，$Y = [y_1^T, y_2^T, \cdots, y_n^T,]_{n \times m}^T$，$Z = [z_1^T, z_2^T, \cdots, z_n^T]_{n \times (mp+1)}^T$，$U = [u_1^T, u_2^T, \cdots, u_n^T]_{n \times m}^T$，$B = [c^T, A_1^T, \cdots, A_p^T]_{(mp+1) \times m}^T$，$z_t = [1, y_{t-1}, \cdots, y_{t-p}]_{(mp+1) \times 1}^T$，在给定 Z，B，Σ 的前提下，Y 服从以下条件分布：

$$P(Y \mid Z, B, \Sigma) \propto |\Sigma|^{-n/2} \exp\left[-\frac{1}{2} tr(Y - ZB)'(Y - ZB)\Sigma^{-1} \right] \quad (5-16)$$

其中 tr 是迹运算，同时

$$\begin{aligned}
(Y - ZB)'(Y - ZB) &= (Y - Z\hat{B})'(Y - Z\hat{B}) + (B - \hat{B})'Z'Z(B - \hat{B}) \\
&= S + (B - \hat{B})'Z'Z(B - \hat{B})
\end{aligned}$$

其中，$\hat{B} = (Z'Z)^{-1}Z'Y$ 是一个最小二乘形成的矩阵，$S = (Y - Z\hat{B})'(Y - Z\hat{B})$，可将 B 与 Σ 的似然函数写成如下的形式：

$$l(B, \Sigma \mid Z, Y) \propto \mid \Sigma \mid^{-n/2} \exp\left[-\frac{1}{2}trS\Sigma^{-1} - \frac{1}{2}tr(B - \hat{B})'Z'Z(B - \hat{B})\Sigma^{-1} \right]$$

$$(5-17)$$

同时，如果包含外生变量，假定为 k−1 个，加上常数项为 k 个，将这个变量用 $\tilde{y}_t = (1, x_{1t}, x_{2t}, \cdots, x_{(k-1)t})$ 表示，这时 Z 为 $n \times (mp+k)$ 阶矩阵即 $Z = [z_1^T, z_2^T, \cdots, z_n^T]_{n \times (mp+k)}^T$，其中 $Z_t = [\tilde{y}_t, y_{t-1}, \cdots, y_{t-p}]_{(mp+k) \times 1}^T$，另外 $B = [c_R^T, A_1^T, \cdots, A_P^T]_{(mp+k) \times m}^T$，其中 C_k 为常数和其他外生变量的 m 维系数向量。而 p 阶任意滞后 VAR 模型的矩阵表达形式不变，仍为 $Y = ZB + U$，$U \sim N_{nm}(0, \Sigma \otimes I_n)$，经过变换，我们还可将矩阵形式表达式化为向量形式：

$$y = (I_m \otimes Z)b + u, u \sim N_{mn}(0, \Sigma \otimes I_n) \qquad (5-18)$$

其中，$y = vecY$ 为 $mn \times 1$ 阶向量；$b = vecB$ 为 $m(mp+k) \times 1$ 阶向量；I_m 为 m 维单位矩阵；u 为正态分布。这时似然函数为：

$$l(Y \mid b, \Sigma) \propto \mid \Sigma \otimes I_n \mid^{-1/2} \exp\left\{ -\frac{1}{2}[y - (I_m \otimes Z)b]'\Sigma^{-1} \otimes I_n[y - (I_m \otimes Z)b] \right\}$$

$$(5-19)$$

为对上式进行有用的分解，先对指数部分进行分解：

$$[y - (I_m \otimes Z)b]'\Sigma^{-1} \otimes I_n[y - (I_m \otimes Z)b]$$

$$= [(\Sigma^{-0.5} \otimes I_n)y - (\Sigma^{-0.5} \otimes Z)b]'[(\Sigma^{-0.5} \otimes I_n)y - (\Sigma^{-0.5} \otimes Z)b]$$

假设 $b_{ols} = (\Sigma^{-1} \otimes Z'Z)^{-1}(\Sigma^{-1} \otimes Z)'y$，则

$$(\Sigma^{-0.5} \otimes I_n)y - (\Sigma^{-0.5} \otimes Z)b = (\Sigma^{-0.5} \otimes I_n)y - (\Sigma^{-0.5} \otimes Z)b_{ols} + (\Sigma^{-0.5} \otimes Z)(b - b_{ols})$$

这时便有

$$[y - (I_m \otimes Z)b]'\Sigma^{-1} \otimes I_n[y - (I_m \otimes Z)b]$$

$$= [(\Sigma^{-0.5} \otimes I_n)y - (\Sigma^{-0.5} \otimes Z)b_{ols} + (\Sigma^{-0.5} \otimes Z)(b_{ols} - b)]'$$

$$[(\Sigma^{-0.5} \otimes I_n)y - (\Sigma^{-0.5} \otimes Z)b_{ols} + (\Sigma^{-0.5} \otimes Z)(b_{ols} - b)]$$

$$= [(\Sigma^{-0.5} \otimes I_n)y - (\Sigma^{-0.5} \otimes Z)b_{ols}]'[(\Sigma^{-0.5} \otimes I_n)y - (\Sigma^{-0.5} \otimes Z)b_{ols}]$$

$$+ (b_{ols} - b)'(\Sigma^{-1} \otimes Z'Z)(b_{ols} - b)$$

结果中没有交叉项，是因为交叉项为下式或其转置：

$$[(\Sigma^{-0.5} \otimes I_n)y - (\Sigma^{-0.5} \otimes Z)b_{ols}]'[(\Sigma^{-0.5} \otimes Z)(b_{ols} - b)]$$

$$= y'(\Sigma^{-1} \otimes Z)(b_{ols} - b) - b_{ols}'(\Sigma^{-1} \otimes Z'Z)(b_{ols} - b)$$

$$= y'(\Sigma^{-1} \otimes Z)(b_{ols} - b) - y'(\Sigma^{-1} \otimes Z)(b_{ols} - b)$$

$$= 0$$

则

$$l(Y \mid b, \Sigma) \propto |\Sigma \otimes I_n|^{-1/2} \exp \left\{ -\frac{1}{2}(b_{ols} - b)'(\Sigma^{-1} \otimes Z'Z)(b_{ols} - b) \right.$$

$$-\frac{1}{2}\left[(\Sigma^{-1/2} \otimes I_n)y - (\Sigma^{-1/2} \otimes Z)b_{ols}\right]'\left[(\Sigma^{-1/2} \otimes I_n)y - (\Sigma^{-1/2} \otimes Z)b_{ols}\right]\right\}$$

$$\propto |\Sigma|^{-k/2} \exp \left\{ -\frac{1}{2}(b - b_{ols})'(\Sigma^{-1} \otimes Z'Z)(b - b_{ols}) \right\} \times |\Sigma|^{-(n-k)/2} \exp$$

$$\left\{ -\frac{1}{2}tr\left[(\Sigma^{-1/2} \otimes I_n)y - (\Sigma^{-1/2} \otimes Z)b_{ols}\right]'\left[(\Sigma^{-1/2} \otimes I_n)y - (\Sigma^{-1/2} \otimes Z)b_{ols}\right]\right\}$$

$$\propto N(b \mid b_{ols}, (\Sigma^{-1} \otimes Z'Z)^{-1}) \times W(\Sigma^{-1} \mid n - k - m - 1,$$

$$\left[(y - (I_m \otimes Z)b)'(y - (I_m \otimes Z)b)\right]^{-1}) \tag{5-20}$$

因此，似然函数为正态分布与 Wishart 分布的乘积，在合适的先验分布约束下，我们可以得到关于 VAR 的系数及简化协方差矩阵的后验分布。

5.2.1　系数向量的先验分布是正态的，协方差矩阵固定

假定系数为 $b = \bar{b} + v_b, v_b \sim N(0, \overline{\Sigma}_b), \bar{b}, \overline{\Sigma}_b$ 固定，则有：

$$g(b) \propto |\overline{\Sigma}_b|^{-1/2} \exp \left\{ -\frac{1}{2}(b - \bar{b})'\overline{\Sigma}_b^{-1}(b - \bar{b}) \right\}$$

$$\propto |\overline{\Sigma}_b|^{-1/2} \exp \left\{ -\frac{1}{2}(\overline{\Sigma}_b^{-1/2}(b - \bar{b}))'\overline{\Sigma}_b^{-1/2}(b - \bar{b}) \right\}$$

令 $H = \left[\overline{\Sigma}_b^{-1/2}\bar{b} \quad (\Sigma^{-1/2} \otimes I_n) \, y\right]', \ G = \left[\overline{\Sigma}_b^{-1/2} \quad (\Sigma^{-1/2} \otimes Z)\right]'$，那么有：

$$g(b \mid y) \propto |\overline{\Sigma}_b|^{-1/2} \exp \left\{ -\frac{1}{2}(\overline{\Sigma}_b^{-1/2}(b - \bar{b}))'\overline{\Sigma}_b^{-1/2}(b - \bar{b}) \right\}$$

$$\times |\Sigma \otimes I_n|^{-1/2}\left[(\Sigma^{-0.5} \otimes I_n)y - (\Sigma^{-0.5} \otimes Z)b\right]'\left[(\Sigma^{-0.5} \otimes I_n)y - (\Sigma^{-0.5} \otimes Z)b\right]$$

$$\propto \exp\{-0.5(H - Gb)'(H - Gb)\}$$

$$\propto \exp\{-0.5(b - \tilde{b})'G'G(b - \tilde{b}) + (H - G\tilde{b})'(H - G\tilde{b})\}$$

其中：

$$\tilde{b} = (G'G)^{-1}(G'H) = (\overline{\Sigma}_b^{-1} + (\Sigma^{-1} \otimes Z'Z))^{-1}(\overline{\Sigma}_b^{-1}\bar{b} + (\Sigma^{-1} \otimes Z)y)$$

故 $(H - G\tilde{b})'(H - G\tilde{b})$ 独立于 b，则有：

$$g(b \mid y) \propto \exp\{-0.5(b - \tilde{b})'G'G(b - \tilde{b})\} \tag{5-21}$$

$$\propto \exp\{-0.5(b - \tilde{b})'\widetilde{\Sigma}_b^{-1}(b - \tilde{b})\}$$

即系数向量的后验分布为正态分布，期望是 $\tilde{b}$，方差是 $\widetilde{\Sigma}_b = (\overline{\Sigma}_b^{-1} + (\Sigma^{-1} \otimes Z'Z))^{-1}$，为了上市的可操作性，我们一般先固定系数先验的均值与方差，而原方程的方差 Σ^{-1} 一般用最小二乘的方程方差代替。

5.2.2 系数向量和协方差先验信息均未知，取无信息先验分布

假设对参数 B 与 Σ 的先验信息知之甚少，利用矩阵形式的 VAR 模型来分析更为方便。可用 B 与 Σ 的无信息先验分布即扩散先验分布来表示 B 与 Σ 的先验分布，假设 B 与 Σ 两者相互独立，即 $P(B,\Sigma) = P(B)P(\Sigma)$，基于 Jeffreys 不变理论，取 $P(B) = c$ 为常数，$P(\Sigma) \propto |\Sigma|^{-(m+1)/2}$。这里取扩散先验分布主要是因为在无信息的条件下，参数取扩散先验分布的实际运算结果同极大似然等经典概率论所得到的结果相同，同时还能得到很好的贝叶斯解释。这样 B 与 Σ 的联合后验密度为：

$$P(B,\Sigma \mid Z,Y) \propto |\Sigma|^{-(n+m+1)/2}\exp\left[-\frac{1}{2}trS\Sigma^{-1} - \frac{1}{2}tr(B-\hat{B})'Z'Z(B-\hat{B})\Sigma^{-1} \right]$$

$$(5-22)$$

其中，$\hat{B} = (Z'Z)^{-1}Z'Y, S = Y^T[I_m - Z(Z^TZ)^{-1}Z^T]Y$。由此可以得到：

$$P(B,\Sigma \mid Z,Y) = P(B \mid \Sigma,Z,Y)P(\Sigma \mid Z,Y)$$

$$P(B \mid \Sigma,Z,Y) \propto |\Sigma|^{-k/2}\exp\left[-\frac{1}{2}tr(B-\hat{B})'Z'Z(B-\hat{B})\Sigma^{-1} \right]$$

$$P(\Sigma \mid Z,Y) \propto |\Sigma|^{-(n+m+1-k)/2}\exp\left[-\frac{1}{2}trS\Sigma^{-1} \right]$$

故在给定 Σ 的情况下，B 服从均值为 $\hat{B} = (Z'Z)^{-1}Z'Y$ 的多元正态分布，而 Σ 服从的是逆 Wishart 分布。若利用积分变换，可得各参数后验边缘分布，其中

$$P(B \mid Z,Y) \propto \int_{\Sigma>0} |\Sigma|^{-(n+m+1)/2}\exp\left[-\frac{1}{2}tr[S + (B-\hat{B})'Z'Z(B-\hat{B})\Sigma^{-1}] \right]d\Sigma$$

$$\propto [S + (B-\hat{B})'Z'Z(B-\hat{B})]^{-n/2} \qquad (5-23)$$

显然，B 的后验边缘分布为：$P(B \mid Z,Y) \sim Mt_{k \times m}(\hat{B},Z'Z,S,n-mp-1)$。同理可得 Σ 的边缘后验分布为 $P(\Sigma \mid Z,Y) \propto |\Sigma|^{-(n+1)/2}\exp\left[-\frac{1}{2}trS\Sigma^{-1} \right] \sim IW_m$ $(S,n-m)$。

5.2.3 系数向量的先验分布是正态的，协方差矩阵先验信息未知

上面在无信息情况下，我们用了扩散先验分布，但在很多情况下，可以在计算之前获得参数尤其是方程系数 B 的先验信息，但问题是如何给出先验分布，使其在很大范围能够代表先验信息。除上文中用到的无信息先验分布之外，还有很多确定先验分布的方法，如共轭先验分布、极大熵先验分布、ML-II 先验分布、多层先验分布等一系列确定先验分布的方法。如果考虑计算的优越性，共轭先验

分布该是首选，但同先验分布选择的合理性相比，计算上的方便还是处于第二位的。就本书的研究背景来说，BVAR 模型是在 VAR 模型上的扩展，是为了解决估计及不确定性、易解释性的问题，但仍然不改变原固定系数 VAR 模型的建立意图，这样我们选择一个一般性的多元正态分布来作为系数的先验分布是合理的。考虑这些，我们引入以下分布：

$$P(B,\Sigma) \propto |\Sigma|^{-(m+1)/2} \exp\left[-\frac{1}{2}(B-\overline{B})'C^{-1}(B-\overline{B})\right]$$

其中 $\overline{B}$，C 先验均值与协方差，联合 B 与 Σ 的似然函数，得到联合后验分布：

$$P(B,\Sigma|Z,Y) \propto |\Sigma|^{-(n+m+1)/2} \exp\left[-\frac{1}{2}trS\Sigma^{-1} - \frac{1}{2}tr(B-\hat{B})'Z'Z(B-\hat{B})\Sigma^{-1}\right]$$

$$\exp\left[-\frac{1}{2}(B-\overline{B})'C^{-1}(B-\overline{B})\right] \tag{5-24}$$

由 $P(B,\Sigma|Z,Y)$ 对 $\Sigma>0$ 上求积分，得到：

$$P(B,|Z,Y) \propto \left[S+(B-\hat{B})'Z'Z(B-\hat{B})\right]^{-n/2} \exp\left[-\frac{1}{2}(B-\overline{B})'C^{-1}(B-\overline{B})\right]$$

$$\tag{5-25}$$

可以看出 B 的后验分布是广义多元 t 分布与多元正态分布的乘积。令 $\overline{S}=n^{-1}S$，对上式第一项展开（Zellner，1971）[173] 可以得到下面的近似形式：

$$P(B,|Z,Y) \propto \exp\left[-\frac{1}{2}(B-\hat{B})'\overline{S}^{-1}\otimes Z'Z(B-\hat{B})\right]^{-n/2} \exp\left[-\frac{1}{2}(B-\overline{B})'C^{-1}(B-\overline{B})\right]$$

$$\propto \exp\left\{-\frac{1}{2}(B-\tilde{B})'F(B-\tilde{B})\right\} \tag{5-26}$$

其中，$\tilde{B}=(C^{-1}+\overline{S}^{-1}\otimes Z'Z)^{-1}(C^{-1}\overline{B}+\overline{S}^{-1}\otimes Z'Z\hat{B})$，$F=C^{-1}+\overline{S}^{-1}\otimes Z'Z$，系数矩阵的后验分布可近似为多元正态分布，均值和方差均为先验和样本均值与方差的加权值。

5.2.4 取共轭先验分布——系数向量先验分布为正态分布，协方差先验分布为 Wishart 分布

假定取正态 - Wishart 先验分布，令系数向量的先验条件分布 $g(b|\Sigma) \sim N(\overline{b},\Sigma\otimes\overline{\Omega})$，而 $g(\Sigma^{-1}) \sim W(\overline{\Sigma},\overline{v})$ $\overline{b}$，$\overline{\Sigma}$，$\overline{v}$ 固定，则有：

$$g(b|\Sigma) \propto |\Sigma\otimes\overline{\Omega}|^{-1/2} \exp\left\{-\frac{1}{2}(b-\overline{b})'|\Sigma\otimes\overline{\Omega}|^{-1}(b-\overline{b})\right\}$$

$$\propto |\Sigma\otimes\overline{\Omega}|^{-1/2} \exp\left\{-\frac{1}{2}(|\Sigma\otimes\overline{\Omega}|^{-1/2}(b-\overline{b}))'|\Sigma\otimes\overline{\Omega}|^{-1/2}(b-\overline{b})\right\}$$

$$\tag{5-27}$$

令 $\widetilde{H} = [\ |\ \Sigma \otimes \overline{\Omega}\ |^{-1/2}\overline{b},\ (\Sigma^{-1/2} \otimes I_n)y]'$, $\widetilde{G} = [\ |\ \Sigma \otimes \overline{\Omega}\ |^{-1/2},\ (\Sigma^{-1/2} \otimes Z)\ ]'$, 那么有：

$$g(b\ |\ y,\Sigma) \propto l(y\ |\ b,\Sigma)g(b\ |\ \Sigma)$$

$$\propto\ |\ \Sigma \otimes \overline{\Omega}\ |^{-1/2}\exp\left\{-\frac{1}{2}(\ |\ \Sigma \otimes \overline{\Omega}\ |^{-1/2}(b-\overline{b}))'\ |\ \Sigma \otimes \overline{\Omega}\ |^{-1/2}(b-\overline{b})\right\}$$

$$\times\ |\ \Sigma \otimes I_n\ |^{-1/2}[(\Sigma^{-0.5} \otimes I_n)y - (\Sigma^{-0.5} \otimes Z)b]'[(\Sigma^{-0.5} \otimes I_n)y - (\Sigma^{-0.5} \otimes Z)b]$$

$$\propto \exp\{-0.5(\widetilde{H} - \widetilde{G}b)'(\widetilde{H} - \widetilde{G}b)\}$$

$$\propto \exp\{-0.5(b-\hat{b})'\widetilde{G}'\widetilde{G}(b-\hat{b}) + (\widetilde{H} - \widetilde{G}\hat{b})'(\widetilde{H} - \widetilde{G}\hat{b})\} \tag{5-28}$$

其中

$$\hat{b} = (\widetilde{G}'\widetilde{G})^{-1}(\widetilde{G}'\widetilde{H}) = (\ |\ \Sigma \otimes \overline{\Omega}\ |^{-1} + (\Sigma^{-1} \otimes Z'Z))^{-1}(\ |\ \Sigma \otimes \overline{\Omega}\ |^{-1}\overline{b} + (\Sigma^{-1} \otimes Z)y)$$

故 $(\widetilde{H} - \widetilde{G}\hat{b})'(\widetilde{H} - \widetilde{G}\hat{b})$ 独立于 b，则有

$$g(b\ |\ y) \propto \exp\{-0.5(b-\hat{b})'\widetilde{G}'\widetilde{G}(b-\hat{b})\} \propto \exp\{-0.5(b-\hat{b})'\widetilde{\Sigma}_b^{-1}(b-\hat{b})\}$$

即系数向量的后验分布为正态分布，期望是 $\hat{b}$，方差是

$$\widetilde{\Sigma}_b^{-1} = |\ \Sigma \otimes \overline{\Omega}\ |^{-1} + (\Sigma^{-1} \otimes Z'Z) = \Sigma^{-1} \otimes (\overline{\Omega} + Z'Z) = \Sigma^{-1} \otimes \widetilde{\Omega}。$$

而 $g(\Sigma^{-1}) \sim W(\overline{\Sigma},\overline{v})$，故 $g(\Sigma^{-1}) \propto |\ \Sigma\ |^{-(\overline{v}+m+1)/2}\exp\left\{-\frac{1}{2}tr\Sigma^{-1}\overline{\Sigma}\right\}$，则由 $g(b,\Sigma^{-1}\ |\ y) = g(b\ |\ y,\Sigma^{-1})g(\Sigma^{-1}\ |\ y)$

可利用似然函数的分解方法

$$g(b,\Sigma^{-1}\ |\ y) \propto (y\ |\ b,\Sigma^{-1})g(b\ |\ \Sigma^{-1})g(\Sigma^{-1})$$

$$\propto\ |\ \Sigma \otimes \overline{\Omega}\ |^{-1/2}\exp\left\{-\frac{1}{2}(b-\overline{b})'\ |\ \Sigma \otimes \overline{\Omega}\ |^{-1}(b-\overline{b})\right\}$$

$$\times\ |\ \Sigma\ |^{-(\overline{v}+m+1)/2}\exp\left\{-\frac{1}{2}tr\Sigma^{-1}\overline{\Sigma}\right\}$$

$$\times\ |\ \Sigma \otimes I_n\ |^{-1/2}\exp\left\{-\frac{1}{2}[y - (I_m \otimes Z)b]'\Sigma^{-1} \otimes I_n[y - (I_m \otimes Z)b]\right\}$$

$$\propto\ |\ \Sigma \otimes \overline{\Omega}\ |^{-1/2}\exp\left\{-\frac{1}{2}tr(b-\overline{b})'I_m \otimes \overline{\Omega}(b-\overline{b})\Sigma^{-1}\right\}$$

$$\times\ |\ \Sigma\ |^{-(\overline{v}+m+1)/2}\exp\left\{-\frac{1}{2}tr\overline{\Sigma}\Sigma^{-1}\right\}$$

$$\times\ |\ \Sigma \otimes I_n\ |^{-1/2}\exp\left\{-\frac{1}{2}tr[y - (I_m \otimes Z)b]'[y - (I_m \otimes Z)b]\Sigma^{-1}\right\}$$

令

$$\dot{b} = [I_m \otimes \overline{\Omega} + I_m \otimes Z'Z]^{-1}[(I_m \otimes \overline{\Omega})\overline{b} + (I_m \otimes Z'Z)b_{ols}]$$

$$D = \overline{\Sigma} + \overline{b}'(I_m \otimes \overline{\Omega})\overline{b} + b_{ols}'b_{ols} + S - [(I_m \otimes \overline{\Omega})b + (I_m \otimes Z'Z)b_{ols}]'\dot{b}$$

$$S = [y - (I_m \otimes Z) b_{ols}]' [y - (I_m \otimes Z) b_{ols}]$$

则有

$$(b - \bar{b})' I_m \otimes \overline{\Omega} (b - \bar{b}) + \overline{\sum} + [y - (I_m \otimes Z) b]' [y - (I_m \otimes Z) b]$$

$$= (b - \dot{b})' (I_m \otimes \Omega + I_m \otimes Z'Z) (b - \dot{b}) + D$$

分解可知

$$g(\sum{}^{-1} | y) \propto |\sum{}^{-1}|^{-(n + \bar{v} + m + 1)/2} \exp\left\{ -\frac{1}{2} trD \sum{}^{-1} \right\} \propto W_m (D^{-1}, n + \bar{v}) \quad (5-29)$$

故系数向量及协方差矩阵的后验分布还是正态 – Wishart 分布。

5.2.5　实证分析

根据前面的分析，我们先将数据更新到 2009 年第四季度。为了验证 BVAR 模型的实证效果，我们利用更新的数据再建立 VAR 模型。本章 VAR 及 BVAR 模型的程序来源于 James P. LeSage（1999）[209] 在著作 Applied Econometrics using MATLAB 中的总结和发展，得到油价方程的 R-squared = 0.9271，Rbar-squared = 0.9155。其中估计系数及检验结果如表 5 – 16 所示。

表 5 – 16	VAR 模型中油价方程估计结果		
变量	系数	t – statistic	t – probability
variable1 lag1	0.899052	7.501906	0.000000
variable1 lag2	– 0.387476	– 3.437163	0.001046
variable2 lag1	1.178403	0.681234	0.498220
variable2 lag2	– 0.171762	– 0.092848	0.926319
variable3 lag1	– 2.749326	– 1.460210	0.149201
variable3 lag2	2.336235	1.251084	0.215530
variable4 lag1	– 1.167368	– 1.077340	0.285437
variable4 lag2	0.868538	0.940970	0.350315
dvariable1	– 0.298113	– 2.784259	0.007075
dvariable2	0.044641	2.988532	0.003993
constant	39.340151	0.624581	0.534501

注：variable1 代表 WTI 原油价格，variable2 代表 OPEC 原油产量，variable3 代表 OECD 原油库存，variable4 代表 OECD 原油消费，dvariable1 代表美元指数，dvariable2 代表中国原油净进口，constant 表示截距项。

同时表 5 – 17 给出了各变量对油价（variable1）的 Granger Causality 检验结果。结果表明，系统方程的各内生变量对油价均具有显著的因果关系。

表 5 –17　　　　　　VAR 模型中各变量对油价的 Granger Causality 检验

变量	F – value	Probability
Variable1	41. 786831	0. 000000
Variable2	3. 536907	0. 035012
Variable3	4. 497658	0. 014933
Variable4	4. 400427	0. 016261

　　图 5 – 6 给出了 VAR 模型模拟结果与实际值的对比结果及误差序列图。由图可见，模拟结果令人满意，只有在近两年误差波动较大，其他年份的误差结果均在 0 左右微动。这种模拟的结果在趋势上和原序列相同，所以其解释能力可以看作是合理可信的。作为宏观经济计量模型中广泛应用的一种方法，VAR 最重要的作用就是能提供更高的预测精度，尤其是短期预测。但由于 VAR 模型中有大量参数需要用既有数据序列估计，也就是前面提到的自由度问题，而实际能获得的数据并不多，故其估计精度甚至趋势都存在问题。

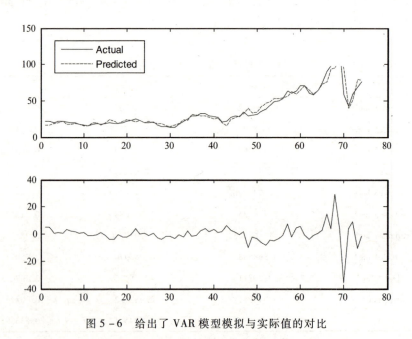

图 5 – 6　给出了 VAR 模型模拟与实际值的对比

　　表 5 – 18 给出了没有外生变量的 VAR 模型的预测结果。由表可见，共四种方法的预测结果均不令人满意，除第三种平滑预测方法得到的结果符合常理外，其他几种预测结果均与实际值相去甚远甚至不合常理。表 5 – 19、表 5 – 20、表 5 – 21 分别反映了 OPEC 原油产量、OECD 原油库存与消费量的预测与实际值

的对比结果，由三个表中数据可见，相对原油价格而言原油供需状况的预测结果
非常精确。

表 5 - 18　　　　　　WTI 原油价格实际值与 VAR 模型的预测值对比

时间	实际值	水平下估计	季节差分数据	一阶差分数据	增长率数据
Q1 - 09	42.91	5.30	- 5.22	23.86	10.03
Q2 - 09	59.44	- 28.33	- 6.54	49.47	- 2.70
Q3 - 09	68.20	- 35.38	28.77	96.51	25.12
Q4 - 09	76.06	- 14.82	72.29	108.46	39.11

表 5 - 19　　　　　　OPEC 原油产量实际值与 VAR 模型的预测值对比

时间	实际值	水平下估计	季节差分数据	一阶差分数据	增长率数据
Q1 - 09	28.71	28.15	27.86	29.43	29.25
Q2 - 09	28.86	26.00	25.58	29.48	27.93
Q3 - 09	29.34	24.90	25.55	30.65	27.06
Q4 - 09	29.34	25.09	28.72	31.64	26.94

表 5 - 20　　　　　　OECD 原油库存实际值与 VAR 模型的预测值对比

时间	实际值	水平下估计	季节差分数据	一阶差分数据	增长率数据
Q1 - 09	42.61	42.48	43.23	41.50	42.72
Q2 - 09	43.00	42.48	43.45	41.46	42.52
Q3 - 09	43.16	41.13	42.44	42.18	42.15
Q4 - 09	43.24	39.24	39.66	42.48	41.06

　　相对于 VaR 模型，一般抽样下的 BVAR 模型和基于 Gibbs 抽样方法下的
BVAR 模型的模拟效果 R 值及修正值均超过 90%（分别为：R-squared = 0.9258，
Rbar-squared = 0.9140；R-squared = 0.9243，Rbar-squared = 0.9123），拟合优度还
弱于一般的 VAR 模型，但这也正好表现出了一般 VAR 模型缺点：由于待估参数
过多，使得"过度拟合"问题尤为严重，即样本内拟合状况良好，但估计系数
并不显著。表 5 - 22 给出了两种 BVAR 模型中 WTI 原油价格方程的系数及其 t 检

验值，同一般 VAR 模型相比，一般抽样下的 BVAR 模型同 VAR 模型的结果一样，均有 7 个变量系数通不过检验，但 Gibbs 抽样方法下的 BVAR 模型的估计结果中只有两个变量系数通不过检验。故在进行 BVAR 分析的过程中，利用同样是基于 Bayes 思想的 Gibbs 抽样方法得到的参数估计结果更可信，稳定性更好。图 5 - 7 给出了 BVAR 模型模拟结果与实际值的对比，图 5 - 8 给出了 Gibbs 抽样方法下的 BVAR 模型的模拟结果与实际值的比较。

表 5 - 21　　　　　OECD 原油消费实际值与 VAR 模型的预测值对比

时间	实际值	水平下估计	季节差分数据	一阶差分数据	增长率数据
Q1 - 09	46.57	45.91	47.07	49.39	46.55
Q2 - 09	44.33	46.03	47.44	49.29	45.58
Q3 - 09	45.07	47.51	49.22	47.05	45.66
Q4 - 09	45.97	48.37	51.48	46.91	46.94

表 5 - 22　　　　两种 BVAR 模型中 WTI 原油价格方程的系数及其 t 检验值

变量	一般抽样下的 BVAR 模型（Minnesota 先验）			Gibbs 抽样方法下的 BVAR 模型（Uinnesota 先验）		
	系数	t - statistic	t - probability	系数	t - statistic	t - probability
variable1lag1	0.929389	8.818631	0.000000	0.963324	38.129681	0.000000
variable1lag2	- 0.404478	- 4.180776	0.000080	- 0.332572	- 14.359194	0.000000
variable2lag1	0.293130	0.212594	0.832236	0.168468	0.620814	0.536630
variable2lag2	0.454898	0.309567	0.757772	0.322104	1.167882	0.246603
variable3lag1	- 1.676947	- 1.270699	0.207870	- 1.607553	- 6.055097	0.000000
variable3lag2	0.915490	0.714620	0.477123	1.215736	4.972736	0.000004
variable4lag1	- 0.127254	- 0.329721	0.742555	- 0.601971	- 3.912024	0.000201
variable4lag2	0.107059	0.302003	0.763508	0.464156	3.580234	0.000611
dvariable1	- 0.316517	- 3.218651	0.001922	- 0.233894	- 10.433643	0.000000
dvariable2	0.045986	3.849121	0.000252	0.038628	11.674650	0.000000
constant	48.150547	1.058988	0.293097	36.606736	3.827136	0.000269

VAR 模型的缺点是"过度拟合"问题。另外，随着预测期限的延长，VAR 模型的样本外预测绩效会迅速恶化。贝叶斯方法是克服这种"过度拟合"问题

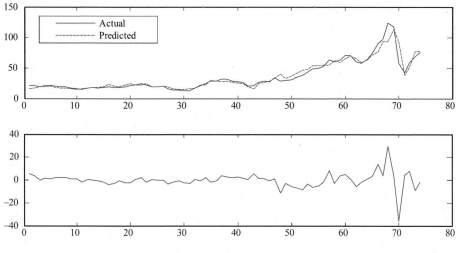

图 5 - 7 BVAR 模型模拟结果与实际值的对比

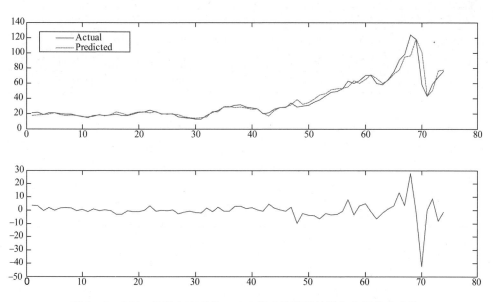

图 5 - 8 Gibbs 抽样方法下的 BVAR 模型的模拟结果与实际值的比较

的最为重要的研究方向。贝叶斯估计方法以弹性的方式引入了约束：假设 VAR 系数服从一定的先验分布，先验分布缩小了系数的取值范围，有助于避免无约束 VAR 的自由度损失问题。同时，先验分布通过由数据计算出的似然函数的调整，得到参数的后验分布。BVAR 方法可以采用多种先验分布，最著名的是 Litterman 等人使用的 Minnesota 先验分布。

在获得模型参数的估计后，可以利用贝叶斯 VAR 模型对各内生变量进行预测分析，具体预测步骤 AR 模型和 VAR 模型的预测步骤基本一致，可以是一步超前预测，两步超前预测或多步超前预测。为比较模型结果，本书建立了基于 Minnesota 先验分布（正态－扩散型先验）及随机游走均匀先验分布下的两种 BVAR 模型，并且分别在一般抽样和 Gibbs 抽样两种抽样方法下进行比较，这样就建立了四种 BVAR 模型（注：在本书的数据限制下，前面表述的其他类型的先验分布选取后的 BVAR 模型存在奇异矩阵而无法估计）。表 5－23 给出了一般抽样情况下基于 Minnesota 先验分布的 BVAR 模型对油价预测结果与 VAR 模型预测结果的比较。

表 5－23　　　　WTI 原油价格实际值与 BVAR 模型对油价预测值、VAR 模型的预测值

时间	实际值	水平下估计		季节差分数据		一阶差分数据		增长率数据	
		VAR	BVAR	VAR	BVAR	VAR	BVAR	VAR	BVAR
Q1－09	42.91	5.30	9.48	－5.22	24.82	23.86	22.44	10.03	13.17
Q2－09	59.44	－28.33	－18.18	－6.54	16.05	49.47	45.01	－2.70	6.58
Q3－09	68.20	－35.38	－21.92	28.77	16.87	96.51	89.75	25.12	35.79
Q4－09	76.06	－14.82	－5.29	72.29	18.47	108.46	103.21	39.11	42.74

由表 5－23 的数据可见，VAR 模型的样本外预测效果基本不符合常理（四种方法中有三种方法的预测值中有负的价格预测值），相比之下一般抽样情况下基于 Minnesota 先验分布的 BVAR 模型预测效果要改进许多（虽然也有一种预测方法有负价格的情况出现，总体预测精度也不高）。油价的预测本身具有很大的不确定性，作为美国金融危机发生期间的油价预测就更是让人难以琢磨，但 VAR 模型给出了不合常理的价格，BVAR 模型在大多数情况下的预测符合当时危机全面爆发后人们的预期，而且其对价格到达谷底时间的预测与实际情况很是接近。故在未来很不确定的条件下，BVAR 模型对变量实际值的样本外预测效果要比传统的 VAR 模型要好得多。表 5－24、表 5－25、表 5－26 分别反映了 OPEC 原油产量、OECD 原油库存与消费量的 BVAR 预测与实际值的对比结果，由三个表中数据可见，相对原油价格而言原油供需状况的预测结果非常精确，同时预测误差也要小于 VAR 模型结果。

但是研究不同的问题，针对不同的时段，BVAR 模型先验分布的选取及估计过程中使用的抽样方法对预测结果会产生很大的影响。下面先以先验分布为准看不同的抽样方法的实证效果，首先对比分析一般抽样和 Gibbs 抽样两种抽样方法的 BVAR 模型预测结果。

表 5 – 24 OPEC 原油产量实际值与 BVAR 模型的预测值对比

时间	实际值	水平下估计	季节差分数据	一阶差分数据	增长率数据
Q1 – 09	28.71	28.92	27.97	29.59	29.43
Q2 – 09	28.86	27.49	25.62	29.59	28.32
Q3 – 09	29.34	24.90	25.27	30.51	27.56
Q4 – 09	29.34	25.09	28.72	31.32	27.40

表 5 – 25 OECD 原油库存实际值与 BVAR 模型的预测值对比

时间	实际值	水平下估计	季节差分数据	一阶差分数据	增长率数据
Q1 – 09	42.61	42.05	41.62	41.52	42.58
Q2 – 09	43.00	41.57	41.14	41.44	42.31
Q3 – 09	43.16	41.13	40.94	42.06	42.00
Q4 – 09	43.24	39.24	39.66	42.35	41.07

表 5 – 26 OECD 原油消费实际值与 BVAR 模型的预测值对比

时间	实际值	水平下估计	季节差分数据	一阶差分数据	增长率数据
Q1 – 09	46.57	46.85	48.15	48.99	46.60
Q2 – 09	44.33	47.37	47.44	49.00	45.66
Q3 – 09	45.07	48.36	49.70	47.27	45.71
Q4 – 09	45.97	48.84	51.47	47.04	46.93

表 5 – 27 一般抽样和 Gibbs 抽样下的 Minnesota 先验分布 BVAR 模型预测结果比较

时间	WTI 原油价格			OPEC 原油消费量			OECD 原油库存量			OECD 原油消费量		
	实际值	BVAR	G-BVAR	实际值	BVAR	G-BVAR	实际值	BVAR	G-BVAR	实际值	BVAR	G-BVAR
Q1 – 09	42.91	13.169	13.142	28.71	29.428	29.371	42.61	42.578	42.504	46.57	46.603	46.617
Q2 – 09	59.44	6.578	6.055	28.86	28.316	28.242	43.00	42.311	42.214	44.33	45.663	45.665
Q3 – 09	68.20	35.790	34.388	29.34	27.562	27.507	43.16	41.997	41.925	45.07	45.714	45.710
Q4 – 09	76.06	42.738	41.660	29.34	27.401	27.367	43.24	41.075	41.053	45.97	46.930	46.924

表 5 – 28　　　一般抽样和 Gibbs 抽样下的随机游走均匀先验分布 BVAR 模型预测结果较

时间	WTI 原油价格			OPEC 原油消费量			OECD 原油库存量			OECD 原油消费量		
	实际值	BVAR	G-BVAR	实际值	BVAR	G-BVAR	实际值	BVAR	G-BVAR	实际值	BVAR	G-BVAR
Q1 – 09	42.91	98.176	23.696	28.71	30.671	29.955	42.61	42.673	42.789	46.57	47.606	47.546
Q2 – 09	59.44	135.956	34.546	28.86	31.029	29.474	43.00	40.873	42.243	44.33	47.315	47.092
Q3 – 09	68.20	132.060	72.219	29.34	30.889	29.174	43.16	41.220	41.931	45.07	46.678	47.109
Q4 – 09	76.06	66.579	59.946	29.34	30.744	29.179	43.24	41.561	41.239	45.97	47.359	48.035

　　表 5 – 27 给出了一般抽样和 Gibbs 抽样下的 Minnesota 先验分布 BVAR（BVAR-M）模型预测结果的比较，结果表明，在油价预测方面，基于 Bayes 理论的 Gibbs 抽样方法所估计的 BVAR-M 模型的预测结果相对于一般抽样并不具有明显的优势。表 5 – 28 给出了一般抽样和 Gibbs 抽样下的随机游走均匀先验分布 BVAR（BVAR-RW）模型预测结果的比较，结果表明，在油价预测方面，基于 Bayes 理论的 Gibbs 抽样方法所估计的 BVAR-RW 模型的预测结果相对于一般抽样具有明显的优势，稳定性更好，精度更高。说明在原油价格这样一个未来具有很大不确定性的预测问题上，基于随机游走均匀先验分布所建立的 BVAR-RW 具有更大的优势。同时，基于 Bayes 理论的 Gibbs 抽样方法将会是模型的预测精度进一步提高。

　　根据预测结果，我们可以看到，基于 Bayes 理论的 Gibbs 抽样方法来估计 BVAR-RW 模型（GBVAR-RW）并对未来进行预测是油价预测的一个很好的模型选择，但同时要看到，对这种不确定性很强的问题，GBVAR-RW 模型对一年内的短期预测还具有一定的指导作用，长期预测还需要更好的预测模型来解决。在此基础上，我们对 2010 年的原油市场状况进行了预测，表明未来一年原油的消费需求并没有明显的增长，但是原油的库存和产量均是稳中有升，油价的上涨期待美元的贬值和新兴市场的需求增长。"美国因素"仍是未来油价波动的最重要的决定因素，美国的货币政策及其所带来的投机还将是原油市场中冲击供需平衡的最重要因素。而中国原油进口增长的影响力也在逐渐加强，但价格波动的主导方仍是美国。

5.2.6　主要结论

　　1. BVAR 模型虽然在理论上能解决 VAR 模型待估系数过多造成的"过度拟合"的问题，但是模型估计过程中的抽样方法对解决这个问题相当重要。实证表明，在本书选定区间下的油价系统用 Gibbs 抽样下的 BVAR 模型能真正的解决 VAR 模型"过度拟合"的问题。

　　2. 先验分布的选择对 BVAR 模型的预测精度的提高起决定性的作用，理论上 BVAR 模型可选取的先验分布有很多，但有些先验分布在可获数据的限制下可能存在无法估计的问题。而一般情况下，随机游走均匀分布对不确定性很大的油价系统的变量未来值预测具有一定优势。

3. 基于本书数据所选取的油价系统模型（GBVAR-RW 模型）的预测结果显示：2010 年原油的消费需求并没有明显的增长，但是原油的库存和产量均是稳中有升，油价的上涨期待美元的贬值和新兴市场原油需求增长的冲击。原油价格波动的主导方仍是美国，"美国因素"仍是未来油价波动的最重要的决定因素，美国的货币政策及其所带来的市场投机是原油市场中冲击供需平衡状态的重要因素。

5.3　Time Varying-BVAR 模型及其在油价形成机制分析中的应用

经济时间序列表现出经常变化的特征，一种简单的方式是把这种变化看成突变，然后对这种结构性或非结构性的突变转换进行建模（截距项、变量系数或全部发生变化）。但是这种变化确是由一些不可观测的原因引起的，或者同一些不可观测的状态关系紧密，如经济周期等。因为在实际中，结构性的改变往往是很少的，但系数的改变是经常性的（Cooley and Prescott，1973）[210]。在这种情况下，系数和协方差矩阵或可全部看作具有马尔科夫链的性质。Negro 和 Otrok（2006）[211]、Christian（1987）[212]分别进一步发展了时变参数模型，Canova F.（1993）[213]、Ciccarelli（2007）[214]分别利用 Bayes 思想来解决时变系数模型。随后又有很多学者将 Bayes-DLM 模型的计算方法和推导模式扩展到 BVAR 模型中来，建立 TV-BVAR 模型（Canova F.（2004）[215]；Jouchi Nakajima, et al.（2009）[216]；Giorgio（2005）[217]），本书主要是在 Canova F.（2004）[215]的 TV-BVAR 模型基础上进行了扩展应用。

5.3.1　TV-BVAR 模型

这里，按照状态空间模型的规则，方程系数及未知参数的改变遵循一定的规则，将 TV-BVAR 模型 Canova F.（2004）[215]分为量测方程与状态方程。

先考虑下面的形式：

$$y = A_t(l)y_{t-1} + C_t\tilde{y}_t + e_t, e_t \sim i.i.d\ N(0, \Sigma_e) \tag{5-30}$$
$$a_t = D_1 a_{t-1} + D_0 \bar{a} + v_t, v_t \sim i.i.d\ N(0, \Sigma_v)$$

其中，VAR 方程有 q 阶滞后，$\tilde{y}_t$ 为外生变量，$a_t = vec[A_t(l), C_t]_{m(mq+k)}$，故 D_1，D_0 均为 $m(mq+k) \times m(mq+k)$ 阶矩阵。上式中的 a_t 可以有稳定与不稳定两种状态，如果 a_t 的单位根的绝对值小于 1，那么就是稳定的。在原则上，Σ_v 也依赖

于时间，因此在 VAR 的系数和变量上，可以加上异方差的性质。把状态方程代入量测方程，利用和前面设定的相同变量可得：

$$y_t = (I_m \otimes Z_t)(D_1 a_{t-1} + D_0 \bar{a}) + (I_m \otimes Z_t)v_t + e_t \qquad (5-31)$$

系数在时间上可变的 BVAR 模型是一种状态空间模型，系数则是不可观察的。只要时间可变与时间不变一起估计，那么这种模型完全分层的估计将会很容易。在这里利用 Gibbs 抽样的 MCMC 算法来估计。为了给出清晰的思路，这里给出简化的方程的估计过程：

$$y_t = (I_m \otimes Z_t)a_t + e_t, \cdots, e_t \sim i.i.d \, N(0, \Sigma_e) \qquad (5-32)$$
$$a_t = D_1 a_{t-1} + v_t, v_t \sim i.i.d \, N(0, \Sigma_v)$$

如果 D_1 是已知的。对于 (Σ_e, Σ_v) 和不可观察的 $\{a_t\}_{t=1}^n$ 的后验的估计，可以通过 Gibbs 抽样获得。令 $a^t = (a_0, a_1, \cdots, a_t)$，$y^t = (y_0, y_1, \cdots, y_t)$。为了能使用 Gibbs 抽样，我们需要 $g(\Sigma_v \mid y^t, a^t, \Sigma_e)$、$g(\Sigma_e \mid y^t, a^t, \Sigma_v)$、$g(a^t \mid y^t, \Sigma_v, \Sigma_e)$ 的后验的分布条件。

假设 $g(\Sigma_e^{-1}, \Sigma_v^{-1}) = g(\Sigma_e^{-1})g(\Sigma_a^{-1})$，并且其中每一个都是 Wishart 分布，假定 $\bar{v}_0$，$\bar{v}_1$ 分别是 Σ_e^{-1}，Σ_v^{-1} 的自由度，$\overline{\Sigma}_e$，$\overline{\Sigma}_v$ 分别是其度量矩阵，因 e_t，v_t 是正态分布的，有：

$$g(\Sigma_e^{-1} \mid y^t, a^t, \Sigma_v) \sim W(\bar{v}_0 + n, (\overline{\Sigma}_e^{-1} + \sum_t (y_t - (I_m \otimes Z_t)a_t)(y_t - (I_m \otimes Z_t)a_t)')^{-1})$$

$$g(\Sigma_e^{-1} \mid y^t, a^t, \Sigma_e^{-1}) \sim W(\bar{v}_1 + n, (\overline{\Sigma}_v^{-1} + \sum_t (a_t - D_1 a_{t-1})(a_t - D_1 a_{t-1})')^{-1})$$

为了得到 a^t 的条件后验分布，首先应该知道：

$$g(a^t \mid y^t, \Sigma_v, \Sigma_e) = g(a_t \mid y^t, \Sigma_v, \Sigma_e)g(a_{t-1} \mid y^t, a_t, \Sigma_v, \Sigma_e)\cdots g(a_0 \mid y^t, a_1, \Sigma_v, \Sigma_e)$$

故 a^t 可以从一系列一致的条件后验分布中抽样出每一个元素而得到。a_t 可以从 $g(a_t \mid y^t, \Sigma_v, \Sigma_e)$ 中抽样，而对任意 $\tau \in \{0, 1, 2, \cdots, t\}$ 来说 $g(a_\tau \mid y^t, a_{\tau+1}, \Sigma_v, \Sigma_e)$ 可从以下得到，其中 $a_\tau^t = (a_\tau, \cdots, a_t)$，$y_\tau^t = (y_\tau, \cdots, y_t)$，

$$g(a_\tau \mid y^t, a_{\tau+1}, \Sigma_v, \Sigma_e) \propto g(a_\tau \mid y^\tau, \Sigma_v, \Sigma_e)g(a_{\tau+1} \mid y^\tau, a_\tau, \Sigma_v, \Sigma_e)$$
$$\times f(y_{\tau+1}^t \mid y^\tau, a_\tau, a_{\tau+1}, \Sigma_v, \Sigma_e) = g(a_\tau \mid y^\tau, \Sigma_v, \Sigma_e)g(a_{\tau+1} \mid a_\tau, \Sigma_v, \Sigma_e)$$

$$(5-33)$$

由式（5 - 33）可知等式右边是两个正态分布的密度函数，可以通过 Kalman 滤波法光滑或预测得到：

$$a_{t|t} = E(a_t \mid y^t, \Sigma_e, \Sigma_v) = a_{t|t-1} + k_t(y_t - (I_m \otimes Z_t)a_{t|t-1})$$

$$\Sigma_{t|t} = Var(a_t \mid y^t, \Sigma_e, \Sigma_v) = (I - k_t(I_m \otimes Z_t))\Sigma_{t|t-1}$$

$$a_{t|t-1} = D_1 a_{t-1|t-1}, k_t = \Sigma_{t|t-1}(I_m \otimes Z_t)'((I_m \otimes Z_t)\Sigma_{t|t-1}(I_m \otimes Z_t)' + \Sigma_e)^{-1}$$

$$\Sigma_{t|t-1} = Var(a_t \mid y^{t-1}, \Sigma_e, \Sigma_v) = D_1 \Sigma_{t-1|t-1}D'_1 + \Sigma_v$$

$$(5-34)$$

如果给定 a_0 的先验分布，$g(a_\tau | y^\tau, \sum_v, \sum_e)$ 是正态分布，其均值是 $a_{t|t}$，方差是 $\sum_{t|t}$，而 $g(a_{\tau+1} | a_\tau, \sum_v, \sum_e)$ 是正态分布，均值为 $D_1 a_\tau$，方差是 $\sum_a$。

假定 D_1 未知，则可首先假定器先验分布为：$D_1 \sim N(\overline{D}_1, \overline{\sigma}_{D_1}^2)$，通过 Bayes 后验分布计算公式转换得到：

$$g(D_1 | a^t, y^t, \sum_e, \sum_v) \sim N((a'_{t-1} \sum_v^{-1} a_{t-1} + \overline{\sigma}_{D_1}^{-2})^{-1} \times$$

$$(a'_{t-1} \sum_v^{-1} a_t + \overline{\sigma}_{D_1}^{-2} \overline{D}_1), (a'_{t-1} \sum_v^{-1} a_{t-1} + \overline{\sigma}_{D_1}^{-2})^{-1})$$

5.3.2 实证分析

根据前面的分析，本书在多层先验分布理论下建立 TV-BVAR 模型，利用 1991 年第 1 季度到 2009 年第 4 季度的油价系统数据（共 76 个样本，注：数据均来源于 EIA）。但该模型中很重要的一点是先验分布函数的确立。按照前面的表述，本书假定模型系数符合马尔科夫过程，同时先验分布为正态分布。而 VAR 模型及状态方程协方差矩阵均符合逆 Wishart 分布。模型的内生变量仍然为 WTI 原油价格、OPEC 原油产量、OECD 原油库存、OECD 原油消费量；外生变量为截距项、美元指数及中国原油净进口。这样将方程的内生及外生变量分开将模型改正如下：

$$y_t = (I_m \otimes X_t) a_t + (I_m \otimes Z_t) c_t + e_t, \cdots, e_t \sim i.i.d\ N(0, \sum_e)$$
$$a_t = a_0 + D_1(a_{t-1} - a_0) + v_t, v_t \sim i.i.d\ N(0, \sum_v) \qquad (5-35)$$
$$c_t = c_0 + D_2(a_{t-1} - c_0) + w_t, w_t \sim i.i.d\ N(0, \sum_w)$$

式（5-35）中，$y_t = (y_{1t}, y_{2t}, y_{3t}, y_{4t})'$ 为四个内生变量，共四行向量共有 76 组，考虑到自由度的限制及稳定性要求选取两阶滞后向量回归模型，$X_t = (y_{1t-1}, y_{2t-1}, y_{3t-1}, y_{4t-1}, y_{1t-2}, y_{2t-2}, y_{3t-2}, y_{4t-2})$，外生变量 $Z_t = (z_{1t}, z_{2t}, 1)$，其中 z_{1t} 代表美元指数、z_{2t} 代表中国原油净进口，1 代表截距项。这样 $m = 4$，a_t 为 32 行 1 列的行向量，c_t 为 12 行 1 列的行向量。另外，上述模型的状态方程是很一般化的形式，若 D_i 为单位矩阵，则方程系数符合随机游走过程，或则为一般的马尔科夫过程。

利用 WINBUGS 软件编写程序，在具体的编程过程中，a_t 及 c_t 的先验正态分布均选取基于 Gibbs 抽样下的 BVAR 模型所得到的计算结果，模拟 20 000 次，前 5 000 次作为训练样本，D_i 中的元素为 [0,1] 区间的均匀分布。经计算检验发现利用 MCMC 算法进行抽样时，只有 D_i 为单位矩阵，即方程系数符合随机游走过程时抽样过程才能收敛。收敛效果均同图 5-9 一样，属于依概率 1 收敛。

图 5-10 反映了进入模型的各内生变量的一阶滞后值对当前油价的边际作用。图中各曲线变化形势表明，滞后一期油价对当前油价的翘尾效应还是很显著的，尤其在 2006~2009 年初油价剧烈波动期间，而从 2009 年中旬开始这种效应便开始降低。

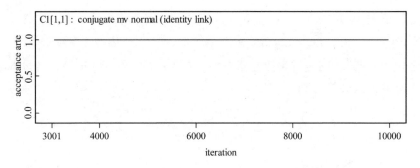

图 5-9　模型模拟收敛效果

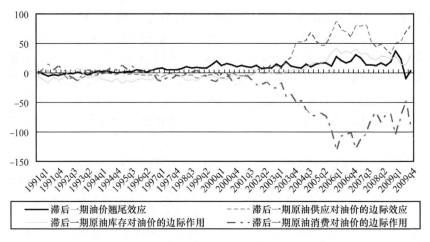

图 5-10　各内生变量一阶滞后对油价的边际效应

　　原油的供应增加本应降低原油价格，但从图 5-10 来看，原油供应的增加伴随着油价的上升，看起来与供需决定价格的理论不符，从供求理论看当原油供给上升时，原油价格则应该下降。但实际上，这一现象与供求理论并不存在矛盾。需求函数斜率为正、供给函数斜率为负的结果是在其他前提不变的基础上的，属于比较静态分析范畴。如果从动态的角度分析，油价的上升会刺激原油的供应，而原油供给的上升又会在一定程度上带动价格的小幅下调，这个过程的完成是需要很长时间的滞后期的。上述的图形说明，原油供应的变动引起油价相应变动的滞后时间要长于一个季度。

　　原油的库存也是调节油价波动的有效手段，当市场油价过高时，抛出库存来拉低油价，当市场油价过低时增加库存来抬高油价。从动态的观点来看，当库存增加的同时或短时间内伴随的是油价的下降阶段，只有当库存增加的信息能够反映到市场上，并且增量达到一定程度才能起到调节油价的作用，这个过程也是有一定的滞后时间，由图 5-10 可见，原油库存的变动引起油价相应变动的滞后时间在一个季度以内。

原油消费其实主要受到经济发展水平的影响，当油价上升到一定程度也会影响经济的发展进而限制原油消费，原油价格下跌会刺激原油消费的增长，但由于滞后期的作用，原油消费增长到一定的量才能带动油价的上升。由图 5 – 10 可见，原油消费的变动引起油价相应变动的滞后时间要长于一个季度。同时，由图 5 – 10 可见，2003 年开始原油的滞后价格、供需及库存对当前原油价格的边际作用逐步增强，也就是供需基本面对原油价格的影响强度越来越大。

图 5 – 11 给出了模型系统各内生变量二阶滞后对当前油价的边际效应。由图可见，滞后两期油价对当前油价的翘尾效应基本消失，主要是由于季节性因素。滞后两期原油供应起到了对当前油价应有的调节作用，即滞后两期原油供应的增加会拉低当前油价，也就是说原油供应对油价的调节作用滞后期大概为两季度，尤其是 2002 年以后这种效应越发显著。

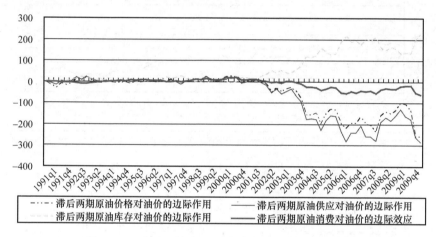

图 5 – 11　各内生变量二阶滞后值对油价的边际效应

滞后两期原油库存的增加起到了提高当前油价的作用相对一期滞后更为明显，说明 2002 年以后原油库存的调节逐渐成为市场调节油价的重要方式，而且见效快，强度也大。但是滞后两期原油消费的对油价的应有调节效果仍未显现，说明原油消费的增加达到提升油价效果的滞后期较长，至少长于两个季度，说明全球经济增长所导致的原油消费的增加并不是油价短期类波动剧烈的推手。

图 5 – 12 给出了模型系统各外生变量对油价的时变边际效应。1997 年以前美元指数对油价的边际效应很小，且处于波动的状态，也就是说 1997 年以前美元汇率的波动对油价的影响并不大，但 1997 年以后随着整个全球的经济增长，原油价格越来越高。当美元升值时，资本开始离开原油奔向美元使得油价下降，而美元贬值时，原油成为人们离开美元时的首选投资对象，能很快提升油价。尤其

是 2006 年以后美元指数成为了油价波动的重要诱因。

中国的原油净进口在 2002 年以前对油价的边际影响效应的方向左右摇摆不定，2002 年以后，中国原油净进口的增长始终扮演着推升油价的角色，尤其是 2006 年以后这种正向的边际效应越来越强。可见中国原油净进口将逐渐成为继美元之后的又一推升油价的重要因素。

截矩项代表了一些未加入系统模型中的影响因素对油价的作用，由图 5-12 可见，这些因素在整个考察期内对油价的边际作用一直很强，说明油价的形成很复杂，不确定性也很大。

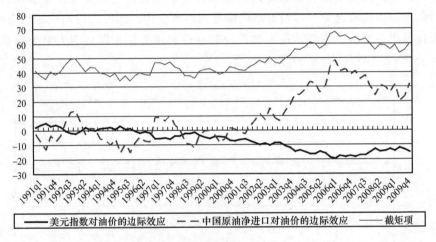

图 5-12　模型系统外生变量对油价的边际效应

但在经济模型的分析过程中，边际分析不能消除量纲的影响，如中国原油净进口可取千吨/日，也可取万吨/日，不同的量纲得到的边际效用系数也发生相应的变化，这样虽然能够从趋势上反映每个影响因素的变动对油价的影响大小变动状况，但是当进行两因素间影响效果的比较时就会出现困难。所以消除量纲影响的弹性分析为因素间影响效果的比较提供了一种方便，下面将各因素值取对数后进行油价系统模型的时变弹性分析。

油价系统时变弹性分析中模型的设定、参数先验分布的选取及超参数的确定方法与上面相同。图 5-13 反映了各内生变量的一阶滞后对油价的弹性分析。由图可见油价自身的翘尾因素成负向效应。原油消费的波动在 2008 年以前能在一个季度内引起价格的变化，而且效应强度很大且显著。原油的供应在 2006 年以后才能在一个季度内发挥对油价波动应有的调节作用，但作用强度是逐年增强，至 2009 年每增加 1% 的原油供应将导致油价下降幅度接近 4%。相比较而言，油价对原油库存的波动的弹性系数最大，也就是说每变动 1% 的原油库存将使油价变动 4% 以上，近 3 年达到了 7% 左右。

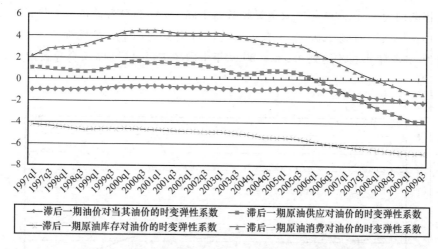

图 5-13 各内生变量一阶滞后对油价的时变弹性分析

图 5-14 反映了油价对系统模型各内生变量二阶滞后的时变弹性系数。由图可见，库存对油价的影响在一个季度后失去应有的效果。同时，原油消费对两季度后油价的调节作用，也开始失效。另外，2004 年以前原油的供应对两季度后油价还有一定的调节作用，但是随后则失去应有的效用。但是，油价自生的波动影响在 2 个季度后显现，这也可能是油价序列季节性因素的影响。

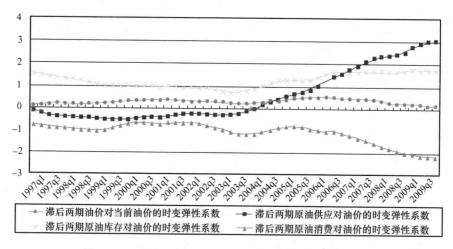

图 5-14 各内生变量二阶滞后值对油价的时变弹性分析

图 5-15 反映了油价对模型系统外生变量的时变弹性系数变动趋势。1991 ~ 2009 年"美国因素"始终是当期油价大幅波动的首要推手，2006 年以前美元指数每下降 1% 将使得油价上升 7% ~8% 左右，2006 年以后美元变动对油价的影响

强度逐渐加大，至 2009 年年末美元指数每下降 1% 将会导致油价上升接近 11%。而"中国因素"直到 2006 年才真正成为油价上升的推手，虽然强度不断加大，但直到 2009 年年底才达到 4.5%，2009 年中国净进口每增加 1% 会导致油价上升4% 左右。

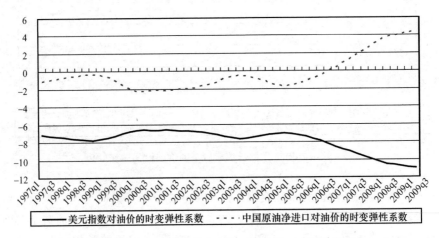

图 5 - 15　模型系统外生变量对油价的时变弹性分析

6

基于 MS-BVAR 模型的
油价系统结构拐点分析

　　许多经济或金融中的时间序列数据均具有明显的周期性变动，普通的回归分析或相关分析对这些具有周期性变动或异常值的序列研究表现不稳定，而参数状态不断转换的模型将是一个很好的选择。状态机制转换过程包含很多不同的状态，这些状态均有不同的变动特征，各种状态下参数的不同便是用来描述其特征的差异。在每种状态下，过程均具有稳定的先验，具有线性稳定性，但不同状态间的转换使得整个过程又具有高度的非线性性。而建模的主要任务，就是当过程在不同的状态间进行变动时，利用已观测的样本数据，对不同的参数及状态转移的概率进行概率推断。Glen R. Harris（1999）[218]利用 MCMC 理论解决了状态转换的向量自回归模型的算法及理论推导，本书下面对其主要理论推导部分进行简介。Juan F. Rubio-Ramirez、Daniel Waggoner、Tao Zha（2005）[219]对 MS-SVAR 模型的算法及应用作了全面地介绍。另外，Sims 等（2008）[220]，Sims 和 Zha（2006）[221]，James D. Hamilton、Baldev Raj（2002）[222]分别对 MS-VAR 模型的广泛应用作了进一步的发展。

　　假定 ρ_t 为离散的状态指示变量，则在任意时刻 t，过程一定处在某个状态 $\rho_t \epsilon$ $\{1,2,\cdots,k\}$，定义状态转移概率为 $p_{ij} = p(\rho_t = j \mid \rho_{t-1} = i)$，则 $\sum_{j=1}^{k} p_{ij} = 1$，$\forall i$，同时令 $P^T = \{p_{ij}\}_{(k \times k)}$。以滞后 q 阶的 $VAR(q)$ 模型为例，假定 $VAR(q)$ 模型有 k 个状态，在每种不同的状态下模型参数各不相同。

$$x_t = \mu_{\rho_t} + \sum_{h=1}^{q} A_{\rho_t}^h (x_{t-h} - \mu_{\rho_t}) + \xi_{t(\rho_t)} \qquad (6-1)$$

其中 $\xi_{t(\rho_t)} \sim N(0, \Omega_{\rho_t})$，$E\xi_{t(\rho_t)} = 0$，$E\xi_{t(\rho_t)}\xi_{t(\rho_t)}^T = \Omega\rho_t$，$\forall t > q$。$x$，$\mu$，$\xi$ 均为 $m \times 1$ 向量，$A_{\rho_t}^h$，Ω 均为 $m \times m$ 矩阵。为方便记，上述的 VAR（q）状态转换模型记为 $RSVAR(q,k)$ 模型。大部分情况下我们可以经过友矩阵变换来将 $VAR(q)$ 模型转化为 $VAR(1)$ 模型，具体变换过程如下。

　　给出 k 阶 $VAR(k)$ 模型，

$$Y_t = m + P_1 Y_{t-1} + P_2 Y_{t-2} + \cdots + P_k Y_{t-k} + u_t \qquad (6-2)$$

再给出如下等式，$Y_{t-1} = Y_{t-1}$ $Y_{t-2} = Y_{t-2} \cdots Y_{t-k+1} = Y_{t-k+1}$
把以上 k 个等式写成分块矩阵形式，

$$
\begin{bmatrix} Y_t \\ Y_{t-1} \\ Y_{t-2} \\ \vdots \\ Y_{t-k+1} \end{bmatrix}_{NK \times 1} = \begin{bmatrix} \mu \\ 0 \\ 0 \\ \vdots \\ 0 \end{bmatrix}_{NK \times 1} + \begin{bmatrix} \Pi_1 & \Pi_2 & \cdots & \Pi_{k-1} & \Pi_k \\ I & 0 & \cdots & 0 & 0 \\ 0 & I & \cdots & 0 & 0 \\ \vdots & \vdots & \vdots & \vdots & \vdots \\ 0 & 0 & \cdots & I & 0 \end{bmatrix}_{NK \times NK} \begin{bmatrix} Y_{t-1} \\ Y_{t-2} \\ Y_{t-3} \\ \vdots \\ Y_{t-k} \end{bmatrix}_{NK \times 1} + \begin{bmatrix} u_1 \\ 0 \\ 0 \\ \vdots \\ 0 \end{bmatrix}_{NK \times 1}
$$

$$(6-3)$$

其中每一个元素都表示一个向量或矩阵。令

$$
\mathbf{Y}_t = (Y_{t-1}, Y_{t-2}, \cdots, Y_{t-k+1})'_{NK \times 1}, A_0 = (\mu, 0, 0, \cdots, 0)'_{NK \times 1}
$$

$$
A_1 = \begin{bmatrix} \Pi_1 & \Pi_2 & \cdots & \Pi_{k-1} & \Pi_k \\ I & 0 & \cdots & 0 & 0 \\ 0 & I & \cdots & 0 & 0 \\ \vdots & \vdots & \vdots & \vdots & \vdots \\ 0 & 0 & \cdots & I & 0 \end{bmatrix}_{NK \times NK}, U_t = (u_t, 0, \cdots, 0)'_{NK \times 1}
$$

这时式（6-3）可写为 $\mathbf{Y}_t = A_0 + A_1 \mathbf{Y}_{t-1} + U_t$，按照这种方法将 $RSVAR(q,k)$ 模型写成如下形式：

$$
X_t = \tilde{\mu}_{\rho_t} + A_{\rho_t}(X_{t-1} - \tilde{\mu}_{\rho_t}) + \tilde{\xi}_{t(\rho_t)} \tag{6-4}
$$

$$
ie. \begin{pmatrix} x_t \\ x_{t-1} \\ \vdots \\ x_{t-q+1} \end{pmatrix} = \begin{pmatrix} \mu_{\rho_t} \\ \mu_{\rho_t} \\ \vdots \\ \mu_{\rho_t} \end{pmatrix} + \begin{pmatrix} A_{\rho_t}^1 & A_{\rho_t}^2 & \cdots & A_{\rho_t}^q \\ I_m & 0_m & \cdots & 0_m \\ \vdots & \vdots & \vdots & \vdots \\ 0_m & 0_m & \cdots & 0_m \end{pmatrix} \begin{bmatrix} \begin{pmatrix} x_{t-1} \\ x_{t-2} \\ \vdots \\ x_{t-q} \end{pmatrix} - \begin{pmatrix} \mu_{\rho_t} \\ \mu_{\rho_t} \\ \vdots \\ \mu_{\rho_t} \end{pmatrix} \end{bmatrix} + \begin{pmatrix} \xi_{t(\rho_t)} \\ 0 \\ \vdots \\ 0 \end{pmatrix}
$$

其中 $E \tilde{\xi}_{t(\rho_t)} = 0$，$E \tilde{\xi}_{t(\rho_t)} \tilde{\xi}_{t(\rho_t)}^T = \tilde{\Omega}_{\rho_t}$，$\forall t > q$。$\tilde{X}$，$\tilde{\mu}$，$\tilde{\xi}$ 均为 $mq \times 1$ 向量，A_{ρ_t}，$\tilde{\Omega}$ 均为 $mq \times mq$ 矩阵。这样，所有需估计的参数为 $\lambda = \{\mu_1, \cdots, \mu_k, A_1, \cdots, A_k, \Omega_1, \cdots, \Omega_k, P\}$。可简化写成 $\lambda = \{\Theta, P\}$，为了确保过程的可识别，大多情况下我们有必要通过参数的可识别先验约束来定义状态。如果不这样，可能会导致未来相同的数据集的状态在不同的迭代次数下其标识也不同。在未知参数及状态下，函数的似然函数为：

$$
l(x_t) \mid (\rho_t, Y_t, \lambda) = (2\pi)^{-m/2} \mid \Omega_{\rho_t}^{-1} \mid^{1/2} \exp\left\{ -\frac{1}{2} \xi_{t(\rho_t)}^T \Omega_{\rho_t}^{-1} \xi_{t(\rho_t)} \right\} \tag{6-5}
$$

$$
\xi_{t(\rho_t)} = x_t - \mu_{\rho_t} - \sum_{h=1}^{q} A_{\rho_t}^h (x_{t-h} - \mu_{\rho_t}) \tag{6-6}
$$

其中 $t > q, Y_t = (x_1, \cdots, x_t)$，另外可以通过以下得到一阶自回归矩阵形式的似然函数 $l(X_q \mid \rho_q, \lambda)$。在任意状态下，

$$
X_t = \tilde{\mu} + A(X_{t-1} - \tilde{\mu}) + \tilde{\xi}_t = \tilde{\mu} + \sum_{\tau=0}^{\infty} A^{\tau} \tilde{\xi}_{t-\tau} \tag{6-7}
$$

假定模型是稳定的，则在任意状态下，

$$VarX_t = E(X_t - \tilde{\mu})(X_t - \tilde{\mu})^T$$

$$= E\Big\{\Big(\sum_{\tau=0}^{\infty} A^{\tau}\tilde{\xi}_{t-\tau}\Big)\Big(\sum_{\tau=0}^{\infty} A^{\tau}\tilde{\xi}_{t-\tau}\Big)^T\Big\} = E\Big\{\sum_{\tau=0}^{\infty} A^{\tau}\tilde{\xi}_{t-\tau}\tilde{\xi}_{t-\tau}^T(A^{\tau})^T\Big\}$$

$$= \sum_{\tau=0}^{\infty} A^{\tau}\tilde{\Omega}(A^{\tau})^T = V(\Omega, A) = V_{\rho_t}$$

则

$$l(X_q \mid \rho_q, \lambda) = (2\pi)^{-mq/2} \mid V(\Omega_k, A_k)^{-1} \mid^{1/2} \exp\Big\{-\frac{1}{2}(X_q - \tilde{\mu}_k)^T V(\Omega_k, A_k)^{-1}(X_q - \tilde{\mu}_k)\Big\}$$

其中 $\rho_q = k$（表示第 k 个状态）。在实际应用中，根据模型稳定收敛的性质，我们一般利用 $\tilde{\Omega} + \sum_{t=1}^{\nu} A^{\tau}\tilde{\Omega}(A^{\tau})^T$ 来近似 V，然后对近似的 V 矩阵求逆来获得 V^{-1} 的近似值。

这时全条件似然函数可以写成：

$$L(Y \mid \rho, \lambda) = l(x_1, \cdots, x_q, x_{q+1}, \cdots, x_N \mid \rho, \lambda) \tag{6-8}$$

$$= l(X_q \mid \rho_q, \lambda)\prod_{t=q+1}^{N} l(x_t \mid \rho_t, Y_t, \lambda)$$

其中 $Y = Y_N, \rho = \{\rho_q, \cdots, \rho_N\}$。对状态进行积分可以得到在待估参数 λ 的极大似然函数如式（6-9）：

$$L(Y \mid \rho, \lambda) = l(X_q \mid \lambda)\prod_{t=q+1}^{N} l(x_t \mid Y_t, \lambda) \tag{6-9}$$

在一般情况下，可以通过对含参数入的似然函数的最大化来估计参数值。但是参数如此之多，如果要通过似然函数法来获得参数的后验分布及估计很困难，甚至不太可能，而 MCMC 方法为这种需要高阶积分来推导的概率计算提供了一种易于实施的方案。MCMC 方法就是利用已知数据，在联合后验分布下抽取状态参数的样本，$p(\rho, \lambda \mid Y)$，利用 Gibbs 抽样及 Metropolis - Hastings 算法，通过不断迭代抽样如下：

$$p(\rho^c \mid Y, \lambda^c) \to \rho^{c+1}, p(\mu^c \mid Y, \rho^c, A^c, \Omega^c, P^c) \to \mu^{c+1}$$

$$p(A^c \mid Y, \rho^c, \mu^{c+1}, \Omega^c, P^c) \to A^{c+1}, p(\Omega^c \mid Y, \rho^c, \mu^{c+1}, A^{c+1}, P^c) \to \Omega^{c+1}$$

$$p(P^c \mid Y, \rho^c, \mu^{c+1}, A^{c+1}, \Omega^{c+1}) \to P^{c+1}$$

6.1　状态 $\rho = \{\rho_q, \cdots, \rho_N\}$ 进行迭代抽样

$$p(\rho \mid Y, \lambda) = p(\rho_N \mid Y, \lambda)\prod_{t=q}^{N-1} p(\rho_t \mid \rho_{t+1}, Y_t, \lambda)$$

其中 $p(\rho_N \mid Y, \lambda)$（$p(\rho_N \mid Y, \lambda)$ 为 K 种情况的任一种，因 $\rho_N \in \{1, 2, \cdots, k\}$）的

滤波概率可从以下步骤获得。

$$l(\rho_q, X_q \mid \lambda) = l(X_q \mid \rho_q, \lambda) p(\rho_q \mid \lambda), \text{而} \ l(X_q \mid \lambda) = \sum_{\rho_q = 1}^{K} l(\rho_q, X_q \mid \lambda) \text{ 故}$$

$$p(\rho_q \mid X_q, \lambda) = \frac{l(\rho_q, X_q \mid \lambda)}{l(X_q \mid \lambda)} = \frac{l(X_q \mid \rho_q, \lambda) p(\rho_q \mid \lambda)}{\displaystyle\sum_{\rho_q = 1}^{K} l(\rho_q, X_q \mid \lambda)}$$

当 $t = q + 1, \cdots, N$

$$l(x_t, \rho_t, \rho_{t-1} \mid Y_{t-1}, \lambda) = l(x_t \mid \rho_t, Y_{t-1}, \lambda) p(\rho_t \mid \rho_{t-1}) p(\rho_{t-1} \mid Y_{t-1}, \lambda)$$

$$l(x_t \mid Y_{t-1}, \lambda) = \sum_{\rho_t = 1}^{K} \sum_{\rho_{t-1} = 1}^{K} l(x_t, \rho_t, \rho_{t-1} \mid Y_{t-1}, \lambda) \text{ 故}$$

$$p(\rho_t \mid Y_t, \lambda) = \sum_{\rho_{t-1} = 1}^{K} p(\rho_t, \rho_{t-1} \mid Y_t, \lambda) = \sum_{\rho_{t-1} = 1}^{K} \frac{l(x_t, \rho_t, \rho_{t-1} \mid Y_{t-1}, \lambda)}{l(x_t \mid Y_{t-1}, \lambda)}$$

其中 $\rho_t, \rho_{t-1} \in \{1, 2, \cdots, k\}$，一旦确定滤波概率 $p(\rho_N \mid Y, \lambda)$，则很容易从离散分布 $p(\rho_N \mid Y, \lambda)$ 中抽取样本。对于 $t = q + 1, \cdots, N$，通过计算 $p(\rho_t \mid \rho_{t+1}, Y_t, \lambda)$ 即可获得每个状态的滤波概率，计算如下：

$$p(\rho_t \mid \rho_{t+1}, Y_t, \lambda) = \frac{p(\rho_{t+1}, \rho_t \mid Y_t, \lambda)}{p(\rho_{t+1} \mid Y_t, \lambda)} = \frac{p(\rho_{t+1}, \rho_t \mid Y_t, \lambda)}{\displaystyle\sum_{\rho_t = 1}^{K} p(\rho_t, \rho_{t+1} \mid Y_t, \lambda)}$$

$$= \frac{p(\rho_{t+1} \mid \rho_t, \lambda) p(\rho_t \mid Y_t, \lambda)}{\displaystyle\sum_{\rho_t = 1}^{K} p(\rho_t, \rho_{t+1} \mid Y_t, \lambda)} \qquad (6-10)$$

其中 $\rho_t, \rho_{t+1} \in \{1, 2, \cdots, k\}$，根据上面的推导就可以方便的进行状态的抽取。

6.2　均值参数 μ 的后验分布

$$p(\mu^c \mid Y, \rho^c, A^c, \Omega^c, P^c) \rightarrow \mu^{c+1}$$

这里用 μ_r 代表任何一个 $\mu_{\rho t}, \rho_t \in \{1, 2, \cdots, k\}$ 可能的取值，这时 μ_r 的先验分布应该选取独立一致性先验，比如无信息先验分布。这时便可以满足可识别性的约束条件，均值参数向量的联合条件分布如下：

$$p(\mu_1, \mu_2, \cdots, \mu_K \mid \rho, \lambda_{\neq \mu}, Y) \propto L(Y \mid \rho, \lambda) p(\mu_1, \mu_2, \cdots, \mu_K)$$

这是 K 个多元正态分布的乘积的形式，但在任意时间 t，均值只能处在某一个状态假定为 μ_r，其中指数部分如下：

$$-\frac{1}{2} \tilde{\xi}_q^T V_{\rho_q}^{-1} \tilde{\xi}_q - \frac{1}{2} \sum_{t=q+1}^{N} \xi_t^T \Omega_{\rho}^{-1} \xi_t = -\frac{1}{2} (X_q - \tilde{\mu}_{\rho_q})^T V_{\rho}^{-1} (X_q - \tilde{\mu}_{\rho_q})$$

$$-\frac{1}{2} \sum_{t=q+1}^{N} (x_t - \sum_{h=1}^{q} A_{\rho_t}^h x_{t-h} - (I_m - \sum_{h=1}^{q} A_{\rho_t}^h) \mu_{\rho_t})^T \Omega_{\rho_t}^{-1} (x_t - \sum_{h=1}^{q} A_{\rho_t}^h x_{t-h} - (I_m - \sum_{h=1}^{q} A_{\rho_t}^h) \mu_{\rho_t})$$

$$= -\frac{1}{2}(\tilde{\mu}_{\rho_q} - X_q)^T V_{\rho_q}^{-1}(\tilde{\mu}_{\rho_q} - X_q)$$

$$-\frac{1}{2}\sum_{t=q+1}^{N}(\mu_{\rho_t} - (I_m - \sum_{h=1}^{q} A_{\rho_t}^h)^{-1}(x_t - \sum_{h=1}^{q} A_{\rho_t}^h x_{t-h}))^T W_{\rho_t}^{-1}(\mu_{\rho_t} - (I_m - \sum_{h=1}^{q} A_{\rho_t}^h)^{-1}$$

$$(x_t - \sum_{h=1}^{q} A_{\rho_t}^h x_{t-h}))$$

其中，$W_{\rho_t}^{-1} = (I_m - \sum_{h=1}^{q} A_{\rho_t}^h)^T \Omega_{\rho_t}^{-1}(I_m - \sum_{h=1}^{q} A_{\rho_t}^h)$，假定 $\rho_q = k$，且在整个过程中 $\rho_t = r$ 出现了 n_r 次，这时上述指数部分可写为：

$$-\frac{1}{2}\tilde{\xi}_q^T V_q^{-1} \tilde{\xi}_q$$

$$-\frac{1}{2}(\mu_k - \frac{1}{n_k - 1}(I_m - \sum_{h=1}^{q} A_k^h)^{-1}\sum_{\rho_q=k,t>q}(x_t - \sum_{h=1}^{q} A_k^h x_{t-h}))^T(n_k - 1)W_k^{-1}$$

$$(\mu_k - \frac{1}{n_k - 1}(I_m - \sum_{h=1}^{q} A_k^h)^{-1}\sum_{\rho_q=k,t>q}(x_t - \sum_{h=1}^{q} A_k^h x_{t-h}))$$

$$-\frac{1}{2}\sum_{r\neq k}(\mu_r - \frac{1}{n_r}(I_m - \sum_{h=1}^{q} A_r^h)^{-1}\sum_{\rho_q=r}(x_t - \sum_{h=1}^{q} A_r^h x_{t-h}))^T n_r W_r^{-1}$$

$$(\mu_r - \frac{1}{n_r}(I_m - \sum_{h=1}^{q} A_r^h)^{-1}\sum_{\rho_q=r}(x_t - \sum_{h=1}^{q} A_r^h x_{t-h}))$$

这时，由上述表达式可以得到：

$$p(\mu_1,\mu_2,\cdots,\mu_k \mid \rho,\lambda_{\neq\mu},Y)$$

$$\propto |V_k^{-1}|^{1/2}\exp\{-\frac{1}{2}\tilde{\xi}_q^T V_q^{-1}\tilde{\xi}_q\}$$

$$\times N(\frac{1}{n_k - 1}(I_m - \sum_{h=1}^{q} A_k^h)^{-1}\sum_{\rho_q=k,t>q}(x_t - \sum_{h=1}^{q} A_k^h x_{t-h}),(n_k - 1)^{-1}W_k) \quad (6-11)$$

$$\times \prod_{r\neq k} N(\frac{1}{n_r}(I_m - \sum_{h=1}^{q} A_r^h)^{-1}\sum_{\rho_q=r}(x_t - \sum_{h=1}^{q} A_r^h x_{t-h}),\frac{1}{n_r}W_r)$$

其中，$N(,)$ 代表多元正态分布，这样 $K-1$ 个 $\mu_r(r\neq k)$ 均可以从多元正态分布中独立产生。因为 V_k 为 μ_k 的函数，故 μ_k 可以通过下述分布来生成。

$$\mu_k^* \sim N(\frac{1}{n_k - 1}(I_m - \sum_{h=1}^{q} A_k^h)^{-1}\sum_{\rho_q=k,t>q}(x_t - \sum_{h=1}^{q} A_k^h x_{t-h}),(n_k - 1)^{-1}W_k)$$

6.3 系数矩阵 A 的后验分布

利用似然函数

$$p(A_1,A_2,\cdots,A_K \mid \rho,\lambda_{\neq A},Y) \propto L(Y \mid \rho,\lambda)p(A_1,A_2,\cdots,A_K)$$

来得到 A 的后验分布，其中 A_r 表示任一个可能的离散值 A_{ρ_t}，$\rho_t \in \{1, 2, \cdots, K\}$，由于

$$A_{\rho_t} = \begin{pmatrix} A_{\rho_t}^1 & A_{\rho_t}^2 & \cdots & A_{\rho_t}^q \\ I_m & 0_m & \cdots & 0_m \\ \vdots & \vdots & \vdots & \vdots \\ 0_m & 0_m & \cdots & 0_m \end{pmatrix}$$

故只需估计 A_{ρ_t} 前 m 行元素，定义 $\theta = (I_m, 0_m, \cdots, 0_m)_{m \times mq}$，则 $\theta A_{\rho_t} = (A^1, A^2, \cdots, A^q)_{m \times mq}$，其中 θA_r 为 K 个 θA_r，$(r = 1, 2, \cdots, K)$ 中的任一个，而这些值才是需要真正生成的。如果要生成 θA_r，首先需要知道 θA_r 的先验分布然后退出后验分布来生成。由经验可知，向量正态分布是一个合适的选择，而且在任何状态下均符合 VAR 过程的稳定性要求，这时 θA_r 表示为：

$$p(\theta A_r) \propto N(B_r, \frac{1}{V_r} I_{m^2 q}) \times g(A_r)$$

上式右端第一项便为矩阵正态分布，$B_r = (B_r^1, B_r^2, \cdots, B_r^q)_{m \times m^2 q}$。$I_{m^2 q}$ 为单位矩阵，在没有很强的先验约束的情况下，B_r 基本在 0 附近取值（除对角线及序列相关性明显很强的地方）。每个 θA_r 的先验方差为 $1/V_r$，V_r 可以被看做是状态 r 下的先验观察值数量。

稳定性要求 A^α 在 $\alpha \to \infty$ 时趋近于 0，这时序列 $\{A^\alpha, \alpha = 0, 1, 2, \cdots,\}$ 才能取绝对和，极限为 $(I - A)^{-1}$，这就要求 A 的所有特征值的模小于 1。假定 $\rho_q = k$，$\rho_t = r \ (r \neq k)$，同时定义 $m \times n_r$ 阶矩阵 $\xi_r = (\xi_t : \rho_t = r)$，偏差为 $\tilde{x}_r = ((X_{t-1} - \tilde{\mu}_r) : \rho_t = r)$，$x_r = ((X_t - \tilde{\mu}_r) : \rho_t = r)$，由于 $-\tilde{\xi}_t = A_r (X_{t-1} - \tilde{\mu}_r) - (X_t - \tilde{\mu}_r)$，而 $\xi_t = \theta \tilde{\xi}_t$，利用上述假设可以得到：

$$-\xi = \theta A \tilde{x} - \theta x, \ 故 -\xi \tilde{x}^T = \theta A \tilde{x} \tilde{x}^T - \theta x \tilde{x}^T = [\theta A - \theta x \tilde{x}^T (\tilde{x} \tilde{x}^T)^{-1}] (\tilde{x} \tilde{x}^T)$$

$$\Rightarrow -\xi = [\theta A - \theta x \tilde{x}^T (\tilde{x} \tilde{x}^T)^{-1}] \tilde{x}$$

$$\Rightarrow -vec\xi = (\tilde{x}^T I_m \otimes I_m) [vec\theta A - vec\{\theta x \tilde{x}^T (\tilde{x} \tilde{x}^T)^{-1}\}]$$

$$= (\tilde{x}^T I_m \otimes I_m) [vec\theta A - vecC]$$

其中，$C = \theta x \tilde{x}^T (\tilde{x} \tilde{x}^T)^{-1}_{m \times mq}$，由于在每一时刻，$A_r$ 只能处在一个状态，这时似然函数的指数形式为：

$$-\frac{1}{2} \tilde{\xi}_q^T V_k^{-1} \tilde{\xi}_q - \frac{1}{2} vec\xi_k^T (I_{n_{k-1}} \otimes \Omega_k^{-1}) vec\xi_k - \frac{1}{2} \sum_{r \neq k} vec\xi_r^T (I_{n_r} \otimes \Omega_r^{-1}) vec\xi_r$$

其中，$\xi_k = (\xi_t : \rho_t = k, r > q)_{m \times (n_{k-1})}$，在上述指数项的基础上考虑先验分布则可以得到似然函数密度指数部分为：

$$-\frac{1}{2} \tilde{\xi}_q^T V_k^{-1} \tilde{\xi}_q - \frac{1}{2} \sum_r [vec\theta A_r - vecC_r]^T (\tilde{x}_r \tilde{x}_r^T \otimes \Omega_r^{-1}) [vec\theta A_r - vecC_r]$$

$$-\frac{1}{2}\sum_r [vec\theta A_r - vecB_r]^T (V_r I_{m^2 q})[vec\theta A_r - vecB_r]$$

$$= -\frac{1}{2}\tilde{\xi}_q^T V_k^{-1}\tilde{\xi}_q - \frac{1}{2}\sum_r [vec\theta A_r - a_r]^T \Psi_r^{-1}[vec\theta A_r - a_r]$$

其中，$\Psi_r^{-1} = (\tilde{x}_r \tilde{x}_r^T \otimes \Omega_r^{-1}) + V_r I_{m^2 q}$，$a_r = \Psi_r[(\tilde{x}_r \tilde{x}_r^T \otimes \Omega_r^{-1})vecC_r + V_r vecB_r]$

由于 V^{-1} 为 A_k 的函数，固原系数矩阵的联合条件似然函数密度为：

$$p(A_1, A_2, \cdots, A_K)\mid(\rho, \lambda_{\neq A}, Y) \propto \mid V_k^{-1}\mid^{1/2} exp\left\{-\frac{1}{2}\tilde{\xi}_q^T V_k^{-1}\tilde{\xi}_q\right\}\times \prod_r N(a_r, \Psi_r) \times g(A_r)$$

$$(6-12)$$

这时可以看出，A_r，$r\neq\rho_q$ 均服从矩阵正态分布，而 A_k 可从 $N(a_k, \Psi_k)$ 中近似抽取样本。

6.4 协方差矩阵 Ω 的后验分布

首先假定 Ω_r 代表任意一个状态下的 Ω_{ρ_t}，$\rho_t \in \{1, 2, \cdots, K\}$ 对协方差矩阵来说，根据前人的研究经验，选取 Wishart 分布作为协方差矩阵的先验分布最为合适，假定选取了具有参数 η_r，F^{-1} 的 Wishart 先验分布。其中 F^{-1} 为对角阵（第 i 个对角元素为 $\eta_r s_i^2$），s_i^2 为第 i 个序列的先验方差。η_r 可以理解为每种状态下的观测值个数。这时完整的先验分布形式为：

$$p(\Omega_1^{-1}, \Omega_2^{-1}, \cdots, \Omega_K^{-1}) = \prod_{r=1}^K W_m(\eta_r, F_r^{-1}) \times h(\Omega_1, \Omega_2, \cdots, \Omega_K)$$

其中，$h(\Omega_1, \Omega_2, \cdots, \Omega_K)$ 表示所有可识别的先验约束。同前面一样，定义 $m \times n_r$ 阶矩阵 $\xi_r = (\xi_t: \rho_t = r, r\neq\rho_q)$，$\xi_k = (\xi_t: \rho_t = k, t>q)$，同时 $\rho_q = k$。这时极大似然函数为：

$$p(\Omega_1^{-1}, \Omega_2^{-1}, \cdots, \Omega_K^{-1}\mid\rho, \lambda_{\neq\Omega}, Y) \propto l(Y\mid\rho, \lambda)p(\Omega_1^{-1}, \Omega_2^{-1}, \cdots, \Omega_K^{-1})$$

$$\propto \mid V_k^{-1}\mid^{1/2} exp\left\{-\frac{1}{2}\tilde{\xi}_q^T V_k^{-1}\tilde{\xi}_q\right\}\times\mid\Omega_k^{-1}\mid^{\frac{n_k-1}{2}} exp\left\{-\frac{1}{2}vec\xi_k^T(I_{n_{k-1}} \otimes \Omega_k^{-1})vec\xi_k\right\}$$

$$\times \prod_{r\neq k}\mid\Omega_r^{-1}\mid^{n_r/2} exp\left\{-\frac{1}{2}vec\xi_r^T(I_{n_r} \otimes \Omega_r^{-1})vec\xi_r\right\}\times p(\Omega_1^{-1}, \Omega_2^{-1}, \cdots, \Omega_K^{-1})$$

$$\propto \mid V_k^{-1}\mid^{1/2} exp\left\{-\frac{1}{2}\tilde{\xi}_q^T V_k^{-1}\tilde{\xi}_q\right\}\times\mid\Omega_k^{-1}\mid^{\frac{n_k+\eta_k-m-2}{2}} exp\left\{-\frac{1}{2}tr((\xi_k\xi_k^T + F_k)\Omega_k^{-1})\right\}$$

$$\times \prod_{r\neq k}\mid\Omega_r^{-1}\mid^{(n_r+\eta_r-m-1)/2} exp\left\{-\frac{1}{2}tr((\xi_r\xi_r^T + F_r)\Omega_r^{-1})\right\}\times h(\Omega_1, \Omega_2, \cdots, \Omega_K)$$

$$\propto \mid V_k^{-1}\mid^{1/2} exp\left\{-\frac{1}{2}\tilde{\xi}_q^T V_k^{-1}\tilde{\xi}_q\right\}\times W_m(n_k + \eta_k - 1, (\xi_k\xi_k^T + F_k)^{-1})$$

$$\times \prod_{r\neq k}W_m(n_r + \eta_r, (\xi_r\xi_r^T + F_r)^{-1}) \times h(\Omega_1, \Omega_2, \cdots, \Omega_K) \qquad (6-13)$$

故协方差矩阵 Ω 的后验分布也为 Wishart 分布，且 Ω_k^{-1} 的后验分布密度为：

$$\Omega_k^{-1} \sim W_m(n_k + \eta_k - 1, (\xi_k \xi_k^T + F_k)^{-1}) \tag{6-14}$$

6.5 转移概率 P 的后验分布

首先我们可以得到转移概率分布的似然函数：

$$p(P \mid \rho, \Theta, Y) \propto p(\rho_q \mid P) \prod_{t=q+1}^N p(\rho_t \mid \rho_{t-1}, P) p(P)$$

假定状态 ρ 表示从未知状态 i 到未知状态 j 的转移用了 n_{ij} 步，由历史的研究经验可定义 p_{ij} 的先验分布为 Beta 分布：$Beta(m_{ij} + 1, m_{ii} + 1)$，其中 m_{ij}，m_{ii} 表示先验参数，这样

$$\begin{aligned}
p(P \mid \rho, \Theta, Y) &\propto p(\rho_q \mid P) \times \prod_{i \neq j}^N p_{ij}^{m_{ij}+n_{ij}} \prod_{i=1}^K (1 - \sum_{i \neq j} p_{ij})^{m_{ii}+n_{ii}} \\
&\propto p(\rho_q \mid P) \times \prod_{i=1}^K (\prod_{i \neq j}^N p_{ij}^{m_{ij}+n_{ij}} (1 - \sum_{i \neq j} p_{ij})^{m_{ii}+n_{ii}}) \\
&\propto p(\rho_q \mid P) \times \prod_{i=1}^K \text{Beta}(m_{ij} + n_{ij} + 1, m_{ii} + n_{ii} + 1)
\end{aligned} \tag{6-15}$$

这时状态转移概率的后验分布也为 Beta 分布。

6.6 实证分析

根据上述理论，利用通径分析挑选的变量，建立基于 Bayes 理论的油价系统 MSVAR 模型。前面的油价 MSM – AR 及季度油价拐点数据分析模型的结果表明，就单个油价序列来说，历史油价存在多个拐点。在油价存在变点时，原油的供应、库存或需求也可能同时出现拐点，这样整个原油的供需均衡结构并未发生明显变动，系统拐点也可能就不会出现；反之，油价系统就可能出现拐点。本节建立的 MSBVAR 模型就是考察油价系统在考察期内是否也存在结构性变点，结构失衡时的持续期会有多长。

经过计算检验，我们发现两状态下 MSBVAR 模型比三状态下的 MSBVAR 模型在各方面的显著性检验结果更好，同时二状态 MSBVAR 模型对油价系统的解释力更强。表 6 – 1、表 6 – 2 为各特定状态下 MSBVAR 模型回归系数值。

表 6 – 1　　　　　　　　　状态 1 下 MSBVAR 模型回归系数值

变量	WTI 原油价格	OPEC 原油产量	OECD 原油库存量	OECD 原油消费量
variable1 lag1	1.0317846100	– 6.969043e – 04	9.569786e – 04	– 2.627143e – 03
Variable2 lag1	0.0093499272	9.995954e – 01	1.836077e – 03	5.405763e – 04

变量	WTI 原油价格	OPEC 原油产量	OECD 原油库存量	OECD 原油消费量
Variable3lag1	0.0039990108	1.475054e − 03	9.990789e − 01	5.707468e − 03
Variable4lag1	0.0014011377	1.250985e − 03	3.520236e − 04	9.975610e − 01
Variable1lag2	0.0003815302	− 2.708828e − 04	9.921895e − 05	− 2.965415e − 04
Variable2lag2	0.0006159089	− 9.982354e − 05	1.665689e − 04	− 7.013281e − 05
Variable3lag2	0.0004052819	8.560996e − 05	− 7.180722e − 05	1.459731e − 04
variable4lag2	0.0004344022	1.174379e − 04	1.828488e − 04	− 9.132599e − 05
constant	− 0.0469089171	1.850560e − 02	3.320097e − 03	2.483359e − 02

注：variable1 代表 WTI oil price，variable2 代表 OPEC oil production，variable3 代表 OECD oil stock，variable4 代表 OECD oil consumption，constant 为 1（表中数据为 1 的系数）。

表 6 - 2　　　　　　　　　　状态 2 下 MSBVAR 模型回归系数值

变量	WTI 原油价格	OPEC 原油产量	OECD 原油库存量	OECD 原油消费量
variable1lag1	0.916422365	− 1.406709e − 03	4.094146e − 04	8.651889e − 04
Variable2lag1	− 0.188118980	9.968038e − 01	9.328772e − 04	1.916232e − 03
Variable3lag1	− 0.108422811	− 1.842811e − 03	1.000538e + 00	1.105668e − 03
Variable4lag1	− 0.095795444	− 1.629196e − 03	4.757689e − 04	1.000973e + 00
Variable1lag2	− 0.005492107	− 9.308324e − 05	2.707357e − 05	5.681659e − 05
Variable2lag2	− 0.011991954	− 2.037392e − 05	5.945020e − 05	1.223288e − 04
Variable3lag2	− 0.006660321	− 1.132364e − 05	3.304694e − 05	6.784484e − 05
variable4lag2	− 0.006069330	− 1.031773e − 05	3.013853e − 05	6.166425e − 05
constant	− 0.716599814	− 1.217962e − 02	3.555331e − 03	7.300182e − 03

注：variable1 代表 WTI oil price，variable2 代表 OPEC oil production，variable3 代表 OECD oil stock，variable4 代表 OECD oil consumption，constant 为 1（表中数据为 1 的系数）。

　　由表 6 - 1、表 6 - 2 结果可见，对原油价格来说，在不同的状态下，各因素对原油价格的影响效应不同。在状态 1 下，原油价格的主要影响由其滞后一阶值决定（影响效果为正），同时原油价格滞后二期值对其影响也为正，其他因素在滞后两期以内均对油价产生正的推动作用。但在状态 2 下，除原油价格的滞后一阶值对原油价格有正的推动作用外（尾部效应），其他影响因素各阶滞后，包括原油价格的滞后 2 期值均对油价的上升起抑制作用。不同状态下，模型系数不仅在数值大小上存在变化，而且在方向上也存在变化，这其实是一种结构上的变动。而由图 6 - 1 可见，模型主要处在第一状态概率几乎为 1，模型大部分时间处在第二状态的概率很小，几乎为零。但从 2008 年第二季度开始油价系统模型开始向第二状态转换，至 2008 年第四季度完全处于第二状态，2009 年第二季度又完全恢复到第一状态。结果表明1991~2009年整个油价系统的平衡被打破一次，美国金融危机是1991年以来对油价系统冲击最为严重的事件，也是唯一能够在改变油价运行区间的同时打破原有原油市场均衡的唯一事件。由第三章的结论可以知道，历史油价存在3个拐点，但是本章的研究结果却表明，油价系统的拐点并不一定和油价拐点时间一致，次数和强度也均不相同。

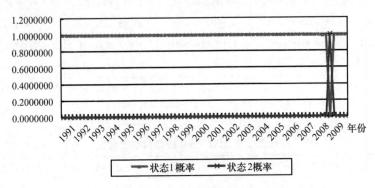

图6-1　MSBVAR模型两状态平滑概率

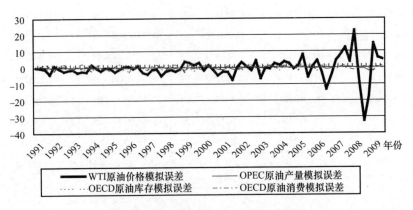

图6-2　MSBVAR模型各变量预测误差

表6-3	MSBVAR 模型状态转移矩阵
0.983051	0.016949
0.028571	0.971429

　　图6-2反映了MSBVAR模型对油价系统模型各个变量的模拟误差结果，对比BVAR模型结果可见，模拟效果有很大改进，尤其是对油价供需的模拟更是愈加精确。表6-3给出了MSBVAR模型各个状态间的转换概率，由表6-2可见油价系统模型处于状态1的概率更高，平均持续期为59个季度，而处于状态二的

平均持续期为 35 个季度，同时模型由状态二转向状态一的概率要比相反方向的转换概率高很多。

综上所述，1991～2009 年整个油价系统的平衡只被打破一次，美国金融危机是 1991 年以来对油价系统冲击最为严重的事件，也是唯一能够在改变油价运行区间的同时打破已存原油市场均衡的唯一事件。单就油价来讲曾出现三次拐点，但油价供需结构仅出现一次拐点，而且持续时间很短，说明油价供需均衡结构的拐点并不一定和单个油价拐点时间一致，次数、强度及持续期也均不相同。由供需理论所建立的原油价格模型结果表明：相对供需因素的影响，油价的尾部效应更为显著。

7

能源价格的国内外比较及其变动
对中国节能降耗的影响

作为原油净进口最多的发展中国家，国际原油价格的剧烈波动肯定会对中国的宏观经济发展造成巨大的冲击，但在中国消费的资源类产品的价格完全由政府掌控，以至于国际原油价格的波动对中国经济的冲击在传导过程中被逐渐削弱。故研究国内外能源价格的差异对中国宏观经济的影响将更具有实际意义。中国能源资源的特点是能源结构不合理，人均能源开采量及储量有限，且经济的迅猛发展导致能源供需缺口加大、环境污染严重、经济—资源—环境三者之间的矛盾十分突出。解决这些矛盾的关键就是制定合理的能源价格政策，但中国目前的能源价格体制仍存在较多问题，扭曲的能源价格不仅不利于能源的节约和环境保护，而且对中国的能源安全及经济持续稳定的发展均会带来很大的负面效应。通过价格杠杆来引导中国的能源消费，从环保需求及可持续发展的角度来推动能源的价格改革显得尤为重要。

7.1　相关研究述评

由于能源在经济发展中起到的重要战略作用，使得越来越多的学者开始关注能源问题，其中最为重要的能源价格问题自然成为研究的热点。对中国现阶段来说，煤炭、电力、原油、天然气是中国的基础能源，在中国能源生产和消费中占有绝对的优势比例，因此中国能源价格体制现状，也是以能源品种为主。前人（刘树杰等，2005[223,224]；牛晨，2009[225]；李国平和刘治国，2006[226]；邓洪贤和胡亚范，2002[227]；陈月明和曾晓安，1997[228]；中国价格协会联合本书，2005[229]；卢晓燕等，2009[230]）的报告和研究对于中国能源价格政策发展历程、现状、存在的问题及改革的思路进行了详细的分析。

中国现行的煤炭价格体制是自 1992 年国家决定逐步放开煤炭价格后发展完善而形成的。截至目前，占煤炭消费近一半的电煤价格在 2002 年虽已决定放开，但由于多种因素制约，使电煤价格实际上并未放开，煤电价格联动仍受到煤电双方价格市场化程度不一带来的制约，需要进一步改革。自 2002 年起，中国电力行业已经基本实现了厂、网分离，但是目前竞争性电力市场尚处于"试点"阶段，电价整体上处于政府管制之下，电价形成机制需进一步改革。中国现行的原油价格体制包括原油价格体制和成品油价格体制两个部分。原油价格形成机制的市场化程度较高，国内原油市场价格早已与国际市场接轨，但成品油价格还未完全由市场竞争形成，仍由国家采取指导价方式予以监管。

从节能的角度来看，要想合理地调整能源价格来达到节能的目的，首先要全面分析影响能源强度的因素，在充分考虑其他影响因素的前提下，测算能源强度对能源价格波动的敏感度，进而为能源价格的调整策略提供合理的依据。归结起来，除能源价格外，影响能源强度的因素主要有技术进步、能源结构、产业结构及工业结构等方面。

就技术进步影响来看，Fisher – Vanden 等（2004）[231] 采用中国 2500 多家能源密集型大中型工业 1997～1999 年的面板数据进行研究，研究指出技术进步、结构调整和可能的统计误差是中国能源强度下降的主要影响因素，近年研究技术进步对能耗影响的成果更是层出不穷（C. J. Andrews，2009[232]；H. Y. Ma，2008[233]；H. Liao，2007[234]；H. Pan，2006[235]）。国内也有相当多的理论与实证研究与国外得出了类似的结果。齐志新等（2006）[236] 应用拉氏因素分解法，对中国 1980～2003 年中国能源强度及 1993～2003 年工业部门能源强度下降的原因作了细致的分析，研究结果表明，技术进步在能源效率的提高方面起重要决定性作用。高振宇和王益（2007）[237] 借助对数平均 D 氏指数法对中国"六五"时期以来的生产用能源消费情况进行分解分析，探讨产业结构变动和产业内效率提高对能源消费和总体单位能耗的影响。发现在促使单位能耗降低的因素中，效率效应体现了主要作用。金三林分析认为降低中国万元 GDP 的能耗水平，一要进一步优化产业结构，二要提升能源利用技术水平，尤其是重化工业能源利用技术。

能源结构的不合理，不但制约着能源工业本身，也制约着整个国民经济的协调发展。美国、欧盟国家和日本在优化能源结构方面走在中国的前面，为中国提供了很多经验和教训。胡德勇和周宏春（2001）[238] 从全球经济一体化的角度，基于中国能源资源的禀赋特征、技术经济的可行性、可持续发展战略实施的要求等，对中国能源结构调整及其目标进行探讨；刘戒骄（2003）[239] 从经济全球化的大趋势和市场体制的客观要求出发，正视中国能源体系长期游离于世界能源体系之外积累的问题，从战略视角分析了影响中国能源结构转换的背景及制约因素，分析说明了中国的工业化和城市化不仅要求能源结构向有利于环境的方向转变，而且要求将包括能源体制在内的整个能源体系融入世界经济体系之中；《中国能源发展战略与政策研究报告》（2004）[240] 分析了中国能源供应结构调整和优化所面临的机遇和挑战，提供了能源供应发展战略和政策建议。王端旭和石瑛（1996）[241] 分析了中国工业耗能结构的优化问题，在两种假定的方案下，研究表明提高原油及天然气的消耗比重，使得单位能耗平均降低 3.2% 和 3.65%。Zhi – Yong Han（2007）[242] 等利用中国 1978～2003 年的数据，分析了能源结构对能源效率、能源边际效率及能源边际替代率的影响效应。

产业结构即构成国内生产总值组成各产业的比重。由于各产业的能耗指数相差较多，第二产业的能耗指数远高于第一、第三产业的能耗指数，故随着产业结构的调整，综合能耗指数必将受到影响（吴宗鑫，2001[243]）。因此，在中国单位 GDP 能耗建模与分析过程中也必须考虑到产业结构的影响。戴彦德和周伏秋等（2004）[244] 将所有因素（技术因素，最终需求因素等）对中国单位 GDP 能耗的影响效应归结为产业结构的变动。齐志新等（2007）[245] 研究认为影响能源强度的因素，除技术之外，还有产业结构、产业部门内的产品结构和增加值率。

由于重工业的单位增加值能耗比轻工业高很多，重工业比例升高势必会影响能源消费并导致单位 GDP 能耗上升，故工业结构也是中国单位 GDP 能耗建模与分析过程中必须考虑的因素。齐志新等（2007）[246] 应用因素分解方法，计算了 1993～2005 年工业部门内部轻重结构变化对能源消费和能源强度的影响，发现重工业比例每增加 1 个百分点，则能源消费增加约 1000 万吨标煤；近几年，重工业比例的增加对工业能源强度的影响很大。

国内外一直有很多学者都很重视研究能源价格的调整对能耗强度的影响（F. Lescaroux，2008[247]；Oikonomou，V. C.，2008[248]）。在研究能源价格对能耗强度的影响方面，Birol 和 Keppler（2000）研究认为提高能源价格能够改善能源效率，并降低能源强度。Cornillie（2004）[250] 基于 1992～1998 年的能源数据，运用 PDM 方法分析得出，中东欧和苏联一些转型经济国家的能源价格是影响能源强度的重要因素。Fisher – Vanden（2004）[231] 在利用 1997～1999 年中国 2500 多家能源密集型大中型工业的面板数据的基础上，研究发现能源相对价格的上升是中国能源强度下降的主要动力，且其贡献的比例高达 54.14%。Leiming H.，Meizeng T.（2007）[251] 参考 Fisher – Vanden（2004）[231] 的做法，利用中国 1985～2004 年的宏观经济及能源价格数据，研究中国能源价格对能源强度的影响，实证结果表明：提高能源价格可以降低能源强度。同时国内很多文献也将中国能源效率低下归因于能源定价体系不合理，张卓元（2005）[252] 研究认为中国的生产要素、资源产品价格由于受国家管制而长期偏低，导致中国"三高"型粗放式增长方式长期难以转变。对中国的能源价格偏低、比价不合理的现状进行大力改善得到了广泛认同。

运用价格杠杆，从经济利益上调动各方面的积极性，发展生产，提高效率，抑制过度需求，引导消费模式的转变，将对促进国民经济全面协调发展和能源行业本身的可持续发展起到积极作用。而目前国际金融危机导致的国际大宗商品价格大幅下跌，为国内放开资源要素价格，理顺相对价格关系提供了一个绝好的机遇。本书首先定量分析了能源价格结构对中国能耗的影响；然后基于时变的回归分析模型测算了能源强度相对能源价格的弹性系数及变化趋势；同时，利用边际机会成本理论和实物期权方法对各种能源的实际价值进行了估计；最后，根据本书的测算结果给出了相应的建议。

7.2　能源价格结构扭曲度影响单位 GDP 能耗

根据世界银行对 2500 家公司的实证研究结果，55% 能源消费量的降低来自于价格因素（控制与调整），17% 来自研究与开发。由于能源是生产和消费的基本投入，故调整和制订合理的能源价格体系，将为引导中国粗放型增长方式的转变提供有利的条件。

与市场化程度高的区域相比，中国的能源价格体系长期不合理。调整当前中国的能源价格体系是有效改善能源效率的一个政策工具。在考虑产业结构及能源结构的基础上，首先研究中国各能源价格及比价关系与国际水平的差距对能源强度的影响效应。

为了研究实际能源价格结构对中国能耗的影响，本书给出了能源价格绝对扭曲度及能源价格结构扭曲度的定义，定义如下：

定义 1，假定能源商品 N 在 A 国的价格为 x，在 B 国的价格为 y，则 A 国的能源商品 N 的价格相对于 B 国的能源商品 N 的价格绝对扭曲度为：

$$d_{ab} = \begin{cases} |y-x|/y & \text{if } |y-x| < y \\ 1 & \text{if } |y-x| \geq y \end{cases} \tag{7-1}$$

定义 2，假定在同等发热条件下，能源商品 N_1 在 A 国的价格为 x_1，在 B 国的价格为 y_1；能源商品 N_2 在 A 国的价格为 x_2，在 B 国的价格为 y_2。若以能源商品 N_1 为基准能源商品，则 A 国的能源商品 N_2 与能源商品 N_1 的价格比为：$x_2/x_1:1$；同理，则 B 国的能源商品 N_2 与能源商品 N_1 的价格比为：$y_2/y_1:1$；定义在以能源商品 N_1 为基准能源商品的条件下，则 A 国的能源商品 N_2 的价格相对于 B 国的能源商品 N_2 的价格结构扭曲度为：

$$cd_{ab} = \begin{cases} |y_2/y_1 - x_2/x_1|/y_2/y_1 & \text{if } |y_2/y_1 - x_2/x_1| < y_2/y_1 \\ 1 & \text{if } |y_2/y_1 - x_2/x_1| \geq y_2/y_1 \end{cases} \tag{7-2}$$

根据前面的分析，本书选取以下因素进行分析，变量名及字母表示如表 7-1 所示。

表 7-1　　　　变量及字母表示

能源强度增长率	第二产业比例	炼焦煤价格结构扭曲度（原油为基准能源）	柴油价格结构扭曲度（原油为基准能源）	炼焦煤价格绝对扭曲度	柴油价格绝对扭曲度	原油价格绝对扭曲度	煤炭消耗比重同比增加	原油消耗比重同比增加
Y_0	X_1	X_2	X_3	X_4	X_5	X_6	X_7	X_8

注：增长率是与上年相比。

其中能源强度（以 1980 年为基期）、产业结构（工业在国民经济的比重）、煤的消耗比重及原油的消耗比重数据来自各年《中国统计年鉴》和《能源统计年鉴》。根据数据的可获取性，本书将原油作为基准能源，以美国的能源价格为参照对象，考察炼焦煤价格、柴油价格、原油价格的绝对扭曲度和结构扭曲度对能源强度的影响。中国及美国的能源价格数据见表 7 - 2，中国能源商品价格绝对及结构扭曲度见表 7 - 3。

表 7 - 2   中国、美国能源价格对比表

时间	炼焦煤（美元/公顷）		商用柴油（美元/公升）		原油（美元/桶）	
	中国	美国	中国	美国	中国	美国
1999	38.06	50.6	0.252	0.297	9.85	11.50
2000	37.24	49.0	0.330	0.394	24.05	26.30
2001	37.81	51.3	0.299	0.371	22.60	26.15
2002	38.38	56.5	0.302	0.348	18.81	20.36
2003	41.28	55.9	0.335	0.398	34.38	31.79
2004	52.20	67.8	0.402	0.478	31.85	32.61
2005	61.72	92.4	0.483	0.636	36.01	42.76

资料来源：EIA（Energy Information Administration）。

表 7 - 3   中国能源价格绝对及结构扭曲度

时间	炼焦煤价格绝对扭曲度	柴油价格绝对扭曲度	原油价格绝对扭曲度	炼焦煤价格结构扭曲度（原油为基准能源）	柴油价格结构扭曲度（原油为基准能源）
1999	0.247	0.151	0.143	0.121	0.009
2000	0.240	0.161	0.085	0.169	0.083
2001	0.263	0.194	0.135	0.147	0.067
2002	0.320	0.132	0.076	0.264	0.061
2003	0.261	0.157	-0.081	0.317	0.221
2004	0.230	0.159	0.023	0.212	0.138
2005	0.332	0.241	0.158	0.207	0.098

根据以上的分析，利用 1999 ~ 2005 年的能源统计数据，本书得到变量间的相关系数表如表 7 - 4 所示。

由表 7 - 4 数据可见，能源价格的结构扭曲度对能耗强度的增长起着很大的促进作用（X_2 和 X_3 与 Y_0 的强正相关性），即中国能源商品价格结构的扭曲度提高了中国的能耗强度（图 7 - 1），促进了第二产业的增长（X_2 和 X_3 与 X_1 间的

强相关性），同时相对过低的煤炭价格也容易导致效率较低的煤炭资源的消耗比例居高不下（X_2 同 X_7 之间的强正相关性），使得原油的消费比例下降（X_2 同 X_8 间的强负相关性）。而相对原油价格来说，偏低的成品油价格会降低炼油企业的积极性，导致"油荒"等现象出现，也会使得原油的消费比例下降（X_3 同 X_8 间的强负相关性）。

表 7 - 4 变量相关系数

变量	Y_0	X_1	X_2	X_3	X_4	X_5	X_6	X_7	X_8
Y_0	1	0.882	0.713	0.906	- 0.091	0.062	- 0.747	0.548	- 0.599
X_1	0.882	1	0.818	0.882	0.242	0.226	- 0.662	0.848	- 0.775
X_2	0.713	0.818	1	0.786	0.318	- 0.209	- 0.794	0.724	- 0.543
X_3	0.906	0.882	0.786	1	- 0.116	0.038	- 0.865	0.718	- 0.700
X_4	- 0.092	0.242	0.318	- 0.116	1	0.418	0.317	0.341	- 0.422
X_5	0.062	0.226	- 0.209	0.038	0.418	1	0.463	0.244	- 0.666
X_6	- 0.747	- 0.662	- 0.794	- 0.865	0.317	0.463	1	- 0.540	0.292
X_7	0.548	0.848	0.724	0.718	0.341	0.244	- 0.540	1	- 0.761
X_8	- 0.599	- 0.775	- 0.543	- 0.700	- 0.422	- 0.666	0.292	- 0.761	1

现阶段，工业化及城镇化的完成需要中国利用节能的契机来转变经济增长方式。而通过有效的能源价格改革刺激企业节约资源、提高能源利用效率是最为有效和迫切的政策手段。2000 年以来，中国原油价格开始与国际价格接轨，国际原油价格的持续上涨对中国能源的价格和消费结构形成了一定的冲击。由于中国富煤、少油、缺气的国情，作为原油的非完全替代品，巨大的需求缺口引起了煤炭的需求量的不断增加。这种替代效应引起的需求增加拉动了煤炭价格的上涨和供给的增加，但相对国际价格，中国的煤炭价格仍然较低，2003 ~ 2005 年中国的煤炭价格上调了 29%，相比之下国际市场煤炭价格已经上涨了 79%。

较低的煤炭价格及电力价格是绝大多数中国企业在成本方面的比较优势。煤炭价格相对国际市场的偏低程度越大将会进一步促进第二产业比例的扩张，更加不利于产业结构优化及经济增长方式的转变，也会限制社会对原油、天然气及可再生能源等清洁能源的使用。同时低煤炭价格会通过国际分工和国际贸易造成对外国消费者的间接能源补贴。中国外贸的粗放型特征使出口商品中低层次商品比例很高，其中很大一部分属于资源密集型初级产品和低附加值、低技术含量的工业制成品。因此，在煤炭价格相对偏低的情况下，出口增长是以资源消耗和环境污染为代价的。同理，相对较低的成品油价格，也容易误导消费及生产行为，不利于中国节能减排及能源供应安全。

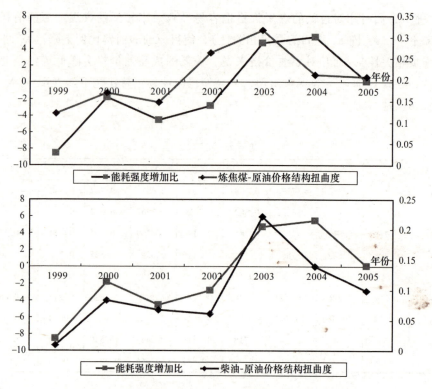

图 7 - 1　中国能耗强度增长率及能源价格结构扭曲度对比

　　原油、天然气、煤炭都属于常规能源，但品质的优劣是有明显区别的，适当调整能源比价，降低煤油气的价格比，同时加强对燃料造成的环境污染的管理，就会促进社会对煤炭的开发利用量，带动节煤技术、煤炭燃烧环保技术的开发与应用。另外，能源比价的有序调整，必然促进新能源开发工作，作为替代能源的探索，新能源开发可能会打开社会能源结构的新局面，导致全新用能观念的诞生。

　　能源价格的绝对扭曲度对能耗增长率的影响不大，尤其是煤炭、成品油价格的绝对扭曲度对能耗增长率的影响非常小（X_4 和 X_5 与 Y_0 的相关系数分别为 -0.09156 和 0.062256）。而原油价格的绝对扭曲度却对能耗增长率的影响很大，且起到降低能耗强度增长率的作用（见图 7 - 2），主要是因为相对参照国来说中国的原油价格是偏低的，所以中国原油价格越低则价格的绝对扭曲度越大。但偏低的原油价格使得中国的炼焦煤及柴油相对原油的价格比向正常值靠近，进而降低中国的能源价格结构扭曲度（X_6 与 X_2 和 X_3 的强负相关性）。

　　随着经济快速发展，中国对能源的需求迅猛增长，但中国现行的价格和财税政策实际上降低了企业使用能源资源的成本，不利于控制高耗能产业的过快发展、不利于改变居民的高耗能生活方式；资源开发利用过程中造成环境破坏和污

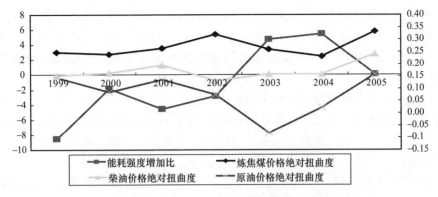

图 7 - 2 中国能耗强度增长率及能源价格绝对扭曲度对比

染而带来的外部成本在现行价格和税收制度下没有得到充分体现，企业开发利用资源的外部成本并没有被完全内部化，无论是煤炭、原油还是天然气、电力，能源产品的成本并不完全。将能源资源开发利用的成本完全纳入能源价格对于有利于构建节能减排的政策和市场环境，对推动社会各方面形成节能减排意识等具有重要意义。从长远来看，若不能还原真实生产成本，则难以真正实现经济发展方式的转变。

但中国的现实国情使得单纯地强调能源价格的国际接轨是不合时宜的，由于国际能源市场情况复杂，不确定性因素繁多，能源市场价格瞬息万变，如果完全按照这种变化来调整国内能源价格，将是非常危险的，将会影响中国的经济稳定，20 世纪 70 年代的两次能源危机对西方发达国家经济和整个世界经济的冲击就说明了这一点。中国能源局局长张国宝指出，中国正从政府控制价格体系逐渐向市场价格体系过渡，能源价格改革的总方向是要按照市场规律与国际接轨。他同时强调，中国成品油的价格由于考虑到国内可承受的程度等因素，是采取逐渐与国际接轨的办法，目前为止还没有完全和国际接轨，而是低于国际市场的价格。

在能源价格的调整过程中必然会涉及中央、地方、企业、居民多方面的利益，首先就业的压力使中国的经济发展在短时间内不可能放弃一直所依赖的劳动密集型产业。而劳动密集型产业通常也是技术水平较低的资源开发型产业。其次，如果打破能源价格相对偏低局面，绝大多数中国企业就会失去所具有的成本比较优势，进而将影响到中国的就业问题及整体的经济社会发展。最后，与中国现阶段的劳动力价格相比中国的资源价格并不低，居民可能难以承受能源价格升高带来的负担。

故能源价格的市场化改革并与国际接轨是需要一定条件的，不能急于求成，要市场机制发挥有效的作用，需要充分的竞争和明晰的产权。而对于中国的资源市场来说，市场的不完备性是非常普遍的。但也不能坐视不管，循序渐进地从根本上实现国内外能源市场的接轨。中国的资源价格与发达国家的差异程度呈现逐年下降的趋势，以原油为例，在20世纪90年代初期国内原油价格达到国际油价的77%，目前中国的原油和成品油的价格是根据国际几大原油市场的油价变动情况进行调整的。

因此，政府在坚持能源价格市场化改革取向的同时，需要慎重考虑能源市场发育不够、市场规则不健全、市场秩序较乱及不同利益主体间的成本分担问题，不能单纯通过提高能源价格水平来调节供求。如果保持资源行业垄断体制不变而单纯提高资源价格，则公众将成为改革代价的主要承担者。

由表7-4的数据，中国要解决能耗强度过高的问题，当务之急是先调控能源的价格结构，联动的能源商品比价关系相对单种能源价格的国际接轨更为迫切。由图7-2可见，中国的原油价格绝对扭曲度是平稳的波动，即中国的原油价格与国际接轨情况很理想，而且2003年的国内原油价格还高于国际价格，而且有上升的趋势。说明中国在促使国内原油市场价格与国际接轨的同时，对其他能源价格的联动调整重视不够，导致中国的能源价格结构严重扭曲，能耗居高难下。

节能减排一方面需要政府进行推动，另一方面，能源价格的理顺至关重要。只有能源价格回归至正常水平，微观层面才有动力真正落实节能减排的有关政策，进行节能减排才具有经济意义。但是在考虑能源结构等其他相关因素的前提下，国内的能源价格对能源消耗强度的影响作用到底是怎样的？每单位不同品种的能源价格变动对能源强度的影响是多少？合理地分析和测算能源强度对各能源品种敏感度，是进一步给出制订能源价格政策的理论基础。为此，课题组必须充分地从定性及定量的角度来分析能源价格变动的依据及基础。

7.3 能源价格对单位 GDP 能耗的影响效应变化趋势

能源价格因其对产品成本的影响而进一步成为影响能源强度中的一个重要变量。能源价格体系不合理将不能充分发挥价格的经济杠杆作用。煤炭、电力、原油是中国的基础能源，构成了中国能源生产和消费的主体，因此中国能源价格体制现状，也以上述能源品种为主。

从节能的角度来看，除7.2节的影响因素外，城镇化建设、居民消费水平的提高也均对能源的消耗强度产生直接或间接的影响。首先选取了能源结构（本书采用煤炭和原油在一次能源消费中所占的比重）、产业结构、工业结构，其次采用技术进步（本书用 FDI 表示外生的技术冲击，具体见 Sit（1985）[253]、罗长远等（2008）[254]、沈坤荣等（2001）[255]）、能源价格、城镇化水平、居民消费水平、人均生活能源消费水平的数据来观察它们与能耗强度的变动关系，并进行下一步的因素筛选。

在指标的选取方面，由于第三产业的增长有利于能源强度的下降，故本书选取第三产业的比重表示产业结构。而重工业是中国传统的能源消费行业，故本书用重工业在工业中所占的比重表示工业结构。另外，本书用煤炭、原油和电力各自的出厂价格指数（1980 年为基准年）代替能源价格。城镇化水平（用城市居民人口的比例）、居民消费水平（用全体居民的消费水平指数表示）、人均生活能源消费水平（用人均生活能源消费量来表示）及以上所有变量的数据均直接取自历年《中国统计年鉴》。

由于很多变量间的信息重复，如城镇化水平与第三产业比例的相关性很严重，经过统计检验筛选，最终确定 FDI 占每年固定投资的比例、城镇化水平、煤炭工业品出厂价格指数、电力工业品出厂价格指数、原油工业品出厂价格指数、煤炭消费比例为解释变量，单位 GDP 能耗（以 1980 不变价测算）为因变量。

表 7 – 5 　　　　　　变量及字母表示（同比：与上年相比）

单位 GDP 能耗	煤炭（%）	城镇化水平	电力工业出厂价格指数	煤炭工业出厂价格指数	原油工业出厂价格指数	FDI（占总投资比例）
y	X_1	X_2	X_3	X_4	X_5	X_6

在以上分析的基础上，本书先用回归分析测算能源强度对能源价格变动的敏感度。测算结果见表 7 – 6、表 7 – 7、表 7 – 8。

表 7 – 6 　　　　　　基本回归统计

Multiple R	0.999
R Square	0.999
Adjusted R Square	0.952
标准误差	0.041
观测值	27

表 7 – 7 　　　　　　方差分析

分析项	df	SS	MS	F	Significance F
回归分析	6	104.671	17.445	10311.19	8.2E – 34
残差	21	0.036	0.002		
总计	27	104.706			

表 7 - 8　　　　　　　　　　　　回归方程系数值及检验

系数值	Coefficients	标准误差	t Stat	P - value
ln（煤炭（%））	1.512	0.082	18.356 * * *	2.07E - 14
ln（城镇化）	- 1.239	0.166	- 7.444 * * *	2.56E - 07
ln（电力工业出厂价格指数）	- 0.269	0.082	- 3.259 * * *	0.003
ln（煤炭工业出厂价格指数）	0.258	0.120	2.1452 * *	0.043
ln（原油工业出厂价格指数）	- 0.0006	0.096	- 0.006	0.994
ln（FDI（占总投资比例））	- 0.171	0.042	- 3.998 * * *	0.0006

注：* * *：表示 0.5% 水平下显著，* *：表示 1% 水平下显著。

其中，各个回归系数代表能源强度对各个变量的弹性系数，除原油工业出厂价格指数外，均显著通过检验。但由于不同时间区间有不同的政策出现或其他不确定性因素的影响，能源强度对各影响要素的弹性应该是不一样的，下面将基于动态 Bayes 回归理论来建立时变系数回归模型，由于模型的高度非线性，所以没有对考察变量的平稳性要求，可以直接进行编程估计和分析。

$$\ln y(t) = c(t) + a_1(t)\ln x_1(t) + a_2(t)\ln x_2(t) + a_3(t)\ln x_3(t)$$
$$+ a_4(t)\ln x_4(t) + a_5(t)\ln x_5(t) + a_6(t)\ln x_6(t) \qquad (7-3)$$

由于普通的算法很难对时变动态模型进行估计，再加上数据量获取的限制，本书采用 MCMC 算法对所建模型进行估计。为达到收敛性和正态性检验的要求，共抽样 50 000 次，将前 20 000 次作为训练样本，后 30000 次作为估计样本得到各待估参数的估计。为了清楚地显示能源消耗强度对能源结构、城镇化水平、FDI 及各种能源价格变动的弹性变动，本书给出了各时变弹性系数的时点图，并利用 HP 滤波方法对各原始图进行了滤波估计，得到了各弹性系数的趋势图及波动特征。结果见图 7 - 3。

利用 MCMC 方法及 HP 滤波技术，图 7 - 3 给出了各个时期能源强度相对能源结构、城镇化水平、能源价格及技术进步的弹性系数的趋势及波动程度，其中变量 A1 的 HP 滤波图反映了能源消费结构对能源强度的影响。由图可见，在1983 年、1992 年、1994 ~ 1995 年、2000 年、2003 年、2005 年能源结构的影响效应均出现了较大的波动，这主要是由于政策的冲击，如 1983 年 4 月《国务院批转煤炭部关于加快发展小煤矿八项措施的报告的通知》的颁布对促进中国煤矿业的发展产生了深远的影响，条例颁布后，1984 ~ 1992 年中国的煤炭消耗比例始终处于 75% 以上的水平。1992 年 6 月《国务院关于同意征收煤炭城市建设附加费的批复》颁布，规定从 1992 年 7 月 1 日开始，各煤炭城市的煤矿销售的商品煤，每吨向用户价外加收煤炭城市建设附加费 1 元；同时规定原来由国家财政对调出省的煤炭每吨原煤补贴 2 元，现调整为 1.5 元，调出洗精煤原补贴 4 元，

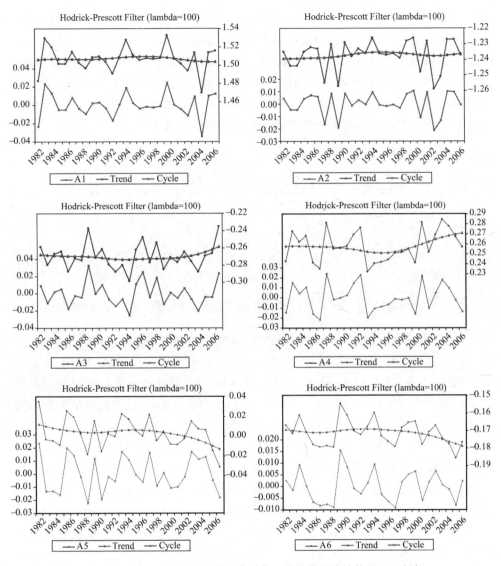

图 7 - 3　时变动态回归系数的估计值、趋势值及波动状况 HP 滤波

现调整为 3 元。这些政策降低了企业的利润加大了煤炭售价，使得 1993 年的煤炭消费比例下降 1%。1994 年煤炭的消耗比例又上升至 75%，但 1994 年 12 月颁布的《煤炭生产许可证管理办法》及《乡镇煤矿管理条例》加大了对煤矿合法开采、安全生产的监督管理，使得 1995 年以后至 21 世纪初煤炭的消耗比例呈逐年下降趋势。政策的冲击使得当年的能源消费结构比例的变动对能源强度的变化影响更为显著，说明能源政策颁布的短时期内能源消费结构变动的影响波动性较大。

图 7 - 4 中 HPTREND01 给出了能源强度对能源结构变动的弹性变动趋势，由图可见，能源结构的调整对能源消费强度的提高起很大的推进作用，煤炭的消费比例每降低 1 个百分点，单位 GDP 能耗上升幅度均在 1.5 个百分点以上。2007 年单位 GDP 能耗相对煤耗比例的弹性比 1997 年降低大约 0.06，从 1997 年开始能源结构调整对能耗强度下降的作用在逐年降低，不过效果依然较大，而且现在又有回升的趋势，故能源消费结构的调整是节能中的重中之重。

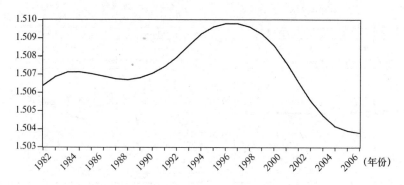

图 7 - 4　能源结构调整对能源强度的影响趋势

图 7 - 3 中 A2 反映的是城镇化水平对单位 GDP 能耗影响效应的时变趋势及波动特征，由图可见，1987 年、1989 年、2001 年、2003 年城镇化水平的影响效果出现了很大的波动，且对降低单位 GDP 能耗起到很大的促进作用。

图 7 - 5 中 HPTREND02 反映了城镇化水平对单位 GDP 能耗的影响趋势。由图 7 - 5 可见，城镇化水平对能耗强度的影响效应极为显著。这是因为城镇化所带来的居住、生活和消费方式等方面的变化肯定涉及很多的能源问题，例如在能源需求方面，城市居民人均商品能源消费远远高于农村，并且清洁能源消费占比加大。1999 年，农村居民人均生活用能相当于城市人均的 40%，城镇化促进了商品能源的消费需求。故从表面看，城镇化应该是加速了能源的消费量增速进而加大单位 GDP 能耗的增长。事实上，如果从产业结构优化的方面来看，经测算城镇化同第三产业占比的相关系数达到了 0.92，同清洁能源消费比例的相关系数也达到了 0.91，故城镇化同产业结构的优化密切相关（山田浩之，1991[256]），但中国第三产业的发展迟缓趋势影响了城镇化的发展。故推进产业结构优化，促进城镇化也是节能政策不可忽略的方面。

图 7 - 3 中 A3 反映的是电力价格对单位 GDP 能耗影响效应的时变趋势及波动特征，由图可见，在不同的时间点，电力价格的变动对能耗降低的贡献是不同的，且波动较大，比较明显的是 2003 年《关于对电价违法行为进行整改，规范电价管理有关问题的通知》使得电力价格的变化对能源强度的限制向积极的方向

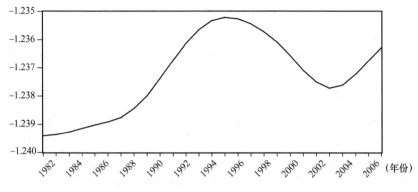

图 7 - 5　城镇化对单位 GDP 能耗的影响趋势

波动很大。

从图 7 - 6 中 HPTREND03 反映了电力价格变化对单位 GDP 能耗的影响趋势，由图 7 - 6 可见，2004 年后电力价格的节能边际效应有逐渐减弱的趋势，但在本书考察的所有能源品种中，能源强度对电力价格变动的弹性效应一直以来都是最大。主要因为能源之间的替代效应，近年来，一次能源价格居高不下，而电力价格却一直保持稳定的低价状态，而且差别电价的幅度也未及时作出调整，加大了替代电力的使用量，故电价变动对能源强度的影响最为显著。2003 年以后，一系列电力政策的颁布对推动节能降耗产生了很积极的作用，尤其在 2007 年由国家发展改革委、财政部、国家电监会联合发布的《关于进一步贯彻落实差别电价政策有关问题的通知》对电力价格的节能减排作用作了专门的强调，规定对高耗能企业进行逐个甄别，将其区分为允许鼓励类、限制类和淘汰类企业，并将差别电价的收入用于支持当地经济结构调整和节能减排工作，取消对高耗能企业的优惠电价政策，促进差别电价政策和节能减排措施的实施。这些政策的实施进一步提高了使用电价，加大了节能降耗的力度，但边际效应在逐年下降。

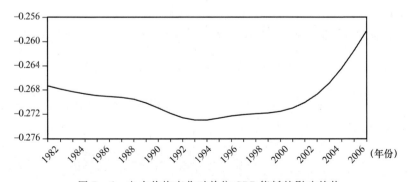

图 7 - 6　电力价格变化对单位 GDP 能耗的影响趋势

图 7 – 3 中 A4 反映的是煤炭价格对单位 GDP 能耗影响效应的时变趋势及波动特征，由图可见，在不同的时间点，煤炭价格的变动对能耗降低的贡献是不同的，且波动较大，但是比较明显的是煤炭价格的提高对单位 GDP 能耗的提高具有很大推进作用。

由图 7 – 7 中 HPTREND04 反映了煤炭价格变化对单位 GDP 能耗的影响趋势。由图 7 – 7 可见，煤炭价格对节能减排的负面效应自 1996 年开始逐渐增强。这是因为，煤炭开采和洗选业本身就是高耗能、高污染行业，国家发改委、国家环保总局在 2007 年就印发了《关于煤炭工业节能减排工作意见的通知》，用 45 条意见作出全面部署，以保证到 "十一五" 末，煤炭企业单位 GDP 能耗比 2005 年降低 20%、二氧化硫排放量控制在规定范围内的规划目标。自 1992 年煤炭价格逐步市场化，经济的持续高速增长也带动了能源消费的加速增长，需求的拉动致使煤炭价格不断上升，而占煤炭总量 70% 以上的电煤价格在国家的控制下也会随着市场的变化而不断增加；同时 "从量计征" 的资源税长期偏低，导致煤炭能源被大量不合理的开采，各种能耗及浪费极高、污染极大、安全性较差的小煤窑遍地开花，可能耗及污染却从来不会引起这些获得巨大利润的煤矿主的注意和关心。同时煤电价格联动受到制约，电力价格并不随所消耗煤炭成本的增长而增长，电力相对价格低廉使得高耗能的用电企业有利可图，投资力度不断加大，不断增加未来能耗的 "锁定效应"，故煤炭价格的逐渐市场化并没有对节能减排起到应有的积极作用。故合理的推行煤电联动是实现节能降耗目标的重要前提。

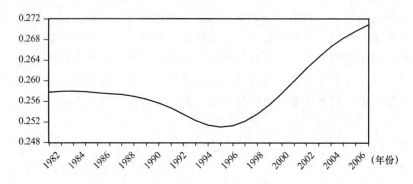

图 7 – 7　煤炭价格变化对单位 GDP 能耗的影响趋势

图 7 – 3 中 A5 反映的是原油价格对单位 GDP 能耗影响效应的时变趋势及波动特征，由图可见，在不同的时间点，原油价格的变动对能耗降低的贡献是不同的，但是原油价格的提高对单位 GDP 能耗的影响在不同的时间段有不同的作用，有时助推能耗上涨，有时却对能耗的降低起积极作用，但相对煤炭及电力价格来说，原油价格的影响效应最小。

由图 7 - 8 中 HPTREND05 的趋势数据（反映原油价格变化对单位 GDP 能耗的影响趋势）来看，原油价格对能源强度的影响效应要分段进行研究，2003 年以后原油价格的上升才对节能减排起到应有的积极作用，而且边际效应逐年加大。这是因为中国的成品油价格仍由国家价格主管部门指导定价，2002 年商用柴油价格仅上涨 1%，随着市场化程度地加大，2003 年、2004 年、2005 年我国商用柴油价格分别上涨 10.93%、20%、20.15%，使得原油价格的上涨开始逐渐传导到下游领域，对节能减排在一定程度上开始起到积极作用，其影响强度也随着市场化程度的加强而逐年上升。

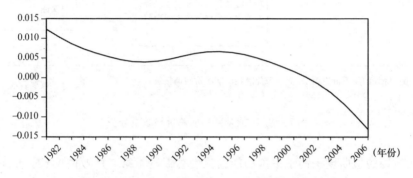

图 7 - 8　原油价格变化对单位 GDP 能耗的影响趋势

中国能源价格市场化建设是节能政策的一个关键组成部分，只有将中国市场的能源价格与全球价格体系衔接起来，中国市场才会融入全球供需体制，中国的需求才会形成"低谷效应"，中国急缺的原油、天然气等能源才会源源不断地流向中国，资源的稀缺性才能得到正确的反映，节能降耗的动力才能产生。所以说价格机制的改革是中国能源安全和节能政策顺利实施的必要保障，也是中国实现现代化必须面对的问题。本书测算了不同时期能源价格的变动对能耗强度的影响大小，据此可根据能源强度对能源价格的弹性系数作为对能源价格调节的依据。

7.4　结论及启示

通过定性与定量的分析，测算了能源价格、价值及其结构的变动对单位 GDP 能耗的影响，在此基础上给出政策建议。分析及测算的思路和主要结果如图 7 - 9 所示。

1. 中国各能源产品间比价的合理优化比单种能源产品价格的国际接轨对能耗的降低作用更为显著

相比国际市场的能源比价结构，中国的能源比价结构（尤其是煤炭与原油比价，成品油与原油比价）对能耗强度的增长起着很大的促进作用，即中国能源商

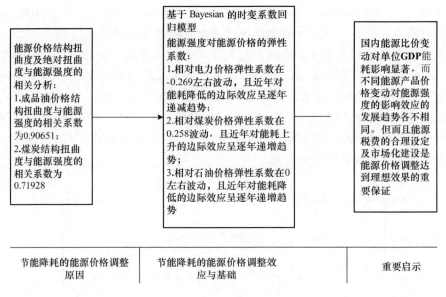

图 7-9　节能减耗的能源价格政策分析

品价格结构的扭曲度提高了中国的能耗强度，促进了第二产业的增长。相对较低的煤炭价格极大地促进了煤炭消耗比例的增长，降低了原油的消费比例。而相对原油价格来说，偏低的成品油价格会降低炼油企业的积极性，导致"油荒"等现象出现，也会使得原油的消费比例下降。

相比国际能源市场价格，中国单个品种的能源价格对能耗增长率的影响不大，尤其是煤炭、成品油价格相对国际价格的低廉对能耗增长率的影响却不是很大。总之，中国要解决能耗强度过高的问题，当务之急是先调控能源的价格结构，能源比价关系的调整相对单种能源价格的国际接轨更为重要。

2. 能源价格的变动对单位 GDP 能耗的影响效应具有显著的时变特征

从电力价格变化对单位 GDP 能耗的影响大小来看，电力价格的提高对单位GDP 能耗的降低具有很大推进作用。从电力价格变化对单位 GDP 能耗的影响趋势来看，2004 年以后电力价格的变动对节能的影响效应虽然开始逐渐降低，但节能的效果仍很显著，在考察的三种一次能源品种中，电力价格的变动对能耗强度的影响最大。2003 年以后，一系列电力政策的颁布对推动节能降耗产生了很积极的作用，这些政策的实施进一步提高了使用电价，加大了节能降耗的力度，但电力价格变化对单位 GDP 能耗的影响边际效应在逐年下降。

从煤炭价格变化对单位 GDP 能耗的影响大小来看，从 1996 年开始煤炭价格的提高对单位 GDP 能耗上升的影响效应越发显著。经济的高速增长带动能源消费量的加速增长，需求的拉动使得煤炭价格不断上升，利润的驱使及"从量计征"的资源税偏低导致煤炭资源被大量不合理开采。同时煤电价格联动受到煤电双方价格市场化程度不同及政策带来的制约，使得煤炭价格的变化并不能迅速地反映在电力价格的变动上，相对低廉的电力价格使得高耗能的用电企业有利可图，重工业投资力度加大，能耗增加。

从原油价格变化对单位 GDP 能耗的影响大小来看，在不同的时间点，原油价格的变动对能耗降低的贡献是不同的，且波动较大，但是原油价格的提高对单位 GDP 能耗的影响在不同的时间段有不同的作用，有时助推能耗上涨，有时却对能耗的降低起积极作用，但相对煤炭及电力价格来说，原油价格的影响效应最小。从原油价格变化对单位 GDP 能耗的影响趋势来看，2002 年以前原油价格的上升对能源强度的上升起助推作用；2003 年以后原油价格的上升起降低能耗的作用，而且作用强度逐年加大。由于中国的国内原油价格已与国际接轨，但成品油价格还未完全由市场竞争形成，仍由国家价格主管部门采取指导定价，由于政策的执行，成品油价逐渐市场化，数据显示，2002 年商用柴油价格仅上涨 1%，而 2003~2005 年商用柴油价格分别上涨 10.93%、20%、20.15%，使得原油价格的上涨开始在一定程度上降低单位 GDP 能耗，其影响强度也随着市场化程度的加强而逐年上升。

8 结论和研究展望

　　自从 1993 年首度成为原油净进口国以来，中国的原油对外依存度由当年的 6%一路攀升，到 2006 年突破 45%，其后每年均以 2 个百分点左右的速度向上攀升，2007 年为 47%，2008 年为 49%，到 2009 年，中国净进口原油已达到 1.99 亿吨，中国原油对外依存度达到了 51.3%、突破 50%警戒线仅仅用了 16 个年头。原油进口依存度超过 50%使中国不但在供求上存在风险，而且在运输和价格上也存在巨大的风险，国内汽油价将与国际油价变动联系更紧密，涨跌将更频繁。中国经济的快速发展，决定了中国原油需求的高速增长。中国社科院此前发布的《中国能源发展报告》就指出，到 2020 年，中国对进口原油的依赖程度可能上升至 65%。原油对外依存度不断加大，对中国能源安全构成威胁。国际油价定价权的缺失、原油进口渠道的单一和未来国际原油价格的剧烈波动，都使得中国的原油进口存在着太大的不确定性。原油进口易损性是度量一个国家原油安全的重要指标，图 8-1 反映了中国原油 1993~2007 年的进口易损性（Y 值）及其趋势项（Trend）和波动程度（Cycle），由图可见中国的原油进口易损性呈现明显的上升趋势。国际原油价格的剧烈波动无疑将成为影响中国经济发展和民生的一个重要因素。

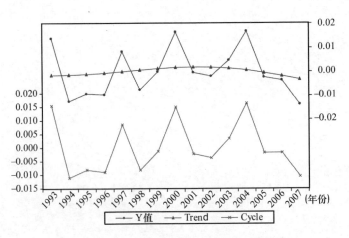

图 8-1　1993~2007 年中国原油进口易损性
及其趋势项和波动程度

在不具有定价权的现实情况下，要想最大限度地降低风险，就需要对油价的运行特征及形成机理进行深入的研究。实际上，历史上每次原油供应中断或危机的发生都会使原油的定价权控制主体产生些许的变化，也就是说油价的影响因素在不断变化或者说各种影响因素的作用效果在发生着变化。那么由于各影响因素对油价的作用大小在不断地变化就会使油价的运行状态也在时刻更迭，因此考察油价的运行状态随时间的变化、各影响因素对原油价格影响效应的变化及滞后期的变化，将对更加深入了解原油市场的动态变化及中国能源政策的制订都会具有重大的理论及现实意义。本书利用时变技术及状态转换技术与 Bayes 思想相结合，对油价的运行状态的变化、各因素对油价作用效果的变化、油价系统结构的变化及中国油价对节能降耗的时变影响效应进行了分析和测算。为中国能源安全策略、进口策略及能源定价机制的改革提供借鉴，具有一定的现实意义。

从客观上看，国际油价的高低是世界原油市场众多交易主体博弈的结果，同时很大程度上也受地缘政治、气候变化等不确定因素的影响。因此，一些自然科学的研究方法对国际油价的分析将起到很好的指导作用。随着统计学和计量经济学的不断发展，一些统计学和计量经济学的科学化分析工具（如线性回归、协整分析、自回归模型等线性分析技术）在国际油价分析中得到了广泛应用。但随着不确定性、非线性技术的发展，这些油价系统中的定量数学模型需要进一步改进以适应现实中愈加苛刻的需求。本书在前人的基础上，将油价系统中的线性模型发展成高度非线性、高度不确定性的模型，将 Bayes 概率思想引入线性模型中将确定型模型不确定性化建立 BVAR 模型，然后引入高度非线性的时变技术及马尔科夫状态转变技术的 TV-BVAR 模型及 MS – BVAR 模型来分析油价系统，同时在单变量的油价波动风险、油价趋势分析中也引入了 Bayes 概率思想、高度非线性的时变技术及马尔科夫状态转变技术。这对油价系统模型理论及技术的发展具有一定的理论意义。

8.1　主要工作和结论

归纳起来，本书的主要工作和结论如下：

（1）针对日度原油价格的剧烈波动性及显著的 ARCH 效应，利用随机波动理论、模拟统计分布理论、Bayes 统计理论、风险理论、状态转换理论对油价波动特征、波动风险、波动状态进行了理论及实证分析。

近年来，国际原油价格波动频繁，持续走高，给全球尤其是像中国这样的原油消费大国的经济可持续发展带来了很大冲击，由原油价格的波动给原油生产者或消费者等各方带来收益上不确定性，即原油价格风险，也成了研究的热点。本书提出了一种新的 Bayes-SV-SGT 模型来度量和估计原油市场的价格风险，相对前人在计算 VaR 的过程中所假设的分布只能分别描述了资产收益率序列特性

（尖峰性、偏态性或厚尾性）的某一方面的缺点，SGT分布可以方便地描述金融时间序列数据的峰度性、偏态性和厚尾性。结果表明，同厚尾分布下的GARCH类模型相比，Bayes-SV-SGT模型的估计精度有很大的提高。由于Bayes方法自身的优点，在小样本情况下，Bayes方法能充分地融合相关先验信息和可获样本信息，能够给出所估参数的分布形式和区间估计，而且由于WINBUGS等专有Bayes软件的出现，使得估计简便易行，故本书提出的Bayes-SV-SGT模型不仅适用于类似本书的大样本情况，在样本量较少的金融市场中将会具有更为明显的优势。

（2）原油作为一种重要的国际商品，其价格的形成机制是十分复杂的。全球经济增长、技术进步、产业结构、汇率、地缘政治、投机、季节性气候、库存、替代能源价格、生产成本等因素都会直接或间接地对原油价格产生影响。故原油价格的波动模型、趋势模型的参数不可能固定不变。就波动模型而言，标准SV模型并不能够针对这一时变特征进行准确地捕捉，针对这一特征建立了参数时变的SV-M模型来分析原油价格的波动率，使用MCMC模拟方法对模型进行参数估计，并利用MS模型对时变参数序列的结构性拐点进行了分析和辨别。就趋势模型而言，原油价格的运行趋势也可能随时间的变化处在不同的状态，本书利用MS-AR模型来考察原油月度价格的状态变化，利用泊松过程来研究原油季度价格的趋势拐点出现的概率大小。

主要结论如下：

（1）针对原油日度价格，为了刻画金融危机对原油市场价格造成的剧烈波动，本书建立了参数时变的SV-M模型，并基于Bayes思想，利用MCMC方法来估计模型参数。而且结合MS模型对时变的参数估计结果进行分析，结果表明：金融危机前后原油价格日收益率存在明显的一阶滞后效应，且原油价格日收益率均值的波动幅度很大，如果使用标准的SV模型分析油价风险将会丢失很多信息；原油价格日收益率方差对数的滞后一阶项系数在整个时间段内变化不大，但是油价收益率在危机后的波动幅度明显加大。MS模型对时变的油价收益率均值和标准差进行了分析，结果表明：油价收益率均值的状态转换极其频繁，只是在原油价格由上行趋势跌落时才进入稳定的负收益率状态，由于各状态的持续期很短，很难观察和解释其机制的转换，说明用不适合MS模型分析高频短期的原油价格收益率均值的结构拐点问题。而对于油价收益率标准差在各状态都有一定的持续时间，由MS模型对油价收益率标准差的模拟效果图可见，危机使得油价收益率波动加剧，同时很容易找到拐点发生的时间点，并结合实际情况进行解释和分析。

（2）针对原油月度价格，本书建立了三状态二阶马尔科夫状态转换自回归模型，结果表明，历史油价出现了三个拐点，前两次分别是由1990年海湾战争、1999年亚洲经济危机引起；但2004年的原油价格状态的转变确是由多种因素引起，2004 年美国经济开始恢复使得美国及亚洲原油需求快速增加，但产油国剩余产能不足，因此紧张的供需平衡，给国际油价添上风险溢价。由参数时变的SV-M 模型结果可见，金融危机使得原油价格收益率处于低收益状态，持续期大概为 5 个月左右。同时，金融危机使原油价格收益率开始进入高波动状态，高波动性持续期大概为 6 个月左右。

（3）针对原油季度价格，根据突发事件的发生特点，本书给出了商品价格变动容忍阈值及商品价格突变的定义，利用 PPM 模型对国际历史油价及相关影响变量的突变进行识别和分析，以期找寻主导油价突变的变量或事件。结果共显示出 8 次显著的油价突变。1999 年 2 季度油价突变发生的直接原因是亚洲金融危机的冲击，实际原因是石油供需结构的失衡，具体来说石油供应方对市场石油需求变动的估计不足及中国净进口的增加，导致了油价的快速回落和短期剧烈反弹；此后的 7 次油价突变，美元指数一直是最主要的直接影响因素之一，而地缘政治事件及经济情况带动的需求变化或预期变化成为油价突变的基础，新兴经济体的需求增长成为促使油价突变的新生因素。

（4）对国际原油价格拐点分析及统计推断进行了探索性研究，将幂律分布引入原油价格拐点的分析中，基于 Bayes 统计思想，以比较符合描述突变规律的泊松分布、幂律分布、对数—正态分布三种分布为先验分布，构建国际原油价格拐点推断模型。首先，基于基本统计认知和 PPM 模型两种思想，分别对原油价格的历史突变进行定义、识别和分析。其中，在利用 PPM 模型思想对突变点进行分析及识别的过程中，构建了 PPM-KM 集成模型对国际原油价格拐点后验概率进行了测算、聚类及识别。其次，在两种突变点定义及三种分布模型下，分别对国际原油价格突变规律进行概率模拟及比较分析，并对原油价格拐点出现时间进行了单次递推概率预测。结果表明，1986～2015 年共发生 37 次显著的油价突变。在不同的时点，市场供需结构的失衡、突发地缘政治事件、美元指数、全球经济发展情况分别成为油价突变的主因。在不同时间间隔时长下，幂律分布的概率值较指数分布和对数—正态分布而言更大，为密集的阵发事件和不活跃的偶发事件都赋予了较高的概率。本书初步认为国际原油月度价格拐点的时间间隔服从幂律分布的假设是合理的。在两种不同的突变点定义下，下一次原油月度价格的上升拐点出现在最小的时间间隔值分别为 5 个月及其以上的时间和 3 个月及其以上的时间。

（5）对原油价格进行分析、预测，需要对原油价格的影响因素及影响机理有一个较为全面的认识。原油作为一种重要的国际商品，其价格的形成机制是十分复杂的。全球经济增长、技术进步和产业结构、汇率、地缘政治、投机、季节性气候、库存、替代能源价格、生产成本等因素都会直接或间接地对原油价格产生影响。如果将所有影响因素全面放入模型，那么模型的复杂度将会非常之高。因此，应从众多的影响因素中进行科学的筛选，找出有代表性的、抓住主要信息量的因素，并在此基础上对原油价格进行剖析。

基于这种需求，本书将利用通径分析法（PATH-ANALYSIS）来筛选因素。主要结论如下：原油历史价格为原油现价的决定性因素，而原油库存和美元指数成为了油价的主要限制性因素。国际投机因素的滞后期及当期均通过中国净进口对当期油价产生正相关的影响作用。在对未来的油价的引导方面，国际投资家、美国的金融及能源战略政策具有决定权和掌控作用；对原油产量而言，就决策系数的结果来看，除滞后期原油产量外，滞后期中国原油净进口、当期原油的消费和当期库存对原油产量的提升起决定性的正向拉动作用，而滞后期原油消费和库存及美国的净进口为原油产量提升的主要限制性因素。说明原油供应量的变动主要需要库存来调节；对原油需求而言，滞后期美国净进口、滞后期 OECD 原油库存对当期 OECD 原油需求量的提升起决定性的正向拉动作用，而当期库存及原油价格为当期 OECD 原油需求量提升的主要限制性因素。说明在现阶段，需求对价格的弹性很低，需求的变动还是主要由美国的净进口来推动，由库存来调节；对原油库存而言，当期 OECD 原油库存量主要由当期及滞后期美国净进口来决定，说明近些年美国的净进口主要用来扩充战略库存。而滞后期中国净进口及当期 OECD 原油需求为当期 OECD 原油需求量提升的主要限制性因素，而且中国净进口的限制作用更大，说明近年来中国的净进口对降低库存的作用已经超过 OECD 组织，在新增原油的需求中占越来越大的比例；对中国净进口来说，滞后期中国净进口及原油价格对当期中国净进口的提升起决定性的正向拉动作用，是决定性的因素。而滞后期原油产量为当期中国净进口提升的主要限制性因素。说明中国的原油需求的刚性很严重，而且量价齐增的现象也很显著。

（6）由 PATH-ANALYSIS 的结果可见，影响原油价格的因素涉及广泛，而且各变量之间相互作用，形成一个相互作用的大型系统，几乎不可能而且也没必要考虑到所有的影响因素，所以囊括主要的和饱受关注的影响因素，建立和分析包含这些因素间相互作用或反馈效应的模型以便解释这些变量的变动情况是重要的。本书根据油价各个因素间关系的分析结果，先建立理论联立模型，然后再通过进一步分析筛选建立油价系统的 VAR 分析模型。

本书首先在建立的理论联立方程模型基础上，通过分析选取以需求、供给、价格、库存为内生变量，以及四种不同组合的外生变量的油价系统 VAR 分析模型。经过自由度分析及协整、稳定性检验最终选取 2 阶滞后，外生变量为中国的净进口、美元指数的 VAR 分析模型。实证结果表明：①美元指数对油价的影响边际效应比中国净进口的影响边际效应要大得多。由于投机的影响，使得美元指数对原油价格的影响要高于对原油供需基本面的影响。②增加原油供给对油价的降低作用在滞后 5 季度才开始显现，至滞后第六季负效应达到最大，然后逐渐降低趋于平稳。对原油需求来说，OECD 原油总库存对油价的冲击效果较 OECD 原油消费要低得多，而且在滞后四季度 OECD 原油库存的增加对油价的提升作用才开始显现，至滞后第五季达到最大，然后下降至滞后第八季效应基本消失；但增加 OECD 原油消费对油价的拉动作用在滞后第六季才开始显现，到滞后第八季原油消费需求对油价的正向冲击作用才达到最大，至滞后第十季作用才逐渐消失。③原油价格变动的自身贡献率是最大的，始终在 90% 以上。除此之外，OECD 原油消费量对价格变动的贡献最大，从首期开始逐渐增加，至滞后第四季开始平稳。相对而言，OPEC 原油产量及 OECD 原油库存的贡献就小得多。其中 OECD 原油库存的贡献最小。

（7）为克服 VAR 模型需要估计参数过多、对数据序列样本长度要求过大的主要缺点。本书利用贝叶斯推断理论在小样本情况下具有绝对优势的特点，按照 Litterman（1986）建立贝叶斯时间序列自回归模型的思想，建立了油价系统的 BVAR 模型。

本书在 BVAR 模型参数的多种先验分布假设下，筛选适合油价系统的 BVAR 模型的先验分布及估计方法。贝叶斯估计方法以弹性的方式引入了约束：假设 VAR 系数服从一定的先验分布，先验分布缩小了系数的取值范围，有助于避免无约束 VAR 的自由度损失问题。同时，先验分布通过由数据计算出的似然函数的调整，得到参数的后验分布。BVAR 方法可以采用多种先验分布，最著名的是 Litterman 等人使用的 Minnesota 先验分布。为比较模型结果，本书建立了基于 Minnesota 先验分布（正态—扩散型先验）及随机游走均匀先验分布下的两种 BVAR 模型，并且分别在一般抽样和 Gibbs 抽样两种抽样方法下进行比较，这样就建立了四种 BVAR 模型。模型结果表明：①BVAR 模型虽然在理论上能解决 VAR 模型待估系数过多造成的"过度拟合"的问题，但是模型估计过程中的抽样方法对解决这个问题相当重要，实证表明 Gibbs 抽样下的 BVAR 模型才能真正的解决"过度拟合"的问题。②先验分布的选择对 BVAR 模型的预测精度的提高起决定性的作用，理论上 BVAR 模型可选取的先验分布有很多，但有些先验分布在可获数据的限制下可能存在无法估计的问题。而一般情况下，随机游走均匀分布对不确定性很大的变量未来值的预测具有一定优势。③基于本书数据所选取的油价系统模型（GBVAR-RW 模型）的预测结果显示：2010 年原油的消费需求并没有明显的增长，但是原油的库存和产量均是稳中有升，油价的上涨期待美元的贬值和新兴市场原油需求增长的冲击，原油价格波动的主导方仍是美国，"美国操纵"仍是未来油价波动的最重要的决定因素，美国的货币政策所带来的投机因素还将是原油市场中冲击供需平衡状态的重要分子。

（8）经济时间序列表现出经常变化的特征，一种简单的方式是把这种变化看成突变，然后对这种结构性或非结构性的突变转换进行建模（截距项、变量系数或全部发生变化）。但是这种变化确是由一些不可观测的原因引起的，或者同一些不可观测的状态关系紧密，如经济周期等。因为在实际中，结构性的改变往往是很少的，但系数的改变是经常性的（Cooley and Prescott，1973）。在这种情况下，系数和协方差矩阵或可全部看作具有马尔科夫链的性质。这样可以将 Bayes-DLM 模型的计算方法和推导模式扩展到 BVAR 模型中来，建立 TV-BVAR 模型。本书在多层先验分布理论下建立 TV-BVAR 模型。

主要结论为：①油价系统内生变量时变边际分析模型的结果显示，滞后一期油价对当前油价的翘尾效应还是很显著的，尤其在 2006～2009 年年初油价剧烈波动期间，到 2009 年中旬开始这种效应便开始降低，而滞后两期油价对当前油价的翘尾效应基本消失。原油供应对油价的调节作用滞后期大概为两季度，尤其是 2002 年以后这种效应越发显著。原油库存的变动引起油价相应变动的滞后时间在 1 个季度以内，滞后两期原油库存的增加起到了提高当前油价的作用相对一期滞后更为明显，说明 2002 年以后原油库存的调节逐渐成为市场调节油价的重要方式，而且见效快，强度也大。原油消费的增加达到提升油价效果的滞后期较长，至少长于两个季度，说明全球经济增长所导致的原油消费的增加并不是油价短期内波动剧烈的推手。总之，2003 年开始原油的滞后价格、供需及库存对当前原油价格的边际作用逐步增强，也就是供需基本面对原油价格的影响强度越来越大。②油价系统外生变量时变边际分析模型的结果显示，1997 年以前美元汇率的波动对油价的影响并不大，但 1997 年以后尤其是 2006 年后美元指数成为了油价波动的重要诱因。中国的原油净进口在 2002 年以前对油价的边际影响效应的方向左右摇摆不定，2002 年以后中国原油净进口的增长始终扮演着推升油价的角色，尤其是 2006 年以后这种正向的边际效应越来越强。可见中国原油净进口将逐渐成为继美元之后的又一推升油价的重要因素。③油价系统模型内生变量的时变弹性分析表明，各内生变量的一阶滞后对油价的弹性分析表明，油价自身的翘尾因素在一季度内呈负向效应。原油消费的波动在 2008 年以前能在 1 个季度内引起价格的变化，而且效应强度很大且显著，但原油消费对两季度后油价的调节作用也开始失效。原油的供应在 2004 年以前对滞后两季油价还有一定的调节作用，但是随后则失去应有的效用，2006 年以后原油的供应能在 1 个季度内发挥对油价波动应有的调节作用，且作用强度也是逐年增强，至 2009 年每增加 1% 的原油供应将导致油价下降幅度接近 4%。相比较而言，滞后一期油价对原油库存的波动的弹性系数最大，也就是说每变动 1% 的原油库存将使油价变动 4% 以上，近 3 年达到了 7% 左右，但库存对油价的影响在一个季度后逐渐失去应有的效果。④油价对模型系统外生变量的时变弹性系数变动趋势表明，1991～2009 年"美国因素"始终是当期油价大幅波动的首要推手，2006 年以前美元指数每下降 1% 将使得油价上升 7%～8% 左右，2006 年以后美元变动对油价的影响强度逐渐加大，至 2009 年年末美元指数每下降 1% 将会导致油价上升接近 11%。而"中国因素"直到 2006 年才真正成为油价上升的推手，虽然强度不断加大，但直到 2009 年年底才达到 4.5%，及 2009 年中国净进口每增加 1% 会导致油价上升 4% 左右。

（9）油价的 MSM – AR 及季度油价拐点数据分析模型的结果表明，就单个油价序列来说，历史油价存在多个拐点。在油价存在变点时，原油的供应、库存或需求也可能同时出现拐点，这样整个原油的供需均衡结构并未发生明显变动，系统拐点也可能就不会出现，但如果不出现这种情况，油价系统就可能出现拐点。本书建立的 MSBVAR 模型就是考察油价系统在考察期内是否也存在结构性变点，结构失衡时的持续期会有多长。

利用路径分析挑选的变量，建立基于 Bayes 理论的油价系统 MSVAR 模型（MSBVAR）。主要结论为：①MSBVAR 模型相对 BVAR 模型在模拟效果方面有很大改进，尤其是对油价供需的模拟更是愈加精确。②1991～2009 年整个油价系统的平衡只被打破一次，美国金融危机是 1991 年以来对油价系统冲击最为严重的事件，也是唯一能够在改变油价运行区间的同时打破已存原油市场均衡的事件。③1991～2009 年单就油价来讲曾出现三次拐点，但油价系统结构仅出现一次拐点，而且持续时间很短，说明油价系统均衡结构的拐点同单个油价拐点时间并不相同，次数、强度及持续期也均不相同。④相对供需因素的影响，油价的尾部效应更为显著。

（10）国际金融危机加大了中国推进节能减排工作的难度，但也为国内放开资源要素价格、理顺相对价格关系提供了一个绝好的机遇。本书在合理分析中国能源比价扭曲对能耗强度影响效应的基础上，建立了 Bayes 时变动态回归模型，并利用 MCMC 方法解决了方程的估计问题，测算了能源价格变动对能耗的影响效果及变动趋势。主要结论为：①中国各能源产品间比价的合理优化比单种能源产品价格的国际接轨对能耗的降低作用更为显著。相比国际市场的能源比价结构，中国的能源比价结构（尤其是煤炭与原油比价，成品油与原油比价）对能耗强度的增长起着很大的促进作用，即中国能源商品价格结构的扭曲度提高了中国的能耗强度，促进了第二产业的增长。相对较低的煤炭价格极大地促进了煤炭消耗比例的增长，降低了原油的消费比例。而相对原油价格来说，偏低的成品油价格会降低炼油企业的积极性，也会使得原油的消费比例下降。②能源价格的变动对单位 GDP 能耗的影响效应具有显著的时变特征。从电力价格变化对单位 GDP 能耗的影响大小来看，电力价格的提高对单位 GDP 能耗的降低具有很大推进作用。2004 年以后电力价格的变动对节能的影响效应开始减弱，但节能的效果仍很显著，在电力、煤炭、原油三种能源品种中，电力价格的变动对能耗强度的影响最大。但电力价格变化对单位 GDP 能耗的影响边际效应在逐年下降。从煤炭价格变化对单位 GDP 能耗的影响大小来看，煤炭价格的提高对单位 GDP 能耗的提高具有很大推进作用。从 1996 年开始煤炭价格的提高对提高单位 GDP 能耗的正向影响效应不断增大。由于"从量计征"的资源税偏低，安全或违规惩罚成本较低，导致煤炭资源被大量地不合理开采。同时，煤炭价格的上升，加大了煤炭开采业的利润，使得煤炭的开采量也不断加速，事故频繁发生、产业结构和能源结构的优化受阻、能耗不断上升的局势就在所难免。从原油价格变化对单位 GDP 能耗的影响大小来看，原油价格的提高对单位 GDP 能耗的影响在不同的时间段有不同的作用，有时助推能耗上涨，有时却对能耗的降低起积极作用，但相对煤炭及电力价格来说，原油价格的影响效应最小。从原油价格变化对单位 GDP 能耗的影响趋势来看，2002 年以前原油价格的上升对能耗的上升起助推作用，2003 年以后原油价格的上升起降低能耗的作用，而且作用强度逐年加大。

8.2　研究创新

概括起来，本书的主要创新如下：

（1）本书采用 Bayes-SV-SGT 模型来度量国际及国内原油价格的 VaR 风险，从以下几个方面扩展了以前的研究：第一，首次引入 SGT 分布来描述原油市场的价格和其波动特征，SGT 分布是很多已知分布（正态分布，广义 t 分布，非对称 t 分布，GED 分布等）的一般化，能够全面灵活地描述价格序列的尖峰性、厚尾性和偏态性特征，从而对原油价格的变动进行极好的描述和度量，而这正是已有的方法所缺少的；第二，建立了 SV-SGT 模型，并将其用于 VaR 的计算，实际结果表明，本书所建立的新的模型切实可行并取得了理想的效果。第三，基于 Bayes 原理，利用 Winbugs 软件解决了 SV-SGT 模型的参数估计难题。理论及实证分析结果表明，同厚尾分布下的 GARCH 类模型相比，Bayes-SV-SGT 模型的估计精度有很大的提高，Bayes 方法能充分地融合相关先验信息和可获样本信息，能够给出所估参数的分布形式和区间估计，而且由于 WINBUGS 等专有 Bayes 软件的出现，使得估计简便易行。故由于贝叶斯思想在小样本研究过程中的先天优势，本书提出的 Bayes-SV-SGT 模型不仅适用于类似本书的大样本情况，在样本量较少的金融市场中将会具有更为明显的优势。

（2）对标准的 SV 模型及时间趋势 AR 模型进行了推广，建立了分析原油价格波动及趋势状况的 Bayes-SV-MTVP 及 MS-AR 模型，从以下几个方面扩展了以前的研究：第一，原油价格的波动模型、趋势模型的参数不可能固定不变。就波动模型而言，标准 SV 模型并不能够针对这一时变特征进行准确的捕捉，针对这一特征，建立了参数时变的 SV-M 模型来分析原油价格的波动率；第二，使用 MCMC 模拟方法对 SV-MTVP 模型进行参数估计，并利用 MS 模型对时变参数序列的结构性拐点进行了分析和辨别。第三，就趋势模型而言，原油价格的运行趋势也可能随时间的变化处在不同的状态，本书利用 MS-AR 模型来考察原油月度价格的状态变化，利用泊松过程来研究原油季度价格的趋势拐点出现的概率大小。理论及实证分析结果表明，在油价的单变量的分析过程中，本书建立的 Bayes-SV-MTVP 及 MS-AR 模型能很好地识别油价波动结构及运行趋势的拐点，对诸如美国金融危机等突发事件的影响效应分析具有一定的理论及实用价值。

（3）引入幂律分布到原油价格拐点的分析中，基于 Bayes 统计思想，以比较符合描述突变规律的泊松分布、幂律分布、对数—正态分布三种分布为先验分布，构建国际原油价格拐点推断模型。首先，基于基本统计认知和 PPM 模型两种思想，分别对原油价格的历史突变进行定义、识别和分析。其中，在利用 PPM 模型思想对突变点进行分析及识别的过程中，构建了 PPM-KM 集成模型对国际原油价格拐点后验概率进行了测算、聚类及识别。其次，在两种突变点定义及三种分布模型下，分别对国际原油价格突变规律进行概率模拟及比较分析，并对原油价格拐点出现时间进行了单次递推概率预测。

（4）构建了因素提取的通径分析（PATH-ANALYSIS）模型来筛选原油价格系统模型的分析变量。传统的因素提取方法比如协整分析、格兰杰因果检验、相关或偏相关分析等均属于单对单的分析，不能进行多因素的综合相关或因果分析，在多元分析的过程中很难消除多重共线性。通径分析是简单相关分析的继续，在多元回归的基础上将相关系数加以分解，通过直接通径、间接通径及总通径系数分别表示某一变量对因变量的直接作用效果、通过其他变量对因变量的间接作用效果和综合作用效果。本书将在农业科学及生物学中取得良好应用效果的因素分析技术——通径分析法引入到原油价格系统模型的变量选取过程中，从众多的影响因素中进行科学的筛选，找出有代表性的、抓住主要信息量的因素，并在此基础上对原油价格进行剖析。理论及实证分析表明，引入 PATH-ANALYSIS 分析方法为建立有效的油价系统模型打下了很好的铺垫。

（5）根据油价各个因素间 PATH-ANALYSIS 的分析结果，先建立理论联立模型，然后再通过进一步分析筛选建立油价系统的 VAR 分析模型。同时，为克服 VAR 模型需要估计参数过多、对数据序列样本长度的要求过大的主要缺点，按照 Litterman（1986）建立贝叶斯时间序列自回归模型的思想，建立了油价系统的 BVAR 模型。理论及实证分析结果表明，选取以需求、供给、价格、库存为内生变量，外生变量为中国的净进口、美元指数的 VAR 分析模型能得到较为符合实际的理想分析效果。另外，实证表明 Gibbs 抽样下的 BVAR 模型能真正地解决传统 VAR 模型"过度拟合"的问题，而选取随机游走均匀先验分布对不确定性很大的变量未来值的预测具有一定优势。

（6）将 Bayes-DLM 模型的计算方法和推导模式扩展到 BVAR 模型中来，建立 TV-BVAR 模型。本书在多层先验分布理论下建立 TV-BVAR 模型。考察油价系统模型系数表现出的经常变化的特征。同时建立了油价系统的 MSBVAR 模型来考察油价系统在考察期内是否也存在结构性变点，结构失衡时的持续期会有多长。理论及实证分析结果表明，各影响因素对油价的影响均具有一定的滞后期且滞后时间及强度各不相同；1991～2009 年单就油价来讲曾出现三次拐点，但在此期间整个油价系统的平衡只被打破一次，美国金融危机是 1991 年以来对油价系统冲击最为严重的事件，也是唯一能够在改变油价运行区间的同时打破已存原油市场均衡的事件，说明油价系统均衡结构的拐点同单个油价拐点时间并不相同，次数、强度及持续期也均不相同。

（7）在合理分析中国能源比价扭曲对能耗强度影响效应的基础上，建立了 Bayes 时变动态回归模型，并利用 MCMC 方法解决了方程的估计问题，测算了能源价格变动对能耗的影响效果及变动趋势。理论及实践分析表明，①中国的能源比价结构对能耗强度的增长起着很大的促进作用，能源比价关系的调整比单种能源价格的国际接轨更为重要。②在电力、煤炭、原油三种能源品种中，电力价格的变动对能耗强度的影响最大，但边际效应在逐年下降；同时，煤电价格联动受到制约，使得煤炭价格的上涨加大了能耗强度；而原油价格的提高对单位 GDP 能耗的影响在不同的时间段有不同的作用，相对煤炭及电力价格来说，原油价格的影响效应最小，但降低能耗的边际作用在逐年加大。

8.3　有待进一步研究的问题

本书主要应用风险分析理论、Bayes 统计与决策理论、突变理论、宏观经济模型及计量经济模型理论，从单变量和多变量两个层面对油价的运行特征、形成机理以及宏观经济影响等方面展开研究，取得了一定研究成果和理论创新，但为了进一步地切合实际并取得更大的应用价值，有必要在日后的工作中从以下几个方面进一步深入拓展和完善。

（1）不管是在单变量或多变量的分析过程中，为了寻找变量间关系的变动特征及拐点，本书建立的时变模型或状态转换模型均结合了 Bayes 理论，可见在 Bayes 理论的应用中最重要的是先验分布的选取。本书在实证分析的过程中主要用的是多层先验分布理论，但这种先验分布的选取还只是以已有的数据优化为基础，如何选取更加合适的先验分布（如和 DSGE 模型相结合来选取变量的先验分布），当先验分布中含有超参数时，怎样合理估计这些超参数，是下一步研究中需要进一步解决的问题。

（2）本书主要分析了原油价格的特征及形成机理，但为了能对未来的决策作指导，在论文已有分析结果的基础上对原油价格进行合理的预测是进一步的研究方向，但模型中外生变量的存在使得预测成为困难，对外生变量设置各种可能的情景，采用情景分析与本书的宏观模型相结合对油价的未来取值进行估计将更加有利于油价预测理论的发展及应用。

（3）PPM-KM 整合模型的构建提出了一种拐点识别的新思想，将拐点理论及技术的发展与非线性及智能技术相结合，但在聚类方法的选择上还存在改进空间。

（4）在利用幂律分布进行原油月度价格拐点的推断预测过程中，由于 WTI 原油月度价格现有的月度数据样本量限制，假设检验的结果不是十分稳定，在未来该幂律分布模型需进一步被实证和检验。

（5）在新的国际能源形势下，随着中国经济的快速发展，中国原油对外依存度在逐步增高。在国际油价持续高企的背景下，高油价通过向下游产品和生活用品的传导，加重了中国的通胀程度，对中国经济快速增长的持续性提出了挑战。合理考察国际原油价格的波动对中国油价、通胀及经济增长的影响是未来的重要研究课题。

参考文献

[1] M. K. Hubbert. Nuclear Energy and the Fossil Fuels [R]. San Antonio: American Petroleum Institute, 1956.

[2] Hotelling, H. A. The Economics of exhaustible resources [J]. Journal of Political Economy, 1931, 39 (2): 137 – 175.

[3] Solow, R. M. and Wan, F. Y. Extraction costs in the theory of exhaustible resources [J]. Bell Journal of Economics, 1976, 7 (2): 359 – 370.

[4] Livernois, J. and Uhler, R. Extraction costs and the economics of nonrenewable resources [J]. Journal of Political Economy, 1987, 95 (1): 195 – 203.

[5] Watkins, G. C. and Plourde, A. How volatile are crude oil prices? [J]. OPEC Review, 1994, 18 (4): 220 – 245.

[6] Alvarez – Ramirez, J., Soriano, A., Cisneros, M. and Suarez, R. Symmetry/anti- symmetry phase transitions in crude oil markets [J]. Physica A, 2003, 322 (1): 583 – 596.

[7] Hagen, R. How is the international price of a particular crude determined? [J]. OPEC Review, 1994, 18 (1): 145 – 158.

[8] Stevens, P. The determination of oil prices 1945 – 1995 [J]. Energy Policy, 1995, 23 (10): 861 – 870.

[9] Bahram, A., Arjun, C., Kanwalroop, K. D., Kambiz, R. Chaos in oil prices? Evidence from futures markets [J]. Energy Economics, 2001, 23 (4): 405 – 425.

[10] Epaminondas, P. and Vassilia, N. Are oil markets chaotic? A non-linear dynamic analysis [J]. Energy Economics, 2000, 22 (5): 549 – 568.

[11] Salant, S. Exhaustible resources and industrial structure: A Nash-Cournot approach to the world oil market [J]. Journal of Political Economy, 1976, 84 (5): 1079 – 1093.

[12] Michael Ye, John Zyren, Joanne Shore. A monthly crude oil spot price forecasting model using relative inventories [J]. International Journal of Forecasting, 2005, 3 (21): 491 – 501.

[13] Claudio Morana. A semiparametric approach to short-term oil price forecas-

ting [J]. Energy Economics, 2001, 3 (23): 325 – 338.

[14] Barone-Adesi, G. , Bourgoin, F. , Giannopoulos, K. Don't look back [J]. Risk August, 1998, 8 (1): 100 – 103.

[15] Morana, C. A semiparametric approach to short-term oil price forecasting [J]. Energy Economics, 2001, 23 (3): 325 – 338.

[16] Abramson, B. and Finizza, A. Probabilistic forecasts from probabilistic models: a case study in the oil market [J]. International Journal of Forecasting, 1995, 11 (1): 63 – 72.

[17] Huntington, H. G. Oil price forecasting in the 1980s: what went wrong? [J]. The Energy Journal, 1994, 15 (2): 1 – 22.

[18] Abosedra, S. and Baghestani, H. On the predictive accuracy of crude oil future prices [J]. Energy Policy, 2004, 32 (12): 1389 – 1393.

[19] Dominguez, K. M. The volatility and efficiency of crude oil futures contracts [C]. Dominguer, K. M. , Strong, J. S. , Weiner, R. J. Oil and Money: Coping with Price Risk through Financial Markets. USA: Harvard International Energy Studies, 1989: 48 – 97.

[20] Green, S. L. and Mork, K. A. Towards efficiency in the crude oil market [J]. Journal of Applied Econometrics, 1991, 6 (1): 45 – 66.

[21] Crowder, W. J. and Hamed, A. A conintegration test for oil futures market efficiency [J]. Journal of Futures Markets, 1994, 13 (8): 933 – 941.

[22] Moosa, I. A. and Al-Loughani, N. E. Unbiasedness and time varying risk premia in the crude oil futures markets [J]. Energy Economics, 1994, 16 (2): 99 – 105.

[23] Gulen, S. G. Efficiency in the crude oil futures markets [J]. Journal of Energy Finance & Development, 1998, 3 (1): 13 – 21.

[24] Abramson, B. and Finizza, A. Using belief networks to forecast oil prices [J]. International Journal of Forecasting, 1991, 7 (3): 299 – 315.

[25] Abramson, B. The design of belief network-based systems for price forecasting [J]. Computers & Electrical Engineering, 1994, 20 (2): 163 – 180.

[26] Tang, L. H. and Hammoudeh, S. An empirical exploration of the world oil price under the target zone model [J]. Energy Economics, 2002, 24 (6): 577 – 596.

[27] Bao, Y. J. , Zhang, X. , Yu, L. and Wang, S. Y. Crude oil price prediction based on multi-scale decomposition [J]. Lecture Notes in Computer Science, 2007, 4489 (3): 933 – 936.

[28] Yu, L. , Lai, K. K. , Wang, S. Y. , and He, K. J. Oil price forecasting with an EMD-based multiscale neural network learning paradigm [J]. Lecture Notes in

Computer Science, 2007, 4489 (3): 925 – 932.

[29] Wang, S. Y., Yu, L. and Lai, K. K. A novel hybrid AI system frame-work for crude oil price forecasting [J]. Lecture Notes in Artificial Intelligence, 2005, 3327 (3): 233 – 242.

[30] Lean Yu, Shouyang Wang, Kin Keung Lai. Forecasting crude oil price with an EMD-based neural network ensemble learning paradigm [J]. Energy Economics, 2008, 5 (30): 2623 – 2635.

[31] Nelson, Y., Stoner, S., Gemis, G. and Nix, H. D. Results of Delphi VIII survey of oil price forecasts [R]. California: California Energy Commission, 1994.

[32] Eva Regnier. Oil and energy price volatility [J]. Energy Economics, 2007, 29 (3): 405 – 427.

[33] Hossein Askari, Noureddine Krichene. Oil price dynamics (2002 – 2006) [J]. Energy Economics, 2008, 30 (5): 2134 – 2153.

[34] Namit Sharma. Forecasting Oil Price Volatility [R]. Virginia: Virginia Polytechnic Institute and State University, 1998.

[35] Bradley T. Ewing, Farooq Malik, Ozkan Ozfidan. Volatility transmission in the oil and natural gas markets [J]. Energy Economics, 2002, 24 (6): 525 – 538.

[36] 潘慧峰, 周建, 张金水. 原油市场波动溢出模型研究 [J]. 中国软科学, 2005, 8: 152 – 157.

[37] 冯春山, 吴家春, 蒋馥. 国际石油市场的 ARCH 效应分析 [J]. 中国石油大学学报 (社会科学版) 2003, 19 (2): 18 – 20.

[38] Kilian, Lutz. Not All Oil Price Shocks Are Alike: Disentangling Demand and Supply Shocks in the Crude Oil Market [J]. American Economics Review, 2009, 99 (3): 1053 – 1069.

[39] Franz Wirl. Why do oil prices jump (or fall)? [J]. Energy Policy, 2008, 36 (3): 1029 – 1043.

[40] Jim'enez-Rodr'lguez, Rebeca. The Impact of Oil Price Shocks: Evidence from the Industries of Six OECD Countries [J]. Energy Economics, 2008, 30 (6): 3095 – 3108.

[41] J. Cunado, F. Perez de Gracia. Oil prices, economic activity and inflation: evidence for some Asian countries [J]. The Quarterly Review of Economics and Finance, 2005, 45 (1): 65 – 83.

[42] Renuka Mahadevan, John Asafu-Adjaye. Energy consumption, economic growth and prices: A reassessment using panel VECM for developed and developing countries [J]. Energy Policy, 2007, 35 (4): 2481 – 2490.

[43] Lynch, M. Causes of Oil Price Volatility [R]. Japan: The 8th International-al Energy Forum, 2002.

[44] Yang, C. W., Hwang, M. J., Huang, B. N.. An analysis of factors affecting price volatility of the US oil market [J]. Energy Economics, 2002, 24 (2): 107 – 119.

[45] Hooker, M. A. Are Oil Shocks Inflationary? Asymmetric and Nonlinear Specifications versus Changes in Regime [J]. Journal of Money, Credit and Banking, 2002, 34 (2): 540 – 561.

[46] Boyd, R., and Doroodian, K.. The linkage between oil price shocks and economic growth with inflation in the presence of technological advances: a CGE model [J]. Energy Policy, 2003, 31 (10): 989 – 1006.

[47] Hamilton, James D. What's Real About the Business Cycle? [J]. Federal Reserve Bank of St. Louis Review, 2005, 87 (4): 435 – 452.

[48] Ben S. Bernanke. Energy and the Economy [R]. Chicago, Illinois: The Economic Club of Chicago, 2006.

[49] Edelstein, Paul and Lutz Kilian. The Response of Business Fixed Invest-ment to Changes in Energy Prices: A Test of Some Hypotheses about the Transmission of Energy Price Shocks [J]. The B. E. Journal of Macroeconomics, 2007, 7 (1): 1 – 61.

[50] Gramlich, Edward M. Oil Shocks and Monetary Policy [R]. Kansas City Missoury: Federal Reserve Bank of KANSAS City, 2004.

[51] Rasche, R. H., and J. A. Tatom. The Effects of the New Energy Regime on Economic Capacity, Production, and Prices [J]. Federal Reserve Bank of St. Louis Review (a), 1977, 59 (4): 2 – 12.

[52] Rasche, R. H., and J. A. Tatom. Energy Resources and Potential GNP [J]. Federal Reserve Bank of St. Louis Review (b), 1977: 59 (6): 10 – 24.

[53] Rasche, R. H., and J. A. Tatom. Energy Price Shocks, Aggregate Supply and Monetary Policy: The Theory and the International Evidence [J]. Carnegie-Roch-ester Conference Series on Public Policy, 1981, 14 (1): 9 – 93.

[54] Hamilton, James D.. Oil and the Macro economy Since World War II [J]. Journal of Political Economy, 1983, 91 (2): 228 – 248.

[55] Burbidge, John, Alan Harrison. Testing for the Effects of Oil-Price Rises U-sing Vector Auto regressions [J]. International Economic Review, 1984, 25 (2): 459 – 484.

[56] Santini, Danilo J.. The Energy-Squeeze Model: Energy Price Dynamics in U. S. Business Cycles [J]. International Journal of Energy Systems, 1985, 5 (1):

18 – 25.

[57] Santini, Danilo J.. Energy and the Macro economy: Capital Spending After an Energy Cost Shock [R]. Columbus: North American meetings of the Regional Science Association, 1986.

[58] Gisser, Micha, and Thomas H. Goodwin. Crude Oil and the Macro economy: Tests of Some Popular Notions [J]. Journal of Money, Credit, and Banking, 1986, 18 (1): 95 – 103.

[59] Rotemberg, Julio J., and Michael Woodford. Imperfect Competition and the Effects of Energy Price Increases [J]. Journal of Money, Credit, and Banking, 1996, 28 (1): 549 – 577.

[60] Daniel, Betty C.. International Interdependence of National Growth Rates: A Structural Trends Analysis [J]. Journal of Monetary Economics, 1997, 40 (1): 73 – 96.

[61] Raymond, Jennie E., and Robert W. Rich. Oil and the Macro economy: A Markov State-Switching Approach [J]. Journal of Money, Credit and Banking, 1997, 29 (2): 193 – 213.

[62] Carruth, Alan A., Mark A. Hooker, and Andrew J. Oswald. Unemployment Equilibrium and Input Prices: Theory and Evidence from the United States [J]. Review of Economics and Statistics, 1998, 80 (4): 621 – 628.

[63] Hamilton, James D.. What is an Oil Shock? [J]. Journal of Econometrics, 2003, 113 (2): 363 – 398.

[64] Sandrine Lardic, Valérie Mignon. Oil prices and economic activity: An asymmetric co integration approach [J]. Energy Economics, 2008, 30 (3): 847 – 855.

[65] Barsky, Robert B., and Lutz Kilian. Oil and the Macro economy Since the 1970s [J]. Journal of Economic Perspectives, 2004, 18 (4): 115 – 134.

[66] Mork, Knut Anton. Oil and the Macro economy when Prices Go Up and Down: An Extension of Hamilton's Results [J]. Journal of Political Economy, 1989, 97 (3): 740 – 744.

[67] J. Cunadoa, F. Perez de Graciab. Oil prices, economic activity and inflation: evidence for some Asian countries [J]. The Quarterly Review of Economics and Finance, 2005, 45 (1): 65 – 83.

[68] Javier F. Mory. Oil Prices and Economic Activity: Is the Relationship Symmetric? [J]. Energy Journal, 1993, 14 (4): 151 – 162.

[69] Knut Anton Mork, Oystein Olsen, Hans Terje Mysen. Macroeconomic Responses to Oil Price Increases and Decreases in Seven OECD Countries [J]. Energy

Journal, 1994, 15 (4): 19 - 36.

[70] Ferderer, J., Peter. Oil Price Volatility and the Macro economy [J]. Journal of Macroeconomics, 1996, 18 (1): 1 - 16.

[71] Juncal Cuñado, Fernando Pérez de Gracia. Do oil price shocks matter? Evidence for some European countries [J]. Energy Economics, 2003, 25 (2): 137 - 154.

[72] 赵元兵, 黄健. 国际原油价格波动对我国经济的影响及对策研究 [J]. 价格理论与实践, 2004, 12: 36 - 42.

[73] 孙稳存. 能源冲击对中国宏观经济的影响 [J]. 经济理论与经济管理, 2007, 2: 31 - 36.

[74] 史丹. 我国当前油价机制的效果、缺陷及完善措施 [J]. 中国工业经济, 2003, 9: 16 - 25.

[75] Canove, F.. Detrending and Turning Points [J]. European Economic Review, 1994, 38 (3 - 4): 614 - 623.

[76] E. S. Page. Continuous inspection schemes [J]. Biometrika, 1954, 41 (1 - 2): 100 - 115.

[77] Dipak K. Dey, Sujit K. Ghosh, Hong Chang. Measuring the Effect of Observations Using the Posterior and the Intrinsic Bayes Factors with Vague Prior Information [R]. North Carolina: North Carolina State University Raleigh, 1997.

[78] Inclan, Carla. Detection of Multiple Changes of Variance Using Posterior Odds [J]. Journal of Business and Economic Statistics, 1993, 11 (3): 289 - 300.

[79] Carla Inclan , George C. Tiao. Use of cumulative sums of squares for retrospective detection of changes of variance [J]. Journal of the American Statistical Association, 1994, 89 (427): 913 - 923.

[80] P. E. Ferreira. A Bayes analysis of a switching regression model: known number of regimes [J]. Journal of the American Statistical Association, 1975, 70 (350): 370 - 374.

[81] J. H. Chin Choy, L. D. Broemeling. Some Bayes Inferences for a Changing Linear Model [J]. Technimetrics, 1980, 22 (1): 71 - 78.

[82] Hamilton, James D. A New Approach to the Economic Analysis of Nonstationary Tim Series and the Business Cycle [J]. Econometrica, 1989, 57 (2): 357 - 384.

[83] Richard E. Quandt. A New Approach to Estimating Switching Regressions [J]. Journal of the American Statistical Association, 1972, 67 (338): 306 - 310.

[84] Charles Engel, James D. Hamilton. Long Swings in the Dollar: Are They in the Data and Do Markets Know It? [J]. The American Economic Review, 1990, 80

(4): 689 – 713.

[85] Lam, Pok-sang. The Hamilton model with a general autoregressive compo-
nent: estimation and comparison with other models of economic time series: Estimation
and comparison with other models of economic time series [J]. Journal of Monetary E-
conomics, 1990, 26 (3): 409 – 432.

[86] R. Garcia, P. Perron. An analysis of the real rate of interest under regime
shifts [J]. Review of Economics and Statistics, 1996, 78 (1): 111 – 125.

[87] Goodwin, T. H.. Business-cycle analysis with a Markov switching model
[J]. Journal of Business & Economic Statistics, 1993, 11 (3): 331 – 339.

[88] Diebold, F. X., J-H. Lee, G. C. Weinbach.. Regime switching with
time-varying transition Probabilities, in C. Hargreaves (ed) Non stationary Time Series
Analysis and Coiniegration [M], oxford: Oxford University Press, 1994: 50 – 103.

[89] Engel, C.. Can the Markov switching model forecast exchange rates? [J].
Journal of International Economics, 1994, 36 (1 – 2): 151 – 165.

[90] Filardo, A. J.. Business-cycle Phases and their transitional dynamics [J].
Journal of Business & Economic Statistics, 1994, 12 (3): 299 – 305.

[91] Ghysels, E.. On the periodic structure of the business-cycle [J]. Journal
of Business & Economic Statistics, 1994, 12 (3): 289 – 298.

[92] Sola, M, J. Driffill. Testing the term structure of interest rates using a sta-
tionary vector auto regression with regime switching [J]. Journal of Economic Dynam-
ics and Control, 1994, 18 (3 – 4): 601 – 628.

[93] Kim, M. J., J. S. Yoo. New Index of Coincident Indicators: A Multivari-
ate Markov Switching Factor Model Approach [J]. Journal of Monetary Economics,
1995, 36 (3): 607 – 630.

[94] Kim, Chan, J., Charles R. Nelson. Business Cycle Turning Points, a
New Coincident Index, and Tests of Duration Dependence Based on a Dynamic Factor
Model with Regime Switching [J]. The Review of Economics and Statistics, 1998, 80
(2): 188 – 201.

[95] Engel, R. Autoregressive conditional heteroscedasticity with estimates of the
variance of United Kingdom inflation [J]. Econometrics, 1982, 50 (4): 987 –
1007.

[96] Bollerslev, T. Generalized autoregressive conditional heteroscedasticity
[J]. Journal of Econometrics, 1986, 31 (3): 307 – 327.

[97] Cai, J.. A Markov model of switching-regime ARCH [J]. Journal of
Business&Economic Statistics, 1994, 12 (6): 309 – 316.

[98] Hamilton, J. D., R. Susmel. Autoregressive conditional heteroscedasticity

and changes in regime [J]. Journal of Econometrics, 1994, 64 (1 – 2): 307 – 333.

[99] Gray, S. F. Modeling the conditional distribution of interest rates as a regime switching process [J]. Journal of Financial Economics, 1996, 42 (1): 27 – 62.

[100] Melino, A, S. M. Turnbull. Pricing foreign currency options with stochastic volatility [J]. Journal of Econometrics, 1990, 45 (1 – 2): 239 – 265.

[101] Harvey, A. C, E. Ruiz, N. Shephard. Multivariate stochastic variance models [J]. Review of Economic Studies, 1994, 61 (2): 247 – 264.

[102] Jacquier, E, N. G. Polson, P. Rossi. Bayes analysis of stochastic volatility Models [J]. Journal of Business & Economic Statistics, 2002, 20 (1): 69 – 87.

[103] Hamilton, J. D, GLIN. Stock market volatility and the business cycle [J]. Journal of Applied Econometrics, 1996, 11 (5): 573 – 593.

[104] Dueker, M. J. Markov switching in GARCH Processes and mean-reverting stock market volatility [J]. Journal of Business & Economic Statistics, 1997, 15 (1): 26 – 34.

[105] Ramehand, L, R. Susmel. Volatility and cross correlation across major stock markets [J]. Journal of Empirical Finance, 1998, 5 (4): 397 – 416.

[106] Chen, S. W., J. L. Lin. Modeling business cycles in Taiwan with time-varying Markov- switching models [J]. Academic Economic Paper (a), 2000, 28 (1): 17 – 42.

[107] Chen, S. W., J. L. Lin. Identifying turning points and business cycles in Taiwan: A Multivariate dynamic Markov-switching factor model approach [J]. Academic Economic Paper, 2000, 28 (1): 289 – 320.

[108] Huang, Y-L, C-M. Kuan, K. S. Lin. Identifying the turning Points of business cycle and Forecasting real GNP growth rates in Taiwan (in Chinese) [J]. Taiwan Economic Review, 1998, 26 (1): 431 – 457.

[109] 张殉, 余乐安, 黎建强, 汪寿阳. 重大突发事件对原油价格的影响 [J]. 系统工程理论与实践, 2009, 29 (3): 10 – 15.

[110] 柴建, 朱青, 张钟毓, 肖皓, 汪寿阳. 国际油价识别及分析 [J]. 中国人口资源与环境, 2014, 24 (1): 109 – 117.

[111] D'Agostino RB, Stephens MA (1986). Goodness-of-Fit Techniques. 1st edition. Dekker.

[112] Barabási A-L. The origin of bursts and heavy tails in human dynamics [J]. Nature, 2005, 435: 20.

[113] Vázquez A, Oliveira J G, Dezs Z, et al. Modeling bursts and heavy tails in human dynamics [J]. Phys Reviwe, 2006, 73 (3): 036127.

[114] J Cunado, FPD Gracia. Oil price shocks and stock market returns: Evidence for some European countries [J]. Energy Economics, 2014, 42 (1): 365 – 377.

[115] R Masih, S Peters, LD Mello. Oil price volatility and stock price fluctuations in an emerging market: Evidence from South Korea [J]. Energy Economics, 2011, 33 (5): 975 – 986.

[116] KL Chang, ST Yu. Does crude oil price play an important role in explaining stock return behavior? [J]. Energy Economics, 2013, 39 (3): 159 – 168.

[117] Lutz Kilian and Cheolbeom Park. The Impact of Oil Price Shocks on the U. S. Stock Market [J]. International Economic Review, 2009, 50 (4): 1267 – 1287.

[118] G Xavier, G Parameswaran, P Vasiliki, S H Eugene. A theory of power-law distributions in financial market fluctuations [J]. Nature, 2003, 423 (6937): 267 – 270.

[119] WX Zhou. Universal price impact functions of individual trades in an order-driven market [J]. Quantitative Finance, 2007, 12 (8): 1253 – 1263.

[120] KBK Mayya, MS Santhanam. Correlations, Delays and Financial Time Series [M]. Springer Milan, 2007 (2): 69 – 75.

[121] M Haas, C Pigorsch. Financial Economics, Fat-Tailed Distributions [M]. Springer New York, 2009: 308 – 339.

[122] Giot P., Laurent S. Market risk in commodity markets: a VaR approach [J]. Energy Economics, 2003, 25 (5): 435 – 457.

[123] Fan Ying, Zhang Yue-Jun, Tsai, Hsien-Tang, Wei, Yi-Ming. Estimating 'Value at Risk' of crude oil price and its spillover effect using the GED-GARCH approach [J]. Energy Economics, 2008, 30 (6): 3156 – 3171.

[124] Alexandra Costello, Ebenezer Asem, Eldon Gardner. Comparison of historically simulated VaR: Evidence from oil prices [J]. Energy Economics, 2008, 30 (5): 2154 – 2166.

[125] Franz Wirl. Why do oil prices jump (or fall)? [J]. Energy Policy, 2008, 36 (3): 1029 – 1043.

[126] Cabedo, J. D., Moya, I.. Estimating oil price 'Value at Risk' using the historical simulation approach [J]. Energy Economics, 2003, 25 (3): 239 – 253.

[127] 潘慧峰, 张金水. 用 VaR 度量原油市场的极端风险 [J]. 运筹与管理, 2006, 15 (5): 94 – 98.

[128] 余炜彬, 范英, 魏一鸣. 基于极值理论的原油市场价格风险 VaR 的研究 [J]. 系统工程理论与实践, 2007, 8 (1): 12 – 20.

[129] 张跃军, 范英, 魏一鸣. 基于 GED—GARCH 模型的中国原油价格波动特征研究 [J]. 数理统计与管理, 2007, 26 (3): 398 – 406.

[130] Sadeghi, M., Shavvalpour, S.. Energy risk management and value at risk modeling [J]. Energy Policy, 2006, 34 (18): 3367 – 3373.

[131] Taylor S J. Modeling stochastic volatility [J]. Mathematical Finance, 1994, 4 (2): 183 – 204.

[132] 蒋祥林, 王春峰. 基于贝叶斯原理的随机波动率模型分析及其应用 [J]. 系统工程, 2005, 23 (10): 2 2 – 28.

[133] 孙米强, 杨忠直, 余素红, 宋军. 基于随机波动模型的 VaR 的计算 [J]. 管理工程学报, 2004, 18 (1): 61 – 63.

[134] Theodossiou, P.. Financial data and the skewed generalized t distribution [J]. Management Science, 1998, 44 (12): 1650 – 1661.

[135] Turan G. Bali , Hengyong Mo , Yi Tang . The role of autoregressive conditional skewness and kurtosis in the estimation of conditional VaR [J]. Journal of Banking & Finance, 2008, 32 (2): 269 – 282.

[136] Jorion P. Value at Risk: The New Benchmark for Controlling Market Risk [M]. New York: The McGraw&Hill Companies Inc, 1997: 28 – 73.

[137] Danielsson J. Stochastic volatility in asset prices estimation with simulated maximum likelihood [J]. Journal of Econometrics, 1994, 64 (1 – 2): 375 – 400.

[138] Chib S., N ardari F, Shephard N. Markov chain Monte Carlo methods for stochastic volatility models [J]. Journal of Econometrics, 2002, 108 (2): 281 – 316.

[139] Engle R F. Autoregressive conditional hetero scedasticity with estimates of the variance of United Kingdom inflation [J]. Econometrica, 1982, 50 (4): 987 – 1007.

[140] Bollerslev T. Generalized autogressive conditional hetero scedasticity [J]. Journal of Econometrics, 1986, 31 (3): 307 – 327.

[141] Taylor S J. Modeling stochastic volatility [J]. Mathematical Finance, 1994, 4 (2): 183 – 204.

[142] Danielsson J. Stochastic volatility in asset prices estimation with simulated maximum likelihood [J]. Journal of Econometrics, 1994, 64 (1 – 2): 375 – 400.

[143] Kim S, Shephard N. Stochastic volatility: likelihood inference and comparison with ARCH models [R]. Nuffield College, London: Oxford University, 1994.

[144] Shephard N. Statistical aspects of ARCH and stochastic volatility [R]. Nuffield College, London: Oxford University, 1995.

[145] Taylor S J.. Modeling financial time series [M]. Chi Chester: John Wiley and Sons, 1986: 100 – 197.

［146］ Sandman, G., S. J. Koopman. Estimation of Stochastic Volatility Models via Monte Carlo Maximum Likelihood ［J］. Journal of Economics, 1998, 87（2）: 271 - 301.

［147］ Meyer R, Yu J. BUGS for a Bayes analysis of stochastic volatility models ［J］. Econometrics Journal（S1368 - 4221）, 2000, 3（2）: 198 - 215.

［148］ Kim S, Shephard N, Chib S. Stochastic volatility: likelihood inference and comparison with ARCH models ［J］. Review of Economic Studies, 1998, 65（3）: 361 - 393.

［149］ Lunn D J, Andrew T, Nicky B, et al. Win BUGS-A Bayes modeling framework: concepts, structure and extensibility ［J］. Statistics and Computing, 2000, 10（3）: 325 - 337.

［150］ Jacquier E. Bayes analysis of stochastic volatility models ［J］. Journal of Business & Economics Statistics（S0735 - 0015）, 1994, 12（4）: 371 - 389.

［151］ Hamilton, James D. Time Series Analysis. Princeton, NJ: Princeton University Press, 1994: 300 - 418.

［152］ Krolzigm M. A Markov-Switching Vector Equilibrium Correction Model of the UK Labor Market ［J］. Empirical Economics, 2002, 27（2）: 233 - 254.

［153］ Tan, S. H. and Habibullah, M. S.. Business Cycles and Monetary Policy Asymmetry: an Investigation Using Markov-Switching Models ［J］. Physica A: Statistical Mechanics and its Applications, 2007, 380（1）: 297 - 306.

［154］ Farmer R E A, Waggoner D F, Tao Z. Indeterminacy in a forward-looking regime switching model ［J］. International Journal of Economic Theory, 2009, 5（1）: 69 - 84.

［155］ Liu Z, Waggoner D F, Zha T. Asymmetric expectation effects of regime shifts in monetary policy ［J］. Review of Economic Dynamics, 2009, 12（2）: 284 - 303.

［156］ Farmer R E A, Waggoner D F, Zha T. Understanding Markov-switching rational expectations models ［J］. Journal of Economic Theory, 2009, 144（5）: 1849 - 1867.

［157］ Sims C A, Zha T A. MCMC Method for Markov Mixture Simultaneous-Equation Models: A Note ［R］. USA: NEP, 2004.

［158］ Shibata M, Watanabe T. Bayesian analysis of a markov switching stochastic volatility model ［J］. Journal of the Japan Statistical Society, 2005, 35（2）: 205 - 219.

［159］ Kim, C. J. Dynamic linear models with Markov-switching ［J］. Journal of Econometrics, 1994, 60（1 - 2）: 1 - 22.

［160］ Hamilton J D. A New Approach to the Economic Analysis of Nonstationary Tim Series and the Business Cycle［J］. Econometrica, 1989, 57（2）: 357－384.

［161］ Hartigan, J. A.. Partition models［J］. Communications in Statistics. 1990, 19（8）: 2745－2756.

［162］ Barry D, Hartigan J A. Product partition models for change point problems［J］. The Annals of Statistics, 1992, 20（1）: 260－279.

［163］ Barry D, Hartigan J A. A Bayesian Analysis for Change Point Problems［J］. Journal of the American Statistical Association, 1993, 88, 309－319.

［164］ Crowley E M. Product partition models for normal means［J］. Journal of the American Statistical Association, 1997, 92（437）: 192－199.

［165］ Loschi R H, Cruz F R B. An analysis of the influence of some prior speci8cations in the identification of change points via product partition model［J］. Computational Statistics & Data Analysis, 2002, 39（4）: 477－501.

［166］ Loschi R H, Cruz F R B, Iglesias P L, Arellano-Valle R B. A Gibbs sampling scheme to the product partition model: an application to change point problems［J］. Computers & Operations Research, 2003, 30（3）: 463－482.

［167］ Quintana F A, Iglesias P L. Bayesian clustering and product partition models［J］. Journal of the Royal Statistical Society B, 2003, 65（2）: 557－574.

［168］ Loschi R H, Cruz F R B. Extension to the product partition model: computing the probability of a change［J］. Computational Statistics & Data Analysis, 2005, 48: 255－268.

［169］ Yao Y. Estimation of a noisy discrete-time step function: Bayes and empirical Bayes approaches［J］. Ann. Statist. 1984, 12（4）, 1434－1447.

［170］ 周涛, 韩筱璞, 闫小勇, 杨紫陌, 赵志丹, 汪秉宏. 人类行为时空特性的统计力学［J］. 电子科技大学学报, 2013, 42（4）: 481－540.

［171］ Lada A. Adamic. http: //www. hpl. hp. com/research/idl/papers/ranking/ranking, 2000

［172］ 张济中. 分形［M］. 北京: 清华大学出版社, 1997, 348.

［173］ Albert R, Jeong H, Barabási AL. Internet: Dianmeter of the World-Wide Web［J］. Nature, 1999, 401（6749）: 130－131.

［174］ Barabási A. L, Albert, R.. Emergence of Scaling in Random Networks［J］. Science, 1999, 286（5439）: 509－512.

［175］ C Aaron, RS Cosma, MEJ Newman. Power-law distributions in empirical data［J］. Siam Review, 2009, 51（4）: 661－703.

［176］ 刘金全. 时变参数选择模型与货币政策的时变反应分析［J］. 中国社会科学, 2002, 4: 40－49.

[177] Vuong, Q. H. Likelihood Ratio Tests for Model Selection and Non-Nested Hypotheses [J]. Econometrica, 1989, 57 (2): 307 –333.

[178] Hossein Askari, Noureddine Krichene. Oil price dynamics (2002 – 2006) [J]. Energy Economics, 2008, 30 (5): 2134 –2153.

[179] Paul Stevens. The determination of oil prices1945 – 1995: A diagrammatic interpretation [J]. Energy Policy, 1995, 23 (10): 861 –870.

[180] J. Roumasset, D. Isaak, F. Fesharaki. Oil prices without OPEC: A walk on the supply-side [J]. Energy Economics, 1983, 5 (3): 164 –170.

[181] Harri Ramcharran. OPEC's production under fluctuating oil prices: further test of the target revenue theory [J]. Energy Economics, 2001, 23 (6): 667 –681.

[182] Sharon Xiaowen Lin, Michael Tamvakis. OPEC announcements and their effects on crude oil prices [J]. Energy Policy, 2010, 38 (2): 1010 –1016.

[183] Jaime Marquez, Peter Pauly. OPEC's pricing policy and the international transmission of oil price effects [J]. Energy Economics, 1984, 6 (4): 267 –275.

[184] Hillard G. Huntington. OECD oil demand: Estimated response surfaces for nine world oil models [J]. Energy Economics, 1993, 15 (1): 49 –56.

[185] Mark A. Hooker. What happened to the oil price-macroeconomy relationship? [J]. Journal of Monetary Economics, 1996, 38 (2): 195 –213.

[186] Stefan F. Schubert, Stephen J. Turnovsky. The impact of oil prices on an oil-importing developing economy [J]. Journal of Development Economics, 2010, Article in Press.

[187] Rebeca Jiménez-Rodríguez. The impact of oil price shocks: Evidence from the industries of six OECD countries [J]. Energy Economics, 2008, 30 (6): 3095 –3108.

[188] Rong-Gang Cong, Yi-Ming Wei, Jian-Lin Jiao, Ying Fan. Relationships between oil price shocks and stock market: An empirical analysis from China [J]. Energy Policy, 2008, 36 (9): 3544 –3553.

[189] Agnès Bénassy-Quéré, Valérie Mignon, Alexis Penot. China and the relationship between the oil price and the dollar [J]. Energy Policy, 2007, 35 (11): 5795 –5805.

[190] Weiqi Tang, Libo Wu, ZhongXiang Zhang. Oil price shocks and their short-and long-term effects on the Chinese economy [J]. Energy Economics, 2010, 32 (1): s3 –s14.

[191] Jeffrey Skeer, Yanjia Wang. China on the move: Oil price explosion? [J]. Energy Policy, 2007, 35 (1): 678 –691.

[192] Andrew J. Foster. Price discovery in oil markets: a time varying analysis

of the 1990 – 1991 Gulf conflict [J]. Energy Economics, 1996, 18 (3): 231 – 246.

[193] Takao Tomatate, Director. Simulation study on falling oil prices: supply-demand and prices scenarios to 2000 [J]. Energy Policy, 1986, 14 (6): 571 – 574.

[194] Salman Saif Ghouri. Assessment of the relationship between oil prices and US oil stocks [J]. Energy Policy, 2006, 34 (17): 3327 – 3333.

[195] Yue-Jun Zhang, Ying Fan, Hsien-Tang Tsai, Yi-Ming Wei. Spillover effect of US dollar exchange rate on oil prices [J]. Journal of Policy Modeling, 2008, 30 (6): 973 – 991.

[196] Radhamés A. Lizardo, André V. Mollick. Oil price fluctuations and U. S. dollar exchange rates [J]. Energy Economics, 2010, 32 (2): 399 – 408.

[197] Marc Vielle, Laurent Viguier. On the climate change effects of high oil prices [J]. Energy Policy, 2007, 35 (2): 844 – 849.

[198] P. H. Frankel. Essentials of Petroleum [M]. London: Franck Cass, 1946: 19.

[199] 威廉·恩道尔. 原油战争 [M]. 北京: 知识产权出版社, 2008: 1 – 128.

[200] Christopher A. Sims. Macroeconomics and Reality [J]. Econometrica, 1980, 48 (1): 1 – 48.

[201] Olivier Jean Blanchard, Danny Quah The Dynamic Effects of Aggregate Demand and Supply Disturbances [J]. The American Economic Review, 1989, 79 (4): 655 – 673.

[202] Ruey S. Tsay. Analysis of Financial Time Series, 2nd Edition [M]. USA: Wiley, 2005: 1 – 200.

[203] A. Zellner. An Introduction to Bayes Inference in Econometrics [M]. USA: John Wiley & Sons, 1971: 1 – 200.

[204] Robert B. Litterman. Forecasting with Bayes Vector Auto regressions: Five Years of Experience [J]. Journal of Business & Economic Statistics, 1986, 4 (1): 25 – 38.

[205] CANOVA, F., M. Ciccarelli. Estimating Multi-country VAR Models [J]. International Economic Review, 2009, 50 (3): 929 – 961.

[206] Canova F. Methods for Applied Macroeconomic Research [M]. USA: Princeton University, 2007: 1 – 208.

[207] Fabio Canova. You can Use VARs for Structural Analyses. A Comment to VARs and Great Moderation [R]. Universitat Pompeu Fabra: CREI and CEPR, 2006.

[208] Richard M. Todd. Improving economic forecasting with Bayes vector auto

regression [J]. Quarterly Review, 1984, 8 (4): 1 – 13.

[209] James P. LeSage. Applied Econometrics using MATLAB [M]. Toledo: University of Toledo, 1999: 1 – 348.

[210] Cooley, Thomas F, Prescott, Edward C. Systematic (non-random) variation models varying parameter regression: a theory and some applications [J]. Annals of Economic and Social Measurement, 1973, 4 (2): 463 – 473.

[211] Del Negro M, Otrok C. Dynamic Factor Models with Time-Varying Parameters: Measuring the Evolution of the European Business Cycle [R]. Mimeo: Federal Reserve Bank of Atlanta, 2006.

[212] Christian C. P. Wolff. Time-Varying Parameters and the Out-of-Sample Forecasting Performance of Structural Exchange Rate Models [J]. Journal of Business & Economic Statistics, 1987, 5 (1): 87 – 97.

[213] Canova F. Modelling and forecasting exchange rates with a Bayesian time-varying coefficient model [J]. Journal of Economic Dynamics & Control, 1993, 17 (1 – 2): 233 – 261.

[214] Ciccarelli M, Rebucci A. Measuring contagion and interdependence with a Bayesian time-varying coefficient model: An application to the Chilean FX market, during the Argentine crisis [J]. Journal of Financial Econometrics, 2007, 5 (2): 285 – 320.

[215] Canova F, Ciccarelli M. Forecasting and Turning-Point Predictions in a Bayesian Panel VAR Model [J]. Journal of Econometrics, 1999, 120 (2): 327 – 359.

[216] Jouchi Nakajima, Munehisa Kasuya, Toshiaki Watanabe. Bayes Analysis of Time-Varying Parameter Vector Autoregressive Model for the Japanese Economy and Monetary Policy [R]. Bank of Japan: IMES, 2009.

[217] Giorgio E. Primiceri. Time Varying Structural Vector Auto regressions and Monetary Policy [J]. The Review of Economic Studies, 2005, 72 (3): 821 – 852.

[218] Glen R. Harris. Markov Chain Monte Carlo Estimation of Regime Switching Vector Auto regressions [J]. ASTIN Bulletin, Belgium, 1999, 29 (1): 47 – 80.

[219] Rubio-Ramirez J F, Waggoner D F, Zha T A. Markov-Switching Structural Vector Autoregressions: Theory and Application [J]. Federal Reserve Bank of Atlanta Working Paper, 2006, 77.

[220] Sims C A, Waggoner D F, Zha T. Methods for inference in large multiple-equation Markov-switching models [J]. Journal of Econometrics, 2008, 146 (2): 255 – 274.

[221] Sims C A, Zha T. Were there Regime Switches in U. S. Monetary Policy?

［J］. American Economic Review, 2005, 96（1）: 54 – 81.

［222］Hamilton J D, Raj B. Advances in Markov-switching models: applications in business cycle research and finance［M］. Heidelberg and Berlin: Springer, 2002: 1 – 100.

［223］刘树杰, 陈扬. 新时期能源价格政策的基本思路［J］. 宏观经济研究, 2005, 7: 23 – 26.

［224］刘树杰, 陈扬. 我国基础能源的价格改革［J］. 宏观经济研究, 2005, 12: 46 – 52.

［225］牛晨. 能源价格和税收改革面临的问题及对策研究［J］. 中国经贸导刊, 2009, 2: 29 – 31.

［226］李国平, 刘治国. 我国能矿资源价格改革的构想［J］. 西北大学学报（哲学社会科学版）, 2006, 36（4）: 61 – 66.

［227］邓洪贤, 胡亚范. 合理能源比价与节能的关系探讨［J］. 应用能源技术, 2002, 5: 1 – 3.

［228］陈月明, 曾晓安. 中国能源价格改革回顾与展望［J］. 煤炭经济研究, 1997, 6: 5 – 9.

［229］中国价格协会联合课题组. 关于深化能源价格改革的若干重要问题研究［J］. 价格理论与实践, 2005, 10: 7 – 11.

［230］卢晓燕, 郑厚清, 杨坤峰. 从国际比价看我国能源比价关系的合理性［J］. 中国能源, 2009, 31（1）: 39 – 42.

［231］Fisher-Vanden, K; Jefferson, G H; Liu, H. Tao, Q.. What is driving China's decline in energy intensity［J］. Resource and Energy Economics, 2004, 26（1）: 77 – 97.

［232］Clinton J. Andrews, Uta Krogmann. Technology diffusion and energy intensity in US commercial buildings［J］. Energy Policy, 2009, 37（2）: 541 – 553.

［233］Ma, H. Y. , Oxley, L. , Gibson, J. , Kim, B.. China's energy economy: Technical change, factor demand and interfactor/interfuel substitution［J］. Energy Economics, 2008, 30（5）: 2167 – 2183.

［234］Hua Liao, Ying Fan, Yi-Ming Wei. What induced China's energy intensity to fluctuate: 1997 – 2006?［J］. Energy Policy, 2007, 35（9）: 4640 – 4649.

［235］Haoran Pan. Dynamic and endogenous change of input – output structure with specific layers of technology［J］. Structural Change and Economic Dynamics, 2006, 17（2）: 200 – 223.

［236］齐志新, 陈文颖. 结构调整还是技术进步? ——改革开放后中国能源效率提高的因素分析［J］上海经济研究, 2006, 6: 8 – 16.

［237］高振宇, 王益. 我国生产用能源消费变动的分解分析［J］. 统计研

究，2007，24（3）：52-57.

[238] 胡德勇，周宏春. 应重视能源结构调整的目标 [J]. 中国能源，2001，8：24-27.

[239] 刘戒骄. 从战略视角把握中国的能源结构调整 [J]. 中国能源，2003，25（6）：17-23.

[240] 中国能源发展战略与政策研究报告课题组. 中国能源发展战略与政策研究报告（下）——能源结构调整和优化 [J]. 经济研究参考，2004，84：51-57.

[241] 王端旭，石瑛. 优化能源结构对中国能耗水平的影响分析 [J]. 浙江大学学报，1996，10（1）：74-77.

[242] Zhi-Yong Han, Ying Fan, Jian-Ling Jiao, Ji-Sheng Yan, Yi-Ming Wei. Energy structure, marginal efficiency and substitution rate: An empirical study of China [J]. Energy, 2007, 32（6）：935-942.

[243] 吴宗鑫，陈文颖. 以煤为主多元化的清洁能源战略 [M]. 北京：清华大学出版社，2001：1-300.

[244] 戴彦德，周伏秋，朱跃中，熊华文. 实现单位 GDP 能耗降低20% 目标的途径和措施建议 [J]. 中国工业经济，2004，4：29-37.

[245] 齐志新，陈文颖，吴宗鑫. 中国的能源强度究竟有多高 [J]. 数量经济技术经济研究，2007，8：51-58.

[246] 齐志新，陈文颖，吴宗鑫. 工业轻重结构变化对能源消费的影响 [J]. 中国工业经济，2007，2：35-42.

[247] François Lescaroux. Decomposition of US manufacturing energy intensity and elasticities of components with respect to energy prices [J]. Energy Economics, 2008, 30（3）：1068-1080.

[248] Oikonomou, V. C., Jepma, Becchis, F., Russolillo, D.. White Certificates for energy efficiency improvement with energy taxes: A theoretical economic model [J]. Energy Economics, 2008, 30（6）：3044-3062.

[249] Birol F, Keppler J H. Prices, technology development and the rebound effect [J]. Energy Policy, 2000, 28（6-7）：457-469.

[250] Cornillie, Jan, Fankhauser, Samuel. The energy intensity of transition countries [J]. Energy Economics, 2004, 26（3）：283-295.

[251] Leiming Hang, Meizeng Tu. The impacts of energy prices on energy intensity: Evidence from China [J]. Energy Policy,? 2007, 35（5）：2978-2988.

[252] 张卓元. 资源产品价格要反映稀缺程度 [J]. 中国经贸导刊，2005，22：10.

[253] Victor F. S. SIT. The Special Economic Zones of China: A New Type of

Export Processing Zone [J]. Development Economics, 1985, 23 (1): 69 - 86.

[254] 罗长远，曾繁华. 外国直接投资溢出效应的文献综述 [J]. 经济评论，2008，2：133 - 137.

[255] 沈坤荣，耿强. 外国直接投资、技术外溢与内生经济增长——中国数据的计量检验与实证分析 [J]. 中国社会科学，2001，5：82 - 93.

[256] 山田浩之. 城市经济学 [M]. 大连：东北财经大学出版社，1991：1 - 247.